はじめての民事手続法
First Steps in Civil Procedure

第2版

Editors:
Shiro Kawashima, Masatoshi Kasai
Authors:
Takeshi Ueda, Fumi Hamasaki,
Kiyofumi Hori, Yuta Asano

川嶋四郎・笠井正俊 編

上田竹志・濵﨑 録・堀 清史・浅野雄太 著

有斐閣

第2版　はしがき

　私たちが初版を公刊して4年が経ちましたが，この間，おかげさまで多くの読者を得ることができました。有難いことに，読者の中からは，コロナ禍での孤独な自習のよりどころになったとの声や，分かりやすく親しみやすいとの声なども聞かれました。

　2022年には，民事訴訟法のIT化（デジタル化）に関する法律（民事訴訟法等の一部を改正する法律〔令和4年法48号〕）が成立し，2023年には，民事執行手続・倒産手続・家事事件手続等の民事関係手続のIT化（デジタル化）に関する法律（民事関係手続等における情報通信技術の活用等の推進を図るための関係法律の整備に関する法律〔令和5年法53号〕）が成立しました。いよいよ日本の民事手続法の領域でも，本格的な民事手続のデジタル化の時代が到来することになりました。

　そこで，これを機に本書を改訂し，新法で新たに設けられた諸手続をも盛り込んで，第2版を上梓することにしました。第2版の基本的なコンセプトは初版を引き継いでいますので，初版の「はしがき」も一読していただければ幸いです。

　第2版の刊行に際しても，初版同様，有斐閣京都支店の一村大輔さんから献身的で入念なサポートを受けることができました。心から感謝いたします。

　2024年8月

川嶋　四郎

笠井　正俊

i

初版　はしがき

　本書は，民事に関する手続法の全体を分かりやすく具体的に概観した入門書です。

　内容としては，民事訴訟法はもちろんのこと，民事調停法や仲裁法等を含む ADR（裁判外紛争解決手続），民事執行法，民事保全法，家事事件手続法，人事訴訟法，破産法，民事再生法等の主要な民事手続法の全体を，コンパクトにカバーしています。本書は，民事訴訟法自体の入門書としても用いることができるように，民事訴訟法の部分を多少多めに説明しました。はじめて民事訴訟法や民事手続法を学ぶ人にとっても，自学自習ができるように工夫しています。本書は，一定の水準を保ちつつ身近で分かりやすい民事手続法のテキストになることを目指したものです。民法，民事執行法等の改正については，2020 年 4 月までに施行されるものを盛り込んでいます。

　民事訴訟法は，「民訴」と略されることから，「眠素」ともよばれています。六法科目の中でも難しい法律科目の 1 つと考えられることが多いようです。しかし，民事訴訟法を中核とする民事手続法の世界は，様々な場面で起きる紛争を人々がよりよく解決するために築き上げてきた歴史の所産であり，人類の知恵の結晶とも考えることができます。日常的に生じる紛争を適切に解決したり予防したりすることは，人々がより豊かな生活や社会を築くために不可欠であるからです。

　そこで，私たちは，6 件の具体的な架空のケースをもとに，基本的な原則を踏まえながら具体的に手続過程を説明する方法で，本書を執筆しました。現実の社会に発生する紛争は，それぞれ 1 つひとつに個性があり，生身の人や企業等が当事者となっています。本書

では，読者の皆さんができるだけ具体的なイメージをもちながら学べるように工夫しました。訴訟や手続は，山や川にもたとえることができると思います。本書は，これから登る山や下る川の，いわば簡潔で分かりやすい地図を提供したものです。あまり詳しくなりすぎないように工夫をし，できるだけ分かりやすい内容のものとなることを目指しました。手続の基本的なことや原則的なものを中心に概説していますので，より深く学びたい人には，本書を通読して手続法の全体像を理解した後に，より詳しい書物を読むことをお勧めします。

　本書の執筆のために，6人の多様な世代の執筆陣が，長い時間をかけ深い議論を行いました。すべては，民事訴訟法・民事手続法の面白さを，1人でも多くの人々に共有してもらえるような入門書にするためです。このようないわば幸せなコラボレーションの果実を，少しでも多くの読者に味わってもらえればと，私たちは願っています。

　本書の執筆・刊行に際しては，有斐閣京都支店の一村大輔さんから献身的で入念なサポートをいただきました。心から深く感謝を申し上げます。

　　2020年2月

川嶋　四郎

笠井　正俊

目　次

序　民事手続法の世界へ　2

1 民事手続法と「正義へのアクセス」…………………………… 2
社会と紛争と手続（2）　　自力救済禁止の原則（3）　　民事手続と刑事手続（3）　　手続法の使命と人の役割（4）　　「正義・司法へのアクセス」（6）　　SDGs と民事手続法（7）

2 民事手続は生まれ進化する ………………………………… 8
民事訴訟法から民事手続法へ（8）　　それでも民事訴訟法——一般法と特別法（8）　　各種の手続とその役割（9）

第1編　民事訴訟法　15

第1章　裁判所　17

1 裁判所の役割と種類等………………………………………… 17
裁判所とは（17）　　裁判所の種類（18）　　一般的な公正の保障——フェアな制度（20）　　個別的な公正の保障——フェアネスの確保（21）

2 裁判所の権限と管轄 ………………………………………… 21
民事裁判権と管轄（21）　　管轄の具体的な規律——どこの裁判所が管轄をもつか（22）

3 訴訟と費用 …………………………………………………… 24

第2章　当事者　26

1 当事者概念…………………………………………………… 26
当事者とは——訴えれば原告，訴えられれば被告（26）　　当事者の

よび方（27）

2 当事者の特定と確定 ························ 27

当事者の特定——原告が当事者を決める（27）　当事者の確定——
裁判所が当事者を確定する（27）

3 当事者権と二当事者対立構造 ············ 29

当事者たる地位と当事者権（29）　応訴強制とは（30）　二当事
者対立構造とは（31）

4 当事者能力 ································· 31

当事者能力とは——訴訟制度を利用できる人（31）　原則——人で
あること（31）　例外——人でなくても（32）

5 当事者適格 ································· 33

▉ 当事者適格とは何か　33

▉ 当事者適格における原則　34

給付の訴えにおける当事者適格（34）　確認の訴えにおける当事者
適格（35）　形成の訴えにおける当事者適格（35）

▉ 例外——第三者の訴訟担当　35

第三者の訴訟担当とは（35）　第三者の訴訟担当の整理（36）
法定訴訟担当——自分のための場合と，自分のためではない場合
（36）　任意的訴訟担当——あなたに訴訟を任せた（38）　訴訟担
当の効果（40）

6 訴訟能力 ··································· 41

▉ 訴訟能力とは何か　41

▉ どんな場合に訴訟能力が認められるか　41

▉ 訴訟能力制限の効果　42

7 訴訟上の代理 ······························ 42

▉ 法定代理人　43

制限行為能力者の場合（43）　法人・権利能力のない社団の場合
（44）

▉ 任意代理人（訴訟代理人）　44

弁護士代理の原則（44）　訴訟代理人と本人の関係（45）

目　次　v

| 第3章 | 請求と訴え | 47 |

1 訴訟上の請求 ·· 47

1 **訴訟上の請求とは** 47

請求とは何か（47）　「訴訟物」とは何か（48）

2 **訴訟物の単位** 50

権利義務の1つ1つが，そのまま請求になる（50）　どのようなものが訴訟物になるのか（50）

3 **請求の特定** 51

請求の特定（原告が訴訟物を決める）（51）　あいまいな請求は不適法（51）　申立事項と判決事項（52）

2 訴　え ·· 53

1 **訴えとは何か** 53

裁判所に判決を要求する（53）　紛争の内容と，解決の形式（53）

2 **給付の訴え** 55

給付請求権のための訴え（55）　給付請求権の実現方法（55）

3 **確認の訴え** 56

あらゆる権利のための訴え（56）　判断したらどうなるのか（57）

4 **形成の訴え** 58

法律状態を変えるための訴え（58）　形成すると，どうなるのか（59）

3 訴えの利益 ·· 60

1 **訴えの利益とは** 60

2 **給付の利益** 61

現在給付の利益（61）　将来給付の利益（62）

3 **確認の利益** 63

確認の利益の判断要素（63）　方法選択の適切性——ほかの訴えは使えないのか（64）　対象選択の適切性——訴訟物は，現在の法的紛争に関するものか（65）　即時確定の利益——法的紛争は生じているか（66）

4 **形成の利益** 67

4 訴えの提起 ·· 67

1 **訴状の提出** 68

vi

訴えの起こし方（68）　　訴状の書き方（68）　　訴え提起の効果
（70）

2　訴状の審査 70

3　訴状の送達 70

送達とは（70）　　受送達者——誰が書類を受け取れるか（71）
「受け取ったことにする」送達制度（71）　　訴状送達の効果（72）

4　重複訴訟の禁止 72

5　第一回口頭弁論期日の指定 73

6　第一回口頭弁論期日の準備 74

7　オンライン訴訟記録閲覧等 74

| 第4章 | 審　　理 | 77 |

---

1 **口頭弁論** ……………………………………………………………… 77

**1　口頭弁論とその多義性——口頭弁論にはいくつかの意味があ
る** 77

**2　口頭弁論の必要性または必要的口頭弁論——当事者に審理を
受ける機会を保障することが必要** 78

3　口頭弁論の諸原則 78

双方審尋主義とは（79）　　公開主義とは（79）　　口頭主義とは
（80）　　直接主義とは（81）

4　手続進行面と内容面での裁判所・当事者間の役割分担 81

2 **争点・証拠の整理手続** ……………………………………………… 82

争点整理手続の概要（82）　　各種の争点整理手続（83）　　争点整
理手続の完了（84）

3 **弁論主義** ……………………………………………………………… 84

1　弁論主義の意義 84

弁論主義の意義（84）　　弁論主義の根拠（85）　　裁判のために必
要な「資料」とは——主張資料と証拠資料の区別（86）　　事実の分
類と弁論主義が適用される事実（87）　　弁論主義の適用が主要事実
に限られる理由（88）

2　弁論主義の内容 90

当事者の事実・証拠に対する支配権（90）　　弁論主義の3つの原則（90）

目　次　vii

3 主張原則・弁論主義の第1テーゼ　91

主張されない事実はないものとして（91）　規範的要件，特に過失の問題（92）　主張しなければ負けてしまう（93）

4 自白原則・弁論主義の第2テーゼ　94

両方ともそう言うならそのまま認めましょう（94）　自白はどのような事実についてどういう場合に成立するのか（95）　自白の効果（97）

5 証拠申出原則・弁論主義の第3テーゼ──当事者が出してこない証拠を調べることはできない　97

4 釈　明　権 ……………………………………………………… 98

5 当事者の情報へのアクセス ……………………………………… 99

証拠保全とは（99）　弁護士会照会とは（99）　提訴前の証拠収集の処分等（100）　提訴後の情報収集（100）

6 訴訟要件 …………………………………………………………… 100

訴訟要件とは（100）　各種の訴訟要件（101）

| 第5章 | 証　　拠 | 102 |

---

1 証拠・証明 ……………………………………………………… 102

1 証拠概念　102

証拠と一口にいっても（102）　証拠方法とは（103）　証拠資料とは（104）

2 証　　明　104

証明とは（104）　疎明とは（105）

3 自白および顕著な事実　106

当事者が自白した事実（106）　顕著な事実（106）

4 自由心証主義　106

2 証明責任 …………………………………………………………… 108

1 証明責任の意義　108

証明責任＝真偽不明への備え（108）　証明責任は訴訟中には動かない（109）

2 証明責任の分配　110

法律要件分類説の考え方が基本（111）　当事者は，自己に有利な

viii

事実について証明責任を負う（111）　有利か不利かは実体法の構
造で決まる（111）

3 証拠調べ ……………………………………………………112

① 証拠調べ総論　112

証拠の申出——この証拠を調べてください（113）　証拠の採否の
決定——この証拠を調べましょう／調べません（113）　証拠調べ
の実施——はい，調べました（113）

② 証拠調べ各論　114

証人尋問——あなたが見聞きしたことを教えてください（114）
当事者尋問——当の本人に聞きましょう（115）　鑑定——専門家
にお伺いしたい（116）　書証——文書を読みます（117）　文書
提出命令——その文書，出してもらいます（120）　検証——五感
で調べます（122）

| 第6章 | 訴訟の終了 | 123 |

1 訴訟の終了事由 ………………………………………………123

当事者の意思による場合（123）　判決による場合（124）

2 当事者の訴訟行為による訴訟の終了 ……………………124

① 判決でなくてもいい？　124

② 訴えの取下げ　125

はじめからなかったことに……（125）　取り下げたあとは……
（126）

③ 請求の放棄・認諾　126

④ 訴訟上の和解　127

「訴訟上の」和解があるということは……（127）　和解をするメリ
ットは（129）

⑤ 訴訟上の和解の効力　130

⑥ 和解の既判力　131

何が問題なのか（131）　3つの考え方（132）　判例の考え方
（132）

3 裁判所の終局判決による訴訟の終了 ……………………133

① 裁判とは　133

目　次　ix

判決・決定・命令の違い（133）　　判決の種類（134）

2 判決の成立　135
判決言渡しまでの流れ（135）　　判決書の中身（136）

3 判決の確定　138

第7章　判決の効力 139

1 言渡しによって生じる判決効 139
2 確定判決の効力 140
執行力とは（140）　　形成力とは（140）
3 既判力 141
1 すべての確定判決に共通して生じる効力　141

2 既判力の根拠　141

3 既判力の作用　142
既判力が意味をもつのは，あとに続く手続においてのみ（142）
積極的作用と消極的作用（142）　　前訴と後訴の訴訟物が同一の場合（143）　　訴訟物が同一でなくても既判力は作用する（144）

4 既判力の基準時 146
既判力はいつの時点の判断について生じるか（146）　　既判力の遮断効とは（147）
5 既判力の客体的（客観的）範囲 147
1 判決の主文への限定（原則）　147
既判力は判決のどの部分の判断に生じるか（147）　　なぜ，理由中の判断には既判力が生じないのか（148）

2 判決理由中の判断でも既判力が生じる場合（例外）　149
理由中でも蒸し返せないのは……（149）　　相殺の抗弁に関する具体例（149）

3 判決理由中の判断の拘束力と信義則　150
判決理由中の判断の拘束力とその必要性（150）　　信義則による遮断（151）

6 既判力の主体的（主観的）範囲 151
1 判決の相対効　151

2 第三者への既判力の拡張（例外）　152

x

訴訟で争った主体ではないけれど……（152）　訴訟担当の被担当
者（152）　口頭弁論終結後の承継人（153）　請求の目的物の所
持者（154）

3 対 世 効 154

第8章　複数請求訴訟　155

複数請求訴訟とは（155）　請求の併合とは（156）　訴えの変更
とは（156）　反訴とは（156）　中間確認の訴えとは（157）

第9章　多数当事者訴訟　158

1 多数当事者訴訟とは 158

2 共同訴訟 159

共同訴訟とは（159）　通常共同訴訟とは（160）　必要的共同訴
訟とは（161）

3 訴訟参加 163

訴訟参加とは（163）　補助参加とは（163）　独立当事者参加と
は（165）　共同訴訟参加とは（166）　訴訟告知とは（166）

4 訴訟承継 167

訴訟承継とは（167）　当然承継とは（167）　申立承継とは
（168）

第10章　上訴・再審　169

1 上訴とは何か 169

1 当事者による不服申立ての方法　169

当事者の不服申立ての機会としての上訴（169）　三審制とは
（170）　審級制度（171）　人事訴訟の場合（172）　決定・命令
の場合（172）

2 上訴制度の必要性と目的　172

上訴制度の必要性（172）　判決確定の必要性（173）　上訴制度
の目的（173）

2 控　訴 ･･･174

1 控訴の要件　174

2 控訴の利益　174

3 控訴審の審理と判決　175

　　続審制（175）　　控訴審の判決（175）　　不利益変更禁止の原則
　　（176）　　附帯控訴（176）

3 上　告 ･･･177

1 上告理由と上告受理申立ての理由　177

　　上告理由（177）　　憲法違反・重大な訴訟手続上の違法（177）
　　その他の法令違反（178）　　最高裁判所への上告受理の申立て
　　（178）

2 上告審の審理と裁判　180

　　上告審の判断の対象（180）　　上告審の審理と判決（180）

4 抗　告 ･･･181

1 上訴としての抗告　181

　　即時抗告と通常抗告（181）　　抗告ができない決定（182）　　文書
　　提出命令申立てについての決定と即時抗告（183）　　再抗告（183）

2 許可抗告　183

5 再　審 ･･･184

　　再審（184）　　再審事由（185）　　再審の手続（185）

第11章　迅速な特別手続　　187

1 少額訴訟 ･･･187

1 少額訴訟とは　187

2 少額訴訟の提起　188

3 審　理　189

4 判決および執行　189

　　判決の内容（189）　　執行の内容（190）

2 法定審理期間訴訟手続 ･･190

3 督促手続 ･･･192

　　督促手続とは（192）　　督促手続の流れ（193）

| 第12章 | 民事紛争の解決手続の諸相 |
| | —— ADR，和解・調停・仲裁，非訟 | 195 |

1 ADR ——裁判外紛争解決手続 195
ADRとは（195） ADRには（196）

2 和解・調停・仲裁 197
1 和 解 197

2 調停（民事調停） 198
調停の種類（198） 民事調停とは（198） 民事調停の手続
（199） 調停に代わる決定（200）

3 仲 裁 200
仲裁とは（200） 仲裁の手続（201） 仲裁と調停（201）

3 訴訟と非訟 202
非訟とは（202） 非訟には（202） 「訴訟の非訟化」とその限界
（203）

第2編 家事紛争に関する手続 205

| 第13章 | 家事調停 | 206 |

1 家事調停の意義と手続 207
家事調停とは（207） 家事調停の手続（208）

2 人事訴訟・家事審判との関係 209
人事訴訟と家事調停（209） 家事審判と家事調停（210）

3 調停調書 210

4 調停手続の中でされる審判 211
合意に相当する審判（211） 調停に代わる審判（212）

目 次 xiii

第14章　家事審判　213

1　家事審判の意義と手続·································213
家事審判とは（213）　　家事審判の手続（214）
2　審　　判··216
審判の内容・告知・不服申立て（216）　　義務の履行をさせる方法
（216）

第15章　人事訴訟　218

人事訴訟とは（218）　　人事訴訟の手続と判決（219）　　人事訴訟
における民事訴訟事項の併合・附帯処分（221）

第3編　民事執行法・民事保全法，倒産法　223

第16章　民事執行　224

1　民事執行制度の趣旨・目的·····························224
2　民事執行の意義と種類································227
民事執行の意義・執行機関・執行当事者（227）　　民事執行の種類
（228）
3　強制執行··229
1　債務名義と執行文に基づく強制執行の申立て　229
債務名義とは（229）　　執行文とは（230）
2　金銭執行の種類と手続　232
金銭執行の種類（232）　　金銭執行の手続の流れ（232）　　差押え
とは（233）　　換価とは（234）　　満足とは（235）　　執行対象財
産の特定とそのための制度（235）
3　非金銭執行の種類と手続　236
非金銭執行の種類（236）　　直接強制とは（236）　　間接強制とは
（237）　　代替執行とは（238）　　子の引渡しの強制執行とは（238）
意思表示の擬制（239）

xiv

4 担保権の実行手続 ……………………………………………… 240

5 民事執行をめぐる不服申立ての方法 ……………………… 241

1 違法執行と不当執行の違い　241

違法執行とは（241）　　不当執行とは（242）

2 請求異議の訴え　243

3 第三者異議の訴え　244

| 第17章 | 民事保全 | 246 |

1 **民事保全制度の概要** ……………………………………………… 246

1 民事保全とは　246

2 民事保全制度の趣旨・目的　247

仮差押えは何のために用いられるのか（247）　　係争物に関する仮
処分は何のために用いられるのか（249）　　仮の地位を定める仮処
分は何のために用いられるのか（250）

2 **民事保全の手続** …………………………………………………… 251

1 手続の概要　251

2 保全命令の要件と審理手続　252

保全命令の要件（252）　　保全命令の審理手続（253）

3 保全命令の担保の提供　254

4 保全命令の申立てについての裁判に対する不服申立ての方法

255

3 **仮差押え** …………………………………………………………… 256

仮差押えの意義と要件（256）　　命令の内容とその執行の効果
（257）

4 **係争物に関する仮処分** …………………………………………… 258

1 係争物に関する仮処分の意義と要件　258

2 命令の内容・類型とその執行の効果　258

不動産所有権の移転登記請求権を保全するための処分禁止の仮処分
等（258）　　占有移転禁止の仮処分（259）　　係争物に関する仮処
分の効果（259）

5 **仮の地位を定める仮処分** ………………………………………… 260

目　次　xv

第18章　倒産処理手続の基礎　261

1 倒産処理手続の意義 ……………………………………………… 262

1 倒産とは　262

2 倒産処理手続がなぜ必要か　262

倒産処理手続の必要性①——債権者間の平等の確保と過度の圧力防
止（263）　倒産処理手続の必要性②——債務者財産の最大化
（263）　倒産処理手続の必要性③——債務者の経済的再建（264）

2 倒産処理手続の種類 ……………………………………………… 265

1 法的整理と倒産 ADR と私的整理，清算型手続と再建型手続
265

2 各倒産処理手続の意義　266

法的整理によらない倒産処理手続の意義（266）　法的整理の意義
（267）

3 法的整理の種類　267

清算型手続の種類（267）　再建型手続の種類（268）

第19章　法人の倒産　269

1 法人の破産 ……………………………………………………… 270

1 破産手続の流れ　270

2 破産手続の機関　271

破産裁判所とは（271）　破産管財人とは（271）　債権者集会と
は（272）

3 破産手続の開始　273

破産手続開始申立てとは（273）　破産手続開始決定とは（273）
破産手続開始原因とは（274）　破産手続開始時の手続（275）
破産手続開始決定の効果（275）

4 破産者の財産の取扱い　276

破産財団とは（276）　否認権とは（277）　双方未履行双務契約
とは（279）

5 破産者に対する権利の取扱い　280

xvi

破産債権とは（280）　財団債権とは（282）　取戻権・別除権・
相殺権とは（284）

6 配当，破産手続の終了 287

配当とは（287）　破産手続の終了（287）

2 法人の再生 ……………………………………………………288

1 再建型手続の概要 288

再建型手続の意義と種類（288）　再生手続の流れ（289）

2 再生手続の開始 290

申立て（290）　開始決定（291）

3 再生計画 292

再生計画案の提出（292）　再生計画案の決議（292）　再生計画
の認可と効力（293）　再生計画の遂行（293）

第20章	個人の倒産	
		295

---

1 個人の倒産手続の概要 ……………………………………295

1 個人の倒産手続の意義 295

2 個人の倒産処理手続の種類 296

消費者破産とは（296）　個人再生手続とは（296）　特定調停と
は（297）

2 個人の破産手続の概要 ……………………………………298

3 免　責 …………………………………………………………299

1 免責の意義 299

2 免責の申立てと要件 299

申立手続（299）　免責の要件（300）

3 免責の効果 301

免責の効果と復権（301）　非免責債権とは（301）

事項索引（303）
判例索引（310）

コラム 目 次

民事訴訟の言葉 ……………………………………………………………… 4

費用に関するサポート ……………………………………………………… 25

民事訴訟法の学習順序，訴訟判決と本案判決 …………………………… 29

集団的な利益救済のための当事者 ………………………………………… 40

分かりづらい専門用語 ……………………………………………………… 48

住所，氏名等の秘匿 ………………………………………………………… 69

事実の分類（効果との関係）と，主張された側の態度 ………………… 88

上告受理申立ての制度の趣旨と機能 …………………………………… 179

民事訴訟と ADR …………………………………………………………… 196

ODR ………………………………………………………………………… 201

高齢化社会と成年後見 …………………………………………………… 217

家庭裁判所調査官 ………………………………………………………… 222

３点セットと BIT システム ……………………………………………… 234

民事執行，民事保全等の各種の手続の IT 化 ………………………… 244

図表 目 次

図表 0 - 1　実体法と手続法の役割分担 …………………………………… 5

図表 0 - 2　民事手続法システムの全体 ………………………………… 12

図表 1 - 1　民事訴訟（判決手続）の手続の流れ ……………………… 16

図表 1 - 2　裁判所の種類 ………………………………………………… 19

図表 2 - 1　代理と訴訟担当 ……………………………………………… 43

図表 3 - 1　各ケースの訴訟物 …………………………………………… 50

図表 3 - 2　各ケースと認容判決 ………………………………………… 54

図表 3 - 3　訴えの３類型と判決の効力 ………………………………… 59

図表 3 - 4　重複訴訟と既判力 …………………………………………… 73

図表 3 - 5　訴状サンプル ………………………………………………… 75

図表 4 - 1　争点整理イメージ図 ………………………………………… 83

図表 5 - 1　証拠方法と証拠資料 ……………………………………… 103

図表 5 - 2　推認プロセスのイメージ図 ……………………………… 108

図表 5 - 3　証明責任イメージ図：事実の存在が証明された場合との対比 ……… 109

図表 5 - 4　法律要件分類説における法規の構造イメージ図 ………… 112

図表 6 - 1　訴訟の終了形態 …………………………………………… 124

図表 6 - 2　和解の種類 ………………………………………………… 128

図表 6 - 3	和解調書における和解条項の例 ………………………………	131
図表 6 - 4	判決・決定・命令の違い（裁判の種類）………………………	134
図表 6 - 5	判決の種類 ………………………………………………………	135
図表 6 - 6	判決書のサンプル ………………………………………………	137
図表 7 - 1	判決理由中の判断と相殺の抗弁 ………………………………	150
図表 7 - 2	訴訟担当の場合 …………………………………………………	153
図表 9 - 1	多数当事者訴訟の種類 …………………………………………	159
図表 9 - 2	共同訴訟の種類 …………………………………………………	159
図表 9 - 3	訴訟参加の種類 …………………………………………………	163
図表 9 - 4	訴訟承継の種類 …………………………………………………	167
図表10 - 1	審級制度 …………………………………………………………	171
図表11 - 1	督促手続の流れ …………………………………………………	194
図表12 - 1	調停の種類 ………………………………………………………	198
図表12 - 2	訴訟と非訟の手続比較 …………………………………………	203
図表16 - 1	民事執行手続の登場人物や相互関係 …………………………	228
図表16 - 2	民事執行手続の趣旨・目的 ……………………………………	229
図表16 - 3	強制執行の分類 …………………………………………………	229
図表16 - 4	金銭執行の種類 …………………………………………………	233
図表16 - 5	非金銭執行の種類 ………………………………………………	237
図表17 - 1	民事保全の分類 …………………………………………………	246
図表17 - 2	被保全権利の例 …………………………………………………	252
図表17 - 3	不服申立てを含む手続の流れ …………………………………	256
図表18 - 1	各手続の関係および具体例 ……………………………………	265
図表19 - 1	破産債権の種類とその内容 ……………………………………	281
図表19 - 2	破産手続が廃止される場合 ……………………………………	288
図表19 - 3	破産手続と民事再生手続の用語の対応 ………………………	289

法令略語

会社	会社法
家事	家事事件手続法
憲	日本国憲法
裁	裁判所法
借地借家	借地借家法
人訴	人事訴訟法
仲裁	仲裁法
破	破産法
非訟	非訟事件訴訟法
民	民法
民再	民事再生法
民執	民事執行法
民訴	民事訴訟法（＊通常は省略）
民訴規	民事訴訟規則（＊通常は「規」のみ）
民訴費	民事訴訟費用等に関する法律
民調	民事調停法
民保	民事保全法

　本書〔第2版〕では，民事訴訟法等の一部を改正する法律（令和4年法律第48号）を「2022年改正法」，民事関係手続等における情報通信技術の活用等の推進を図るための関係法律の整備に関する法律（令和5年法律第53号）を「2023年改正法」と表記しており，本文は，これらの改正のうち2024年5月現在で施行されている部分を前提に記述している。2022年改正法で未施行のものは原則として2026年3月までに施行される見込みであり，2023年改正法で未施行のものは原則として2028年6月13日までに施行されることになっている。

執筆者紹介 (*は編者)

＊川嶋　四郎（かわしま　しろう）
　　現職　同志社大学法学部・大学院法学研究科教授
　　担当　序，第 *1* 章，第 *8* 章，第 *9* 章，第 *12* 章

＊笠井　正俊（かさい　まさとし）
　　現職　京都大学大学院法学研究科教授
　　担当　第 *10* 章，第 *13* 章〜第 *17* 章

上田　竹志（うえだ　たけし）
　　現職　九州大学大学院法学研究院教授
　　担当　第 *2* 章，第 *3* 章

濵﨑　録（はまさき　ふみ）
　　現職　西南学院大学法学部法律学科教授
　　担当　第 *6* 章，第 *7* 章

堀　清史（ほり　きよふみ）
　　現職　龍谷大学法学部准教授
　　担当　第 *4* 章，第 *5* 章

浅野　雄太（あさの　ゆうた）
　　現職　九州大学大学院法学研究院准教授
　　担当　第 *11* 章，第 *18* 章〜第 *20* 章

序

アメリカ合衆国ヴァージニア東部地区連邦地方裁判所

　庁舎の正面玄関の上には，モダンな「正義の女神像」が飾られている。ふつう「正義の女神」といえば，目隠しをし天秤と剣を持って立っているが，この像は，両手に天秤を持っているだけである。飛び出す瞬間の姿勢で人々を出迎える。足下にはウサギとカメが彫られている。イソップの寓話から着想を得たとされ，最後には勝つカメこそが，「ゆっくりではあるが着実な（Slow and Steady）」かたちで「正義（Justice）」を実現する「司法（Justice）」の姿を示すという。なお，ワシントンDCにあるアメリカ合衆国連邦最高裁判所の売店では，裁判官のブロマイドや正義の女神像などとともに，様々な大きさのカメの置物が販売されている。

　民事訴訟事件については，正義の女神像の「目隠し」は公正さを，「天秤」は権利の存否の判断（民事訴訟⇒**第 1 章**以下）を，「剣」は，権利の強制的な実現（強制執行⇒**第 16 章**）を象徴している。なお，本文で述べるように，現在の日本の裁判所は，単に裁判だけではなく，そのほかの様々な手続（調停等）といった道具立てを用意している。それは，さながら「千手観音像」のような姿である。

序　民事手続法の世界へ

> この序では，民事手続法の世界への扉を開けて個別の具体的な手続を学ぶ前に，その全体像をつかむことを目指したい。
>
> 現代社会に生きる私たちは，身の回りで様々な争いごと（民事紛争）に直面する。その際に，話合いで解決したいと考えることもあれば，白黒をはっきりつけたいと考える場合などもある。また，できるだけ簡易で迅速に解決したいと思うこともあれば，じっくり争って決着をつけたいと考えることなどもある。現在の日本には，民事紛争を解決するための民事手続がいろいろあるが，まず，民事手続法とは何か，その中にはどのような手続があるかについて，以下で概観していきたい。

1　民事手続法と「正義へのアクセス」

社会と紛争と手続

　古くから，社会があれば紛争も存在した。争いごとには暴力などもつきものであるが，人間には理性も英知も存在した。その結晶が**法**である。法があるところには，**権利**もあり，法的な救済も行われた。法による紛争解決過程の代表が裁判であり，裁判を通じて多くの紛争が解決されてきた。その積重ねが，私たちに平安をもたらし，豊かな社会をつくることに役立ってきたのである。

　現代社会では，紛争は避けられない。たとえば，お金の貸し借り

2　序　民事手続法の世界へ

や土地・建物をめぐる紛争，交通事故や医療事故による紛争，特許紛争，離婚・相続紛争，さらには人や企業の経済的な破綻に起因した紛争など，世の中には様々な紛争がみられる。本書では，具体的な制度や手続などの理解を深めるために，基本ケースとして ケース1 から ケース6 の紛争例をあげたが，実際に生じる民事紛争の種類や態様は数知れない。その法的な解決のための手続をまとめて，民事手続とよぶ。

自力救済禁止の原則

現代社会では，民事紛争が生じた場合に，紛争当事者間の話合いによって解決する場合はともかく，民事手続によらないで，力ずくで自己の権利や利益を実現することは許されない。これを，自力救済禁止の原則とよぶ。

ケース2 で，織田が，土地の所有者は自分であると確信し，徳川に対して建物を壊して出て行くようにいくら求めたとしても，徳川が自主的にそうしてくれなければ，織田は，徳川の妨害行為を排除するために，法的な手続を選択しなければならない。この場合に，織田が徳川の建物を勝手に取り壊すことは許されないのである。

民事手続と刑事手続

一口に手続といっても，民事と刑事とでは異なる。ケース3 で，大けがを負った石田が，小早川に対して，被った損害を償ってもらうために損害賠償請求をするのは，民事責任の追及であり，もし検察官が公訴を提起すれば，それは刑事責任の追及である。刑事責任の存否は刑事訴訟で決められる。民事事件については，基本的には私的自治に委ねられた問題であるので，責任追及の仕方は，「民事

1 民事手続法と「正義へのアクセス」　3

訴訟」以外にも，本書で述べるように様々なものがある。

> **コラム**
>
> **民事訴訟の言葉**
>
> 　このような民事と刑事の手続や世界の違いは，言葉にも現れる。たとえば，民事訴訟で訴えられた者は，「被告」というが（⇒第**2**章**1**），刑事訴訟では，「被告人」である。民事訴訟の審理の中心をなし公開法廷で行われる手続を，「口頭弁論」というが（⇒第**4**章**1**），刑事訴訟では，「公判」とよぶ。なお，民事訴訟でも，刑事訴訟でも，「自白」という用語が使われるが，意味が異なる（⇒第**4**章**3 4**）。

手続法の使命と人の役割

(1) 実体法と手続法

　一般に，紛争を解決するために用いられる法には，大きく分けて，実体法と手続法がある。**実体法**とは，保護されるべき権利や利益の内容（発生・変更・消滅）に関する規範である。それは，権利・利益の要件や効果を規定する。実体法の典型例は民法であり，たとえば，不法行為に関する民法709条などには，民事責任などが規定されている。

　これに対して，先に述べた実体法上の権利を行使したり実現したりするための手続を規定したものが，**手続法**である。

> **ケース1** で，古都信が桂川和紙に対して，貸金返還請求訴訟を提起した場合に，消費貸借契約（民587条）に基づく返還請求権の存否を判断する過程を規律する法が手続法（訴訟法）であり，その存否の判断は，実体法に基づいて行われる。

4　序　民事手続法の世界へ

図表 0-1	実体法と手続法の役割分担	
実体法	権利等の内容を規定	例：民法，借地借家法，消費者契約法等 ⇒権利の内容等を規定，裁判内容の規準
手続法	訴訟の手続を規定	例：民事訴訟法（判決手続に関する法） ⇒権利の存否を判断する手続の規律
	判決等の実効性を確保する手続を規定	民事保全法⇒権利の保全手続の規律 民事執行法⇒権利の実現手続の規律

　本書で述べていくように，手続は，流れる川のようなものであり，また，人生にも似ている。時とともに移りゆく季節のように，手続の場面はダイナミックに展開する。手続によって，権利に具体的な命が吹き込まれるのである。

　(2)　手続法の特質

　手続は，誰に対しても開かれている。利用者を排除することや差別することは許されない。手続法の前では，人は平等であり（憲14条1項），裁判を受ける権利も保障されている（憲32条）。手続を主宰（担当）する者は，公正さを堅持しなければならない。しかも，充実した手続で迅速かつ妥当な帰結を達成することが望まれるのである（民訴2条。裁判の迅速化に関する法律を参照）。

　手続は，連鎖的に積み重ねられていく点に特徴がある。時の経過とともに，できることもできなくなるのが手続法のルールでもある。たとえば，民事訴訟では，適切な時機に主張や証拠を出さなければ，後から提出できなくなること（時機に後れた攻撃防御方法の却下。157条・157条の2）もある。

　(3)　人と手続──私的自治と自己決定・自己責任

　手続も結果も，人の選択と行動によって左右される。民事手続法の世界も，民法などの世界と同じように，**私的自治**を基礎として成

1　民事手続法と「正義へのアクセス」　**5**

り立っており，紛争当事者の自己決定・自己責任による選択と活用が，重要な鍵となる。

　民事訴訟についてみれば，まず，それを利用するかどうか，また，紛争のどの範囲について審理判断を求めるかは，原告が決めることができ，さらに，判決によらないで当事者が訴訟を終了させることもできる。これは，私的自治の原則の訴訟上の現れであり，処分権主義とよばれる。

「正義・司法へのアクセス」

　たとえ立派な手続法が存在していても，高嶺の花では意味がない。利用できてはじめて，手続は真価を発揮する。利用者目線の民事手続法が実現されるべきであり，利用者の満足度が手続の試金石となる。そのためには，手続へのアクセスが保障されねばならない。

　繰り返すが，手続は，人に平等に開かれていなければならない。近時の日本では，特に正義・司法へのアクセスの実現のためには，まず，貧しい人たちにも民事訴訟を利用できる道が開かれていなければならないとされた。現在，法テラス（日本司法支援センター）が，司法へのアクセスの増進に貢献している（総合法律支援法を参照。費用問題については⇒**第 *1* 章 3**）。

　次に，消費者被害などに代表されるように，少額多数被害を受けた人たちも集団的に法的救済を受けることができる手続の必要性が認識されてきた。現在，差止請求については，消費者団体訴訟制度（消費者契約法12条）が設けられ，損害賠償請求に関しては，「消費者の財産的被害等の集団的な回復のための民事の裁判手続の特例に関する法律（消費者裁判手続特例法）」が制定されている。

　さらに，救済手続への関心が訴訟以外の紛争解決手続にも広げら

6　　序　民事手続法の世界へ

れ，裁判外紛争解決手続（ADR ⇒第*12*章）をも含めたすべての紛争解決手続（訴訟，仲裁等）へのアクセスのしやすさが，探求されることとなった。

近時，IT（Information Technology. 情報技術〔ICT（Information and Communication Technology. 情報通信技術）ともよばれる〕）の活用により，民事訴訟法をはじめ民事手続法の諸手続へのアクセスを容易にする法改正が行われた。2022年の民事訴訟法等の一部改正法で，民事訴訟手続全体でIT（デジタル）化を可能とする規定が設けられ（⇒第*3*章**4 ❸**），2023年の「民事関係手続等における情報通信技術の活用等の推進を図るための関係法律の整備に関する法律」で，その他の民事手続等のIT（デジタル）化を実現する規定が設けられた（⇒コラム〔244頁〕）。

SDGs と民事手続法

近年，国連の SDGs（Sustainable Development Goals. 持続可能な開発目標）が，世界的に脚光を浴びており，日本でも，未来のかたちを作るための重要な課題となっている。その目標の中の第16番目は，Peace, Justice and Strong Institutions であり，「平和と公正をすべての人に」と和訳されている。それは，民事手続法とも深く関わっており，裁判所において，民事訴訟を中核とする民事手続により民事紛争を公正に解決することは，その目標の具体的な実現に大きく寄与することになる。

2 民事手続は生まれ進化する

民事訴訟法から民事手続法へ

　法には歴史がある。現在のような民事手続法の世界ができあがるまでには，長い歴史を必要とした。明治維新後，政府は，法制面でも西欧諸国にならって近代化を推し進め，1890（明治23）年，日本で最初の**民事訴訟法**が制定された。そこには，現在の民事訴訟法の内容に対応する規定だけではなく，その他の様々な民事手続（強制執行，仮差押え・仮処分・仲裁等）が含まれていた。

　その後の法制度の展開については，本書の巻末の図表（⇒資料「現在の『民事手続法の世界』（法律の変遷）」）を参照してほしい。

　21世紀における民事手続法の展開にとって，一連の司法制度改革が果たした役割も小さくない（2001年の『司法制度改革審議会意見書』を参照）。

それでも民事訴訟法──一般法と特別法

　先に述べた法の制定から現在に至るまで，民事訴訟法が民事手続法の中核をなしている。後に述べる民事執行法，民事保全法，破産法，民事再生法などは，特別の規定がある場合を除いて，民事訴訟法の規定を準用している（民執20条，民保7条，破13条，民再18条参照）。また，民事訴訟法の手続の一部を，他の手続法が準用している場合もある（例：仲裁35条，非訟53条，家事64条等参照）。

　このように，民事訴訟法は，あたかも困ったときに立ち戻ることができる場所，あるいは慈母のように，子どもたち（上記，各法）に様々な道しるべ（個別の手続）を与えている。民事訴訟法は，民

8　序　民事手続法の世界へ

事手続の一般法であり，民事執行法などが，特別法である。また，
人事訴訟法や（本書では扱わないが）行政事件訴訟法も，民事訴訟法
の特別法である（人訴29条，行政事件訴訟法7条参照）。

| 各種の手続とその役割 |

(1) 民事手続をとる前に

　この世界の片隅には，川の流れに浮かぶうたかたのように，無数
の紛争が生まれては消えていく。その中で，民事手続にめぐりあえ
る紛争は限られており，まず人がそれを民事紛争と認識することが
必要となる。そして，この認識を手続と結びつけるために，人は，
民事手続を用いてその解決を求める決断と具体的な選択を行う必要
がある。

　その具体例として，以下で述べる(2)から(7)がある。

> （ケース1）で，古都信が，桂川和紙に貸金の支払を催促し，弁済金を全
> 額受け取れば，それで紛争は終結する。そうでない場合は，いきなり訴え
> が提起される場合もあれば，その前にまず，訴訟以外の紛争解決制度が利
> 用される場合もある。

(2) ＡＤＲ

　そのような裁判外の紛争処理手続をまとめて，ADR（Alternative
Dispute Resolution）という（⇒第*12*章**1**）。

> （ケース3）で，たとえば，簡易裁判所の民事調停（⇒第*12*章**2**）を利
> 用することなどが考えられる。そこで，石田と小早川の間で，損害賠償額
> やその支払方法（例：分割払い）などが合意でき，債務が完済されれば紛争
> は終結する。

2　民事手続は生まれ進化する　9

(3) 民事保全

このような解決ができない場合には，裁判所の強制的な手続によって紛争を解決する必要性が生じる。事件によっては，訴えの提起前に，まず民事保全が用いられる場合がある（⇒第 *17* 章）。

ケース3）で，石田が，定期的に行っていたアルバイトができなくなり生活費や治療費にも事欠くことになった場合には，判決をもらうまでに，まず損害賠償金の仮払いを求めて仮処分を申し立てることもできる。

これは，民事保全手続の 1 つである。民事保全法が，その手続を規定する。

(4) 民事訴訟（判決手続）

実際には，民事保全自体で紛争が解決する場合もあるが，しかし，民事訴訟という最も慎重で本格的な権利確定のための手続が必要になる場合もある（⇒第 *1* 編）。民事訴訟手続は，裁判所が，訴えの提起を受けて，口頭弁論という公開法廷における審理に基づいて，判決を言い渡すための手続である。このような手続を，判決手続とよぶ。

ケース3）で，小早川が，たとえば，石田にも過失があること（過失相殺）を主張して譲らなかったり，損害賠償額を争ったりする場合には，民事訴訟によって決着がつけられることになる。

これは，権利の存否を確定する手続である。民事訴訟法が，その手続を規定する。

(5) 民事執行（特に，強制執行）

裁判所が言い渡した判決であっても，債務者が自発的に債務を履行しない場合に，裁判所が自動的に判決結果を実現してくれるわけ

10　序　民事手続法の世界へ

ではない。判断機関と執行機関は分離しており，債権者が債務者に対して権利の強制的な実現を求める場合には，改めて強制執行の申立てをすることが必要となる。

ケース3 で，石田が勝訴判決を得た場合に，小早川が自発的に金銭を支払わなければ，判決は絵に描いた餅になりかねない。そこで，石田は，判決（確定給付判決）を債務名義として，裁判所に，小早川の預金などに対する強制執行の申立てをすることになる。

　この手続は，担保がつけられた物件などを強制的にお金に換える手続である担保権の実行などとともに，民事執行法が規定する（⇒第16章）。これは，権利の実現手続である。

(6)　倒産処理

　これらの紛争が多数の関係者の間で生じ，債務者の財産では全債権者を満足させることができないので，債権者間で権利内容に従い平等かつ公正に分配する必要が生じる場合などもある。

ケース1 で，桂川和紙の債権者が，古都信だけではなく，ほかにもたくさんいる場合には，桂川和紙の限られた財産を債権者の間で公平に分配する必要が生じる。桂川和紙と契約関係等のある者たちとの関係も清算しなければならない。

　このような場合に利用されるのが破産手続（⇒第19章1）であるが，ただし，桂川和紙の信用や技術などをもってすれば，事業を継続しながら会社の再建ができるような場合には，民事再生手続などの利用も可能になる（⇒第19章2）。このように，経済的な危機に直面した債務者の財産関係を法的に整理していく手続が，倒産法である。個人の破産には，債権債務関係を清算し，免責手続を通じて

2　民事手続は生まれ進化する　　11

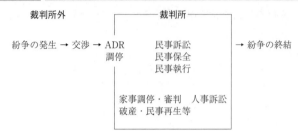

経済的な再出発を可能にする意義もある（⇒**第20章2**）。

なお、倒産処理の局面でも、このような裁判所における諸手続のほかに、ADRとしての私的整理などもある（⇒**第18章2**）。

(7) **家事事件手続・人事訴訟**

ケース5やケース6にみられるように、離婚に至りかねない紛争や相続をめぐる紛争など、家庭における紛争が生じる場合もある。このような家族関係を扱う法領域の中に、家事調停、家事審判および人事訴訟の各手続がある（⇒**第13章・第14章・第15章**）。ケース1～ケース4のような財産関係とは、また別の特別な手続が必要になることから設けられた手続である。

> ケース5で、利根川太郎と花子の間の紛争が離婚の話にまで展開したもののその合意が調わない場合や、また、離婚の際の親権や財産分与をめぐって合意が成立しなければ、家庭裁判所における家事調停（離婚調停）や人事訴訟（離婚訴訟）が利用されることになる。

(8) **以下各編の構成**

以下では、まず**第1編**で、民事手続法の中核に位置する民事訴訟法の手続過程を説明し（その最後には、ADRなどにも言及し）、次に第

*2*編で，家事紛争に関する手続である家事事件手続法や人事訴訟法の手続過程を説明し，さらに**第*3*編**で，民事執行法，民事保全法および倒産法（破産法，民事再生法，会社更生法等）について説明することにしたい。

第 *1* 編　民事訴訟法

ビジネス・コート

　2023年秋，東京に「ビジネス・コート」が誕生した。新しく建設された東京高等裁判所・東京地方裁判所中目黒庁舎である。そこへは，霞が関にある東京高等裁判所・東京地方裁判所の本庁から，特許訴訟事件などを扱う知的財産高等裁判所（知財高裁）のほか，東京地方裁判所の「知的財産部」，商事訴訟事件，会社非訟事件および仲裁関係事件などを扱う「商事部」，破産事件，民事再生事件や会社更生事件などを担当する「倒産部」がまとめて移転された。地上5階地下1階の庁舎であり，近時における民事裁判のIT化（ICT化）に即応し，最新の映像音響機器が設置されている。ビジネス・コートは，ビジネス関連部署を集約したうえで相互に連携し，デジタル化による効率性を積極的に追求するとともに，専門性・国際性の一層の充実・強化を図り，利用者の期待に応える新しい裁判所を実現することが目的とされている（写真は，三菱ケミカルグループ，執行役員・法務本部長，桜井進氏の提供による）。

第1編では，民事手続の中核にある民事訴訟法（判決手続）を中心に概観したい。判決手続は，裁判所において，当事者が，判決という形式での裁判を得るための手続である。人類は，紛争処理や裁判に関する長い歴史をもっているが，そのための手続の中で，公正かつ慎重な審理判断プロセスとして信頼を得てきたのが，民事訴訟である。この手続を通じて，裁判所が，当事者間の権利義務や法律関係をめぐる争いについて，当事者の主張した事実や提出した証拠に基づいて判決を言い渡すのである。

　以下では，この判決手続について，どこで（⇒**第1章**），誰が（⇒**第1章・第2章**），どのような争いの事項について（⇒**第3章**），いかなる審理の手続で（⇒**第4章**），どのような証拠調べに基づき（⇒**第5章**），どのように訴訟を完結させるか（⇒**第6章**）について概観する。特に判決の効力（⇒**第7章**）については，1章を割いて説明し，さらに，複雑な訴訟の手続（⇒**第8章・第9章**）についても説明する。その後に，どのような手続によって，判決などを再度争うことができるか（⇒**第10章**）についてや，簡易な訴訟手続（⇒**第11章**），さらには，裁判外の紛争解決手続や裁判内での簡易な判断手続など（⇒**第12章**）についても概観したい。

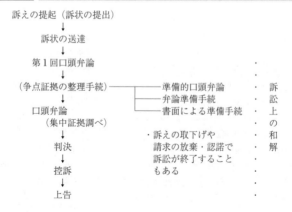

図表1-1　民事訴訟（判決手続）の手続の流れ

16　**第1編**　民事訴訟法

第 *1* 章　裁 判 所

第 *1* 章では，民事訴訟の手続を担当する裁判所について概観したい。裁判所とは，そこで民事訴訟が行われる場所ではあるが，実際には，それ以外にも，本書の様々なところで述べるように，多様な手続が行われる場所である。英語では，コートハウス（Courthouse）とか，コート・オブ・ジャスティス（Court of Justice）などとよばれる。このように，裁判所は「正義」が行われるところである。それは，公正な手続を行うことができるための様々な仕組みが設けられている制度でもある。本章では，民事紛争の解決手続に関する，「公正な紛争解決の場」について説明していきたい。

1　裁判所の役割と種類等

裁判所とは

　裁判所とは，文字通り裁判をする機関ではあるが，その役割は，それにとどまらない。裁判所で行われる民事手続にも様々なものがある。

　たしかに，裁判所に訴えが提起された場合に，最終的に判決によって手続が終了する場合もあるが，裁判所の役割はそれに尽きない。たとえば，判決を目指して訴えが提起された場合でも，訴訟の過程で，当事者間の合意により紛争の解決が図られる場合もあれば（訴

訟上の和解⇒第6章2**4**），原告が請求を放棄したり被告が請求を認諾したりする場合もある（請求の放棄・認諾⇒第6章2**3**）。また，最初から，話合いによる争いごとの解決のために，裁判所を利用する場合もある（民事調停・家事調停⇒第12章2**2**・第13章，訴え提起前の和解〔275条〕）。さらに，簡易に債務名義（⇒第16章3**1**）を作り出すために，裁判所が利用される場合もある（督促手続⇒第11章2）。

> ケース3 で，当事者間の話合いがまとまらなければ，簡易裁判所の民事調停を利用することもあり，そこでも合意に至らなければ，民事訴訟を提起することになる。また，提訴後でも判決後でも，和解は可能である。

判決で金銭の支払を命じられたものの債務者が支払わない場合に，債権者が，強制的に金銭を回収するためなどにも，裁判所が利用される（強制執行⇒第16章3）。また，たとえば，経済的に立ちゆかなくなった企業が，その財産を清算したり，経営再建を目指したりするためなどにも，裁判所は利用される（企業破産・企業再生⇒第19章）。

裁判所の様々な役割については，最高裁判所のホームページ（http://www.courts.go.jp）も参照のこと。

裁判所の種類

日本中にはたくさんの裁判所があり，その種類も多様である。現在，最高裁判所をはじめ，下級審裁判所として，高等裁判所，地方裁判所，家庭裁判所および簡易裁判所が設けられている。それらを一覧表にまとめたものが，次の表（⇒図表1-2）である。

図表1-2	裁判所の種類		
裁判所名	数	主な役割	主な所在地
簡易裁判所	438	少額軽微（140万円以下）な事件を扱う。	都道府県内の各地
地方裁判所	50（支部203）	原則的な第一審裁判所（民事訴訟法は，この手続を基本に構成されている）	都道府県庁の所在地および旭川，釧路，函館
家庭裁判所	50（支部203，出張所77）	家庭に関する事件について，人事訴訟，家事審判および家事調停（⇒第*13*章・第*14*章）などを行う地方裁判所と同格の裁判所	地方裁判所と同じ
高等裁判所	8（支部7〔特別の支部1を含む〕）	地方裁判所・家庭裁判所の裁判に対して不服が申し立てられた場合に，上訴審（控訴審，抗告審等⇒第*10*章）としての役割を果たす。	札幌，仙台，東京，名古屋，大阪，広島，高松，福岡
最高裁判所	1	上告事件や許可抗告事件などについて裁判権を有する。	東京

(1) 簡易裁判所

簡易裁判所は，少額で軽微な事件を扱う。地方裁判所の訴訟手続よりも簡易化された民事訴訟手続（270条以下），少額訴訟手続（368条以下⇒第*11*章**1**），督促手続（382条以下⇒第*11*章**2**），訴え提起前の和解（275条）および民事調停（⇒第*12*章**2 ②**）などを行う。簡易裁判所は，民事の第一審裁判所としての役割を，地方裁判所と分かち合う（裁33条1項1号）。簡易裁判所の民事訴訟には，一般国民から「良識のある者その他適当と認められる者」（司法委員規則1条）であるとして選ばれた司法委員が関与することがある（279条）。

(2) 地方裁判所

地方裁判所は，民事訴訟事件に関しては，原則的な第一審裁判所である。民事訴訟のほか，民事調停も行う（民調3条1項）。また，

簡易裁判所の控訴審などとしての役割をも果たす（裁24条3号・4号）。

(3) 家庭裁判所

家庭裁判所は，家庭の平和を維持するためのファミリー・コートとして創設された。家庭に関する事件について，人事訴訟，家事審判および家事調停を行う裁判所である（裁31条の3）。その出張所では，審判・調停のみが行われる。

(4) 高等裁判所

高等裁判所は，地方裁判所・家庭裁判所の裁判に対して不服が申し立てられた場合に，控訴審などとしての役割を果たす（裁16条1号・2号）。また，簡易裁判所からの事件については，上告審となる（同条3号）。なお，東京高等裁判所には，その特別の支部として，知的財産高等裁判所が置かれている。

(5) 最高裁判所

最高裁判所は，司法権の最高機関であり，違憲審査権（憲81条）をもつ終審裁判所である。上告事件や許可抗告事件などについて裁判権を有する（裁7条）。裁判所関係の人事や予算などに関する司法行政事務も統括する。

| 一般的な公正の保障——フェアーな制度 |

裁判所は，公正が保障された判断機関である。公正とは，公平で適正なことをいう。一般的に制度としての公正を保障するために，憲法上，立法・行政・司法の三権分立が規定され，裁判官の独立やその身分が保障されている。裁判所の法廷の構造も，当事者間で対等であり，各当事者の席と裁判官席との距離も等しい。裁判所が審理する事件は，裁判官が自由に選択できるのではなく，一般に，受付順で機械的に割り振られることになる。

20　第1編　民事訴訟法　第1章　裁判所

| 個別的な公正の保障——フェアネスの確保 |

　裁判所が個別の訴訟事件を処理する際にも，公正が保障されなければならない。そのことを確保するために，裁判官の除斥・忌避・回避の制度が設けられている（民訴23条・24条，民訴規12条）。

（1）除　斥

　法定の原因がある場合に，当然に職務の執行から排除されることを，除斥という。その原因が除斥原因であり，それには，裁判官が当事者と一定範囲の親族の関係にあるような場合など，裁判の不公正を強く疑わせる定型的な事由が列挙されている。

（2）忌　避

　除斥原因がなくても裁判の公正を妨げるおそれがある場合に，当事者は，その裁判官が職務を遂行すべきでない旨の申立てを行うことができる。これが，忌避申立ての制度である。忌避の場合には，忌避の理由があることを認める決定があってはじめて，裁判官は，職務の遂行から排除されることになる。

（3）回　避

　裁判官は，除斥原因や忌避事由がある場合には，監督権を有する裁判所の許可を得て，自らすすんで当該事件の担当からはずれることもできる。これを回避という。

2　裁判所の権限と管轄

| 民事裁判権と管轄 |

日本の全国各地には様々な種類の裁判所が数多く存在する。現実

2　裁判所の権限と管轄　21

には，民事紛争の処理に際して，これらの裁判所が，一定のルールに従って，事件を処理する権限である**民事裁判権**を分かち合っている。紛争当事者にとっては，どの裁判所で，実際に法的な救済を得ることができるかは，大きな関心事である。事件について裁判権を行使できる権能のことを，**管轄権**という。

| 管轄の具体的な規律——どこの裁判所が管轄をもつか |

ケース1において，京都市に本店を置く古都信が，大津市にある近江木材株式会社に対して，800万円の保証債務履行請求訴訟を提起する場合を考えてみよう。

(1) 事物管轄

第一審裁判所を簡易裁判所と地方裁判所のいずれとするかが，**事物管轄**の問題である。その区分の基準は，訴訟の目的の価額（**訴額**），すなわち原告が訴えで主張する利益を金銭評価して算定した額（8条1項）による。現在では，訴額が140万円以下の請求は，簡易裁判所が，140万円を超える請求などは，地方裁判所が，それぞれ事物管轄を有することになっている（裁33条1項1号・24条1号）。

それゆえ，上記の保証債務履行請求訴訟事件については，簡易裁判所ではなく，地方裁判所が管轄をもつことになる。

(2) 合意管轄

本件の保証契約の中に，たとえば大阪地方裁判所を管轄裁判所とする旨の特約（合意）があれば，古都信は，大阪地方裁判所に本件訴えを提起することもできる。これを，**合意管轄**（11条）という。

22　第**1**編　民事訴訟法　　第**1**章　裁判所

⑶　土地管轄

　所在地の異なる同種の裁判所間における事件の分担をどのように行うかが，**土地管轄**の問題である。土地管轄は，「原告が被告の法廷地に従う」という原則により定められる。これは，訴訟をする際には，原告は被告の地に出向いて行うのが当事者間の公平にかなうことによる。それゆえ，原則として，訴えは，被告の**普通裁判籍**の所在地を管轄する裁判所の管轄に属することになる（4条1項）。ここでいう**裁判籍**とは，事件と管轄区域とを結びつける要素をいい，被告の普通裁判籍は，被告が自然人の場合は，住所等によって定まり（同条2項），法人等の場合には，主たる事務所または営業所の所在地等によって定まる（同条4項）。

　それゆえ，ケース1では，土地管轄によれば，被告の近江木材が大津市の企業であるので，大津地方裁判所が管轄をもつことになる。

　この一般原則には数多くの例外がある。それが，**特別裁判籍**（5条）である。ケース1で特に問題となるのは，義務履行地の特別裁判籍（同条1号）である。義務履行地は，特約がない限り，債権者の住所地である（持参債務の原則⇒民484条1項，商法516条1項）。

　それゆえ，ケース1の場合には，特約がない限り，京都市が義務履行地となり，京都地方裁判所も管轄をもつことになる。

　このように，債権者は，普通裁判籍所在地の裁判所（大津地方裁判所）と特別裁判籍所在地の裁判所（京都地方裁判所）のいずれかを選択して，訴えを提起することができる。

⑷　応訴管轄

　ケース1で，もしも古都信が近江木材に対して奈良地方裁判所

2　裁判所の権限と管轄　　23

に訴えを提起した場合に，被告が管轄違いの抗弁を出すことなく本案（訴訟の対象＝訴訟物⇒**第3章1**）について弁論をしたときには，奈良地方裁判所に管轄が生じる。これを，**応訴管轄**（12条）という。被告がその地で訴訟に応じる意思を尊重した規律である。

(5) 移　　送

　ある裁判所にいったん係属した事件を，その裁判所の決定によって他の裁判所に引き続き係属させることを，**移送**という（16条〜22条等）。移送申立権は，被告に認められている。これは，提訴の際にまず原告に管轄の選択権が認められていることの見返りとして，当事者間のバランスが図られるようにするためである。

> （**ケース1**）で，もしも古都信が，合意管轄の定めに基づいて，大阪地方裁判所に訴えを提起した場合には，大阪地方裁判所が，被告である近江木材の申立てまたは職権により，当事者間の衡平を図るために，より適切な他の管轄裁判所（例：大津地方裁判所）に事件の移送を行うこともできるのである。

　ここでいう「職権により」とは，当事者の申立てがなくても，裁判所自体がすすんで手続をとることをいう。

3　訴訟と費用

　訴訟に負担はつきものであるが，それには，費用・時間・労力がある。たとえば，申立てに関する費用については，ADR（⇒**第12章1**）の中には，無料のものもあるが，訴訟は，原則有料である。そのことが，「正義・司法へのアクセス」（⇒**序1**）の障害となる場合もある。

　訴訟の費用としては，まず，訴え提起の際の**提訴手数料**（いわゆる

印紙代）があり，日本では，訴額に応じて徐々に高くなるスライド制が採用されている（民訴費3条1項）。たとえば，訴額が140万円の場合には，訴えの申立手数料は12,000円であり，訴額が1400万円の場合は，申立手数料は62,000円になる。

そのほか，原告は，送達などに必要な裁判費用（民訴費2条）も支払わねばならない。これらの訴訟費用は，原告が勝訴すれば被告から回収することができる（民訴61条。**訴訟費用敗訴者負担の原則**）。ただし，訴訟にかかる費用で最も高額になる**弁護士費用**は，この訴訟費用には含まれない。弁護士に委任した当事者自身が，原則として負担しなければならないのである。

コラム

費用に関するサポート

訴訟における費用負担を緩和し軽減するための制度もある。①**訴訟上の救助**（訴訟救助），②**法律扶助**，および，③**訴訟費用貸付制度**などである。

①は，訴訟の準備や追行に必要な費用を支払えば生活に著しい支障が生じる者などに対して，訴訟費用の支払を猶予する制度（82条以下）であり，②は，「法テラス」が民事裁判などの手続の準備や追行のための費用や弁護士費用などの立替えなどを行う制度である（総合法律支援法30条1項2号）。③は，地方公共団体の消費者保護条例などにみられる訴訟費用の貸付制度である。

第*2*章 当事者

民事訴訟は，当事者間の実体法上の権利義務をめぐる法的紛争を解決する制度である。法的紛争には，誰と誰の間の紛争かという「人」の側面と，どんな権利義務や法律関係が問題かという「モノ」の側面がある。「人」の側面は当事者，「モノ」の側面は請求および訴えという，訴訟法上の概念で説明する。重要なのは，そのいずれについても，訴訟要件（⇒コラム〔27頁〕）が設けられており，原告が適切に当事者，請求および訴えを選択しなければ，訴訟全体が不適法として却下されるおそれがある，ということである。まず，この章では「人」の側面についてみてみよう（「モノ」の側面は，次の第*3*章で説明する）。

1　当事者概念

当事者とは——訴えれば原告，訴えられれば被告

　民事訴訟で登場する争いの主人公は，**当事者**とよばれる。当事者のうち，訴えた人が**原告**，訴えられた人が**被告**である。実体法上の権利義務者か否かで当事者が決まるのではない。たとえば「原告は権利者ではなく，本当の権利者は別の人だった」という理由で敗訴する場合にも，原告は「民事訴訟の当事者ではなかった」という，訴訟法上の判断で敗訴する（訴え却下）のではない。「原告に権利がなかった」という，実体法上の判断で敗訴する（請求棄却）。

26　第*1*編　民事訴訟法　第*2*章　当事者

当事者のよび方

当事者のよび名は，審級ごとに異なる。第一審では，訴えた人を**原告**，訴えられた人を**被告**とよぶ。控訴審では控訴した人を**控訴人**，控訴された人を**被控訴人**とよび，上告審でも同様に，**上告人・被上告人**とよぶ。

当事者のよび名は審級ごとに独立しているので，判決文を読む場合などは注意が必要である。たとえば，第一審で原告が勝訴し，これに対して被告が控訴すれば，控訴審では被告が控訴人，原告が被控訴人となる。

2 当事者の特定と確定

当事者の特定——原告が当事者を決める

現実の社会紛争は，多くの人が，様々な権利義務や法律関係をめぐって関わることも多い。しかし，いざ裁判となれば，その社会紛争のどこを訴訟事件として切り出すかは，訴訟制度を利用しようとする者が決める。つまり，誰と誰の間の，どの権利について，どんな判決を求めるかは，すべて判決を求める原告が決める。当事者に多くの権能を認める**処分権主義**のあらわれである（⇒序**1**）。

そこで，判決を求める者（原告）は，自らを訴訟法上の原告の地位につかせるとともに，相手方を決めて被告の地位につかせる。このように原告が当事者を決めることを，**当事者の特定**という。

当事者の確定——裁判所が当事者を確定する

裁判所は，原告が特定した当事者を確認して，その者を当事者と

2　当事者の特定と確定　　27

して取り扱う。この判断作業を，**当事者の確定**という。当事者の確定は，訴訟手続の冒頭に行われ，その後の訴状送達や訴訟審理を進める上で，必要な作業である。

　誰が原告で誰が被告かは，上記のように，自分の権利について判決を求める者の意思に従う。ただし，訴え提起の時点では，その意思を裁判所が読み取るための資料は，原則として訴状しかない。そこで裁判所は，訴状に書いてある内容全体から，その意思を読み取ることになる。

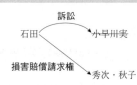

　ケース3 で，石田は小早川実を被告に，2020年4月1日，損害賠償請求訴訟を提起した。ところが，実は小早川実も事故の衝撃で頭を打っており，それが原因で2020年3月14日に亡くなっていた。実の両親の小早川秀次と秋子が，小早川実を相続した。

　小早川秀次と秋子は，第一回口頭弁論期日に出廷して，実が死亡したことを明らかにした。

　この例では，訴えを提起した時点で，被告として特定された小早川実は死亡している。このように，当事者が訴え提起前に死亡している訴訟を，**死者名義訴訟**という。死亡した者を当事者にする訴訟は，不適法な訴訟として訴え却下判決（⇒**コラム**〔27頁〕）を受けるのが原則である。

　しかし，原告の石田は，訴え提起の直前まで，小早川実が生きているかどうか確認し続けなければならないのだろうか。また，相続人が法廷に登場している以上，今まではともかく，今後は相続人を

被告と確定して訴訟を続行できた方が便利である。判例はこのような場合，訴状の被告記載を相続人へ訂正した上で，訴訟を続行することを認めている（大判昭和11・3・11民集15巻977頁［百選5]）。

コラム

民事訴訟法の学習順序，訴訟判決と本案判決

　やや学習順序は前後するが，ここで判決の種類について簡単に概観しよう（⇒第*6*章3 ■）。今回に限らず，民事訴訟制度は，制度全体が緊密に関係し合っているため，教科書の後の箇所で説明すべき知識が，前の箇所であらかじめ必要になる場合が多い。

　訴訟法上の判断，つまり訴えが適法か不適法かの判断を行う判決を，**訴訟判決**とよぶ。適法であればそのような判断をする必要は特にないので，訴訟判決の内容は，「実体法上の判断をするまでもなく，訴えが訴訟法上不適法である」という**訴え却下判決**が主である。実質上は原告の敗訴である。本章（第*2*章）と次章（第*3*章）では，訴訟の基本的な構成要素である当事者・請求・訴えについて説明するが，そのいずれにも，訴訟法上の適法要件である訴訟要件が定められている（⇒第*4*章**6**）。訴訟要件を満たさない訴訟は，不適法として訴え却下判決を受ける。

　これに対して，実体法上の判断，つまり原告が主張する権利義務や法律関係があるか否かの判断を行う判決を，**本案判決**とよぶ。これには，原告にとって勝訴を意味する**請求認容判決**と，敗訴を意味する**請求棄却判決**とがある。

3　当事者権と二当事者対立構造

当事者たる地位と当事者権

　当事者の確定がされると，確定された原告および被告は当事者と

して取り扱われる。具体的には，裁判所からの呼出し（94条）や訴状・判決書等の送達を受け（138条・255条等），主張立証などの訴訟活動を行う機会を与えられ，自分の事件の記録を見ることができる（91条）など，一連の権利が保障される。この権利をまとめて，**当事者権**（または**法的審尋請求権**）とよぶ。

当事者権は，当事者が訴訟手続において審理に参加し，勝訴のために力を尽くすためのものである。公平の観点からみて，審理に参加できなかった人に不利な判断をすることは許されない。

したがって，たとえば被告が訴状送達や期日の呼出しを受けず，訴訟の存在すら知らないまま敗訴判決を受けたなど，当事者権に重大な侵害があった場合，その敗訴判決は違法な判決である。そのような場合は，上訴（控訴・上告。312条2項4号）のほか，再審（338条1項3号）によっても，再び争うことができる（⇒**第10章5**）。

応訴強制とは

原告は自分の意思で当事者の地位につくが，被告は原告から訴えられて当事者たる地位につかされ，拒否権がない。これを**応訴強制**とよび，調停等の他の紛争解決手段と大きく違う点である。

原告は，自分のもつ権利を実力行使で実現することを，国家から禁止されている。具体的には，強盗等の犯罪行為を行った場合，たとえば，「自分の持ち物を取り返すためだった」と言っても，そのような正当化は通用せず，刑罰が科される（**自力救済禁止の原則⇒序1**）。その代わり，国家は，国民の権利義務を確実に保護する制度を設けなければならない。そのため，紛争の相手方が話合いに応じない場合のいわば最後の手段として，このような応訴強制が認められている。

二当事者対立構造とは

　民事訴訟においては必ず最低でも一人ずつ，原告と被告がいなければならない。これを**二当事者対立構造**とよび，民事訴訟が成り立つために不可欠の条件である。たとえば，被告と原告が親子のケースで，訴訟の途中に原告が死亡し，被告がただ一人の相続人として原告を相続した場合，原告と被告が同一人物となる。こうなると，二当事者対立構造が崩れるため，その時点で訴訟は終了する。

4　当事者能力

当事者能力とは——訴訟制度を利用できる人

　民事訴訟は，実体法上の権利義務をめぐる法的紛争を対象とする。それゆえ，紛争の内容や種類に関係なく，実体法上の権利義務者たりえない者は，訴訟法上も当事者になる意味がない。そこで，そのようなものが当事者として確定されても，訴訟法上不適法な当事者として，訴えが却下される。このように，民事訴訟の当事者となることのできる一般的な資格を，**当事者能力**とよぶ。当事者能力は，訴訟要件の1つである。

原則——人であること

　権利や義務をもつことができるのは，人である。といってもここでは，法的な意味の人格としての「人」を指し，主に民法が，法の世界における「人」を権利能力制度で決めている。それによれば，自然人（民3条）や法人（民34条）は権利能力をもつ。胎児も，一定

4 当事者能力　31

の範囲で権利能力をもつ（民721条・886条・965条）。死者，動植物，山や沼，ロボットなどは，権利能力をもたない。

わが国の民事訴訟法は，民法の「人」の定義に従う。原則として，民法上の権利能力をもつものが，民事訴訟法上も当事者能力をもつ（28条）。

例外——人でなくても

例外として，同窓会やサークル・学会・入会団体・町内自治会などの任意団体は，たとえ法人でなくても，一定の要件をみたせば，あたかも法人と同じように，民事訴訟法上の当事者能力が認められる（29条）。このような団体は，**権利能力のない社団**とよばれる。

このような団体は，もしもひとまとまりとみなければ，実際にいるのは複数の構成員である。大きな団体であれば，構成員は数百，数千人の場合もある。その全員を訴訟当事者とすると手続が複雑になり，当事者の特定も大変になる。そこで，訴訟関係を単純化するため，構成員全員を当事者にしなくても，団体1つを当事者と扱えるようにしたのである。

判例は，①団体としての組織を備え，②多数決の原理が行われ，③構成員の変更にかかわらず団体そのものが存続し，④その組織において代表の方法，総会の運営，財産の管理等団体としての主要な点が確定している団体は，当事者能力が認められるとした（最判昭和42・10・19民集21巻8号2078頁［百選7］）。

5 当事者適格

1 当事者適格とは何か

ここまで説明した当事者能力は，事件の種類や内容にかかわらず，民事訴訟の当事者として登場できるかを選別するための訴訟要件だった。これに対して，個別事件の種類や内容との関係で，その事件にとって正当な当事者を選別する必要性が生じることもある。

> ケース1 で，桂川和紙の保証人となった近江木材の社長は，もし桂川和紙が古都信に800万円を返さなければ，古都信は自分に保証債務の履行を迫ってくると考え，不安になった。
>
>
>
> そこで近江木材は，桂川和紙を被告として，「被告は古都信に対して，金800万円を支払え」との貸金支払請求訴訟を提起した。

この例で，近江木材は法人であり，当事者能力を有することは問題ない。しかし，だからといって，近江木材が，古都信と桂川和紙との間の権利義務関係に対して，口を出すことは許されるか。また，権利者である古都信の意向を無視して，桂川和紙を被告に訴訟を追行できるか。

このように，争いの対象となった特定の権利義務からみて，当事者として訴訟追行し本案判決を求めることのできる資格を，**当事者適格**（または**訴訟追行権**）とよぶ。当事者適格は訴訟要件であり，当事者適格がない者が原告・被告となった訴訟は，不適法な訴訟として，訴え却下判決を受ける。また，当事者適格のある当事者を，**正当な当事者**とよぶことがある。

❷ 当事者適格における原則

特定の権利義務をめぐる紛争において，当事者として一番ふさわしい者は，その権利者や義務者，法律関係の主体だと考えるのが自然であろう。しかし，権利があるか，権利者は誰かなどは，本案判決で判断すべきことである。

では，「権利者・義務者である」という基準を使わずに，どうやって正当な当事者かどうかを判断するのか。この判断の仕方は，訴えの形式ごとに違っている。訴えの形式の細かな知識は**第3章**で確認してもらうとして，ここでは3つの訴えの形式につき，当事者適格の判断方法を紹介しよう。

給付の訴えにおける当事者適格

「被告は原告に対して金○○円を支払え」などの給付の訴え（⇒**第3章2❷**）では，問題となる権利は常に，相手方に作為または不作為を要求する給付請求権であり，そこには必ず権利者と義務者がいる。

そこで，原告が「自分は権利者である」と主張すれば，それだけで原告適格が認められ，さらに「被告は義務者である」と主張すれば，それだけでその被告に被告適格が認められる。本当に権利者や義務者であるかどうかは，先に述べた通り，本案判決で判断すべきことである。

それ以外の，「自分は権利者ではないけれど，権利者に払ってあげなさい」というような訴えはお節介であり，原則として当事者適格が否定される（ただし，後に述べる**❸**の通り，例外がある）。

上記**ケース1**の例では，近江木材は「自分が800万円の金銭債権の権利者である」と言っていないので，原告適格がなく，訴えは却下される。

34 **第1編** 民事訴訟法 **第2章** 当事者

近江木材にしてみれば不安が残るが，古都信の権利をいつどのように行使するかは，古都信のみが決められるというのが，実体法の原則である。

確認の訴えにおける当事者適格

確認の訴えでは，訴えの利益という訴訟要件（⇒第*3*章**3** **3**）の中で，原告が保護すべき法的利益を主張しているか，被告がその法的利益に危険や不安を生じさせているかという，権利義務と当事者との関係を判断することで，当事者適格の判断を訴えの利益に吸収している。

形成の訴えにおける当事者適格

ケース5 で，花子は裁判を起こして，太郎と離婚することにした。もちろん，花子が原告で太郎が被告である。

離婚の訴え（民770条）などの形成の訴えは，個々の法律によって特別に認められる訴訟類型である。そこで，誰に原告適格・被告適格があるかも，法律で定められるのが原則である。

上記 ケース5 の例では，花子に原告適格，太郎に被告適格がある（人訴12条1項）。

3 例外——第三者の訴訟担当

第三者の訴訟担当とは

例外的に，権利者・義務者（であると主張されている人）以外の第三者が，当事者適格をもつことができる場合がある。これを**第三者**

5 当事者適格　35

の訴訟担当とよぶ。まさに,「自分は権利者ではないけれど,権利者に払ってあげなさい」などのお節介ができるわけである。

この場合,第三者を**担当者**,本来の権利義務者を**被担当者**とよぶ。

第三者の訴訟担当の整理

第三者の訴訟担当はいつでも認められるわけではなく,法が特別に認めた場合に限って,第三者が訴訟を追行できる。

第三者の訴訟担当が認められる形態は,大きく分けて2つある。1つは,第三者は権利者ではないが,一定の法律関係や法的地位にあるために,他人間の権利義務関係について,訴訟追行権が認められる場合である。これを**法定訴訟担当**とよぶ。もう1つは,本来の権利義務者から,「あなたに訴訟追行を任せる」という授権を受けた場合である。これを**任意的訴訟担当**とよぶ。

法定訴訟担当——自分のための場合と,自分のためではない場合

法定訴訟担当において,第三者が,権利義務者に代わって訴訟を追行するとき,①それが実は自分のためである場合と,②自分のためではない場合とがある。

(1) 実は自分のためである場合

① 「実は自分のため」とは,どういう場合か。1つ例をあげてみよう。

ケース1で,桂川和紙にはめぼしい資産がないが,比叡ふすま株式会社に対して600万円の売掛債権があった。これをきちんと回収すれば,古都信への借金も大部分返済でき

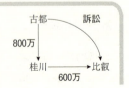

るのに，桂川和紙は債権回収をしようとしない。

　そこで，古都信は，比叡ふすま株式会社を被告として，「被告は原告に金600万円を支払え」という訴えを提起した。

　この例で，古都信は，桂川和紙が比叡ふすまに対して有する，600万円の金銭債権について訴えを提起している。古都信はこの金銭債権の権利者ではないが，民法423条1項は，一定の要件を満たす場合，桂川和紙の債権者である古都信に対して，特別に原告適格を認めている。同項に基づく訴訟を，債権者代位訴訟という。

　もしも，古都信がこの訴訟に勝てば，古都信は比叡ふすまから，600万円を受け取ることが認められている（民423条の3）。この600万円は，本来は債権者である桂川和紙に渡す義務がある。しかし，古都信は桂川和紙に対して800万円の債権をもっている。そこで，古都信はこの600万円を渡さないまま，自分が桂川和紙に対してもっている債権のうち，600万円分を帳消しにすることができる（民法505条以下による相殺）。

　結果をみると，古都信は，桂川和紙に対する金銭債権800万円のうち，600万円を回収できたことになる。

　つまり，古都信は，決して桂川和紙のためを思って訴訟を追行するのではない。あくまでも，自分の債権回収のために訴訟を追行するのである。

　このようなタイプの訴訟担当を，担当者のための訴訟担当とよぶ。

(2)　自分のためではない場合

②　では，「自分のためではない」とは，どういう場合か。これも例を1つあげよう。

5 当事者適格　　37

> ケース6 で、筑後川次郎は、生前に公正証書遺言を作成していた。遺言書には、自宅の土地建物を妻市子一人が相続する旨、次女初子を遺言執行者に指定する旨が記載されていた。
>
>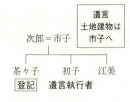
>
> ところが、長女の茶々子は、一人で法務局へ行き、自分が土地建物の一部を相続したとして、所有権移転登記を行ってしまった。
>
> そこで、初子は遺言執行者として、茶々子が行った登記を抹消するため、茶々子を被告に、土地建物の所有権移転登記の抹消手続請求訴訟を提起した。

民法上、遺言の内容を実現させる職務に就く人を、遺言執行者という(民1006条以下)。遺言執行者は、遺言の内容を実現すべく、訴訟も含めた一切の行為ができる(民1012条1項)。遺言執行者は、自分の利益のために遺言の執行をするわけではない(相続人でなくても、遺言執行者になることはできる)。このようなタイプの訴訟担当を、**職務上の当事者**とよぶ。

> 上記 ケース6 の例でいえば、初子が訴訟に勝訴した後、その土地建物の登記は、遺言の内容通りに市子に移転させる。初子は、自分が登記をもらえるからではなく、ただ遺言執行者の職務として訴訟を追行するだけである。

任意的訴訟担当——あなたに訴訟を任せた

先に述べた法定訴訟担当は、一定の法律関係や法的地位にある場合に、法律上当然に認められるものだった。

これに対して，本来の権利義務者から「あなたに訴訟を任せた」という**授権**が，訴訟担当の根拠となる場合もある。これを**任意的訴訟担当**とよぶ。

任意的訴訟担当の例として，民事訴訟法上の選定当事者制度（30条）がある。

> ケース3 で，石田清と一緒に歩いていた島恵子も，小早川実の自転車に当たって，全治1か月のけがを負った。
>
> しかし島は，非常に繊細な性格で，訴訟の原告となって闘うのは精神的に耐えられないようである。また，石田と島は同じ事故の被害者であり，主張すべき事実もほとんど変わらない。
>
> 石田は，自分が島の分まで闘ってあげたいと考えた。

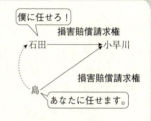

この例では，法律上当然に，石田清が島恵子の権利について訴訟を追行できるわけではない（つまり，法定訴訟担当の規定は存在しない）。

しかし，島と石田は同一事故の被害者として「共同の利益」（30条1項）を有しており，島は石田に訴訟追行の授権をすることができる。それにより，石田は，自分が小早川に対して有する損害賠償請求権については権利者として，島が小早川に対して有する損害賠償請求権については選定当事者（任意的訴訟担当）として，まとめて訴訟を行うことができる。

この場合，島は，権利者ではあっても当事者にならない。

| 訴訟担当の効果 |

　訴訟担当者と相手方との間で確定した判決は，勝訴でも敗訴でも，本来の権利義務者と相手方との間でも効力を有することになる（民訴115条1項2号，民執23条1項2号）。これによって，権利義務者と相手方との間でも紛争解決がなされたことになる。

コラム

集団的な利益救済のための当事者

　少額ではあるが多数の人に損害をもたらす消費者被害に代表されるように，集団的に法的救済を受けることができる手続の必要性が認識されてきた。その際，個々の権利者ではなく，集団的利益について適切に訴訟を追行できる主体が当事者になるのが望ましい場合もある。

　現在，消費者契約等に関する差止請求については，消費者団体訴訟制度（消費者契約法12条等）が設けられ，損害賠償請求に関しては，「消費者の財産的被害等の集団的な回復のための民事の裁判手続の特例に関する法律（消費者裁判手続特例法）」が制定されている。いずれも，個々の消費者ではなく，内閣総理大臣の認定を受けた消費者団体が原告となって，訴訟を行う仕組みが整備された。

　また，指定暴力団の事務所使用を差し止めるため，国家公安委員会の認定を受けた適格都道府県センターが，付近住民からの委託を受けて差止請求訴訟を提起できる（暴力団員による不当な行為の防止等に関する法律〔暴対法〕32条の4第1項）。これも，適格を認定された団体が原告となって，地域住民の生活や仕事の平穏に対し，集団的な法的救済を実現する仕組みである。

6 訴訟能力

■ 訴訟能力とは何か

先に述べた当事者能力の規律（⇒本章**4**）に従えば，民法上の「人」であれば，権利義務主体になれるのだから，それに応じて，たとえば新生児でも原告や被告になりうる。

しかし，現実問題として，新生児が法廷で当事者らしく行動できるだろうか。

裁判官：「原告のご主張はいかがですか？」

原告　：「バブー！」

では，手続が進まない。

民法は，権利義務の主体になれる資格（権利能力）とは別に，自ら単独で法律行為ができる能力についての制度（行為能力制度）を設けている。そこで，民事訴訟法もこれに対応して，民事訴訟の当事者になれる資格（当事者能力）と別に，自ら単独で申立てや主張立証などの訴訟上の行為（訴訟行為）ができる能力について，制度を設けている。これを，**訴訟能力制度**という。

訴訟能力制度は，軽率な訴訟活動で不利な判決を受けないように，訴訟能力に問題がある者を保護するための制度である。

■ どんな場合に訴訟能力が認められるか

訴訟能力の有無は，行為能力に対応している（28条）。たとえば，意思能力がない者（民3条の2）や，成年被後見人（民7条）には訴訟能力がない。未成年者（民5条）も同様である（例外として，民5条3項・6条1項参照）。

6 訴訟能力　41

❸ 訴訟能力制限の効果

　民事訴訟法では，訴訟能力がない者が行った訴訟行為は，最初から「無効」である。民法上の行為能力が欠けた場合のように，「取り消すことができる」（民5条2項・9条等）のではない。民法と民事訴訟法で，効果が違うことになるが，なぜだろうか。

　これは，民事訴訟手続が，原告と被告が互いに相手の主張に対して反論や応酬を積み重ねることで，一体として形づくられてゆくものだからである。取り消すかどうかを留保したままでは，それ以降の手続が不安定になり，また部分的な取消しにもなじまない。

　そこで，手続の巻戻しや混乱を避けるため，訴訟能力がない者は，最初からやり取りの積重ねに参加できないことにした。また，訴訟行為をした当事者に訴訟能力がないことが分かった場合は，後に法定代理人等（⇒本章**7 ❶**）が追認できるが（34条2項），この追認も問題となる訴訟行為全部を一体として行わなければならず，部分的な追認はできない。

7　訴訟上の代理

　訴訟能力がない人は，自ら単独で訴訟行為ができないとすれば，どうすればよいのか。また，訴訟能力があっても，最適な訴訟活動を行う自信がない場合も問題である。

　この点の解決法は，民法と同じである。つまり，自分で十分な活動ができない人は，十分な活動ができる人に代わってもらえればいい。これが，訴訟上の代理制度である。

　代理人と，先にあげた（⇒本章**5 ❸**）第三者の訴訟担当は似ているが，以下の表（⇒**図表2-1**）をみて，混同しないように注意しよう。

42　**第1編**　民事訴訟法　**第2章**　当事者

| 図表2-1 | 代理と訴訟担当 |

	訴訟当事者は誰か	誰の意思で行為するか	誰の名義で行為するか	訴訟行為の効果は誰に帰属するか
訴訟上の代理	代理される本人	代理人の意思決定で	本人の名で	本人に帰属する
第三者の訴訟担当	訴訟担当者	訴訟担当者の意思決定で	訴訟担当者の名で	訴訟担当者に帰属する。ただし，判決効は被担当者にも及ぶ（⇒第 **7** 章 **6 2**）

1 法定代理人

制限行為能力者の場合

（ケース3）で，小早川実は16歳だったとする。小早川秀次と秋子が，実の親権者である。石田は，小早川実を被告として損害賠償請求訴訟を提起したいが，未成年者を相手に訴訟をするには，どうしたらいいだろうか。

　民法上の制限行為能力者で，すでに法定代理人が決まっていれば，その者が，訴訟上も法定代理人になる。つまり，未成年者の場合は親権者（民824条）が，成年被後見人の場合は成年後見人（民859条）が，それぞれ法定代理人になり，本人に代わって訴訟行為を行う。
　そのような法定代理人がいない場合は，裁判所が，その訴訟限りの特別代理人を選任する（35条）。

（ケース3）の例では，小早川実は自然人であるから，当事者能力はある。したがって，被告にはなれる。ただし，未成年者だから訴訟能力はなく，

7 訴訟上の代理　43

訴状に対する反論もできない。

　そこで，石田は訴状を書くとき，被告欄に「被告　小早川実　同法定代理人　小早川秀次・小早川秋子」と書き（134条2項1号参照），訴状も小早川秀次・秋子あてに送達すればよい。その後は，秀次・秋子が，小早川実の法定代理人として訴状を受け取り，小早川実のために訴訟活動を行うことになる。

| 法人・権利能力のない社団の場合

　自然人の法定代理人は以上だが，法人はどうだろうか。法人は，法的に人格を認められているが，その実体は，人や財産の集まりにすぎない。「法人」自身に口や手足があって，訴訟活動を行えるわけではない。

　そこで，法人については，その代表者（代表取締役など）が，法定代理人に準じて，訴訟上の行為を行うことになる（37条）。先に紹介した権利能力のない社団（⇒本章**4**）も同様である。

2　任意代理人（訴訟代理人）

| 弁護士代理の原則

　(ケース2) で，織田誠は，自分の土地に勝手に居座る徳川薫を，一日も早く追い出したい。しかし，織田はまだ退職前であり，日々の仕事がある。そのため，訴訟の準備も十分にできないし，仮に訴訟が始まっても，平日の昼間に法廷へ行くような余裕はない。

　そうこうしている間にも，徳川が「この土地は長年，私が自分の土地として住んできたのだから，もう私のものだ」と言い出しはしない

かと，不安でたまらない。どうしたらいいだろうか。

　民事訴訟の追行には，現実には専門的な知識と技能を必要とし，また負担も大きい。訴訟能力に制限がない人であっても，十分な訴訟活動ができるとは限らない。

　そのような場合は，訴訟の専門家に任せればいい。ここでは，当事者本人の意思（委任）に基づく**訴訟代理人**が利用できる。

　日本の民事訴訟は，代理人に任せず，当事者本人が訴訟行為をしてもよい（**本人訴訟主義**）。しかし，もしも誰かに訴訟の代理を委任するならば，訴訟代理人は，原則として弁護士でなければならない（54条1項本文。**弁護士代理の原則**）。ただし，簡易裁判所では，認定司法書士（司法書士法3条1項6号・2項）や，許可を得た弁護士以外の者（54条1項但書）も，訴訟代理人になることができる。

　なお，たとえば未成年者の親が法定代理人となった場合も，親が未成年者の名義で，訴訟代理人（弁護士等）に委任することができる。法人の代表者や，成年後見人も，同じである。

│ 訴訟代理人と本人の関係 │

　(ケース2)で，織田は，徳川に対する建物収去土地明渡請求訴訟を，弁護士の柴田又造に任せた。

　柴田からは，その後何の報告もなかったが，訴訟は順調に進んでいるのだろう，と織田は考えていた。しかし，ある日突然，柴田から織田のもとに電話がかかり，「こちらが土地をあきらめる代わりに，徳川から100万円払ってもらうという内容で，和解がまとまりつつあるんですが，いいですよね？」と言ってきた。

　織田は，せっかく苦労して見つけた理想の土地を，たった100万円

7 訴訟上の代理　45

で手放すなどとんでもない，と応じた。

　訴訟代理人は，いったん代理人として受任すれば，訴訟代理人自身の意思で具体的な訴訟活動を行う。また，訴訟代理権は，訴訟行為の種類や手続の段階ごとに「これはしていいが，あれはしてはだめ」と，個別に授権できない（55条3項本文）。訴訟の個別の局面ごとに授権をするのでは，手続が円滑に進まないからである。

　ただし，訴訟上の和解などの訴訟手続全体を終わらせる行為や，反訴や上訴などの重要な訴訟行為については，当事者本人から，改めて特別の委任を受けなければならない（55条2項）。もっとも，訴訟実務では，上にあげた重要な訴訟行為についても，あらかじめすべて訴訟代理人に委任する訴訟委任状が利用されている。

　このような訴訟行為は，依頼人である当事者本人と十分に意思疎通をして，当事者本人の意思と，訴訟代理人の意思に食違いがないようにしなければならない。また，当事者本人と訴訟代理人との意思疎通の必要性は，このような局面に限らない。訴訟手続全体を通して，当事者本人とコミュニケーションを取りつつ，手続を進めていくことが大事である。

第*3*章 請求と訴え

この章では,「請求」と「訴え」について説明する。
請求と訴えは,日常用語では,ほぼ同じ意味かもしれないが,民事訴訟法の用語としては,両者の意味は異なる。両者は,条文や教科書でもときどき曖昧な使い分けがされているが,最初に右の図をみて,しっかり区別してほしい。

1 訴訟上の請求

1 訴訟上の請求とは

請求とは何か

民事訴訟は,当事者間の実体法上の権利義務をめぐる法的紛争を解決する。このうち,第*2*章(「当事者」)では,紛争の「人」の側面を説明した。次は,「モノ」の側面をみてみよう。ここでいう「モノ」とは,争われている権利義務のことを指す。

民事訴訟では,権利義務があるかどうか,主張された事実が正しいか,証拠が信用できるものかなど,様々なことが争われる。この

中で一番大事なのは，原告が審判対象として特定した，被告に対する権利主張である。これを**請求**とよぶ。**訴訟上の請求**とよばれることもあるが，これは実体法上の請求権と区別するためである。

「訴訟物」とは何か

請求は，**訴訟物**ともよばれる。「請求」と「訴訟物」は，意味はほぼ同じだが，具体的な言い回しの中では使い分けがされる。たとえば，訴状の書き方で，「請求の趣旨」「請求の原因」といった言葉づかいが出てくる（⇒本章4❶）。これを「訴訟物の原因」とはいわない。

使い分けの傾向として，原告の権利主張を，他の権利主張と区別したいときには，「訴訟物」を使うことが多い（「この訴訟とあの訴訟とでは，訴訟物が異なる」など）。これに対して，原告の権利主張を，実体法の判断と関係させて議論したいときには，「請求」を使うことが多い（「この事実関係では，原告の請求は成り立たない」など）。

コラム

分かりづらい専門用語

他の法領域と同様に，民事訴訟法学でも，特別な言葉づかいはある。

・日常用語にない専門用語

「訴訟物」などは，日常用語にない言葉の典型である。意味は本文の通りだが，字面をみても，内容を推測しようがない。日常用語にない言葉として，ほかに，「訴訟係属」（⇒本章4❸），「既判力」（⇒第7章3）などがある。音の響きから漢字を推測して，「訴訟継続」「規範力」などの書き間違いをしてしまう期末試験の答案も多い。

・日常用語から意味を推測すると間違う専門用語

「弁論主義」という言葉がある（詳しくは，第4章3）。日常用語にはな

い言葉だが，一見すると，「裁判では，当事者同士がよく弁論する（議論する，話し合う）ことが大事だ，という原則」のような意味に思える。そのような期末試験の答案もよく見る。

しかし，弁論主義とは，裁判所が勝手な内容の裁判をすることを禁ずるために，「裁判所は，当事者が提出した資料の範囲内でしか裁判ができない」と定める原則である。裁判所と当事者の間の関係が問題であり，当事者同士の関係は弁論主義の射程外である。（⇒詳細は**第4章3**）

同じく，「証明責任」（⇒**第5章2**），「直接主義」（⇒**第4章1❸**）なども，日常的なセンスから意味を推測すると間違える。正確な意味は，それぞれの章を参照してほしい。

・日常用語と違う意味を与えられた言葉

日常用語と言葉は同じなのに，意味が違う言葉もある。いつもの感覚で意味を推測すると間違ってしまうだけに，こちらの方が厄介かもしれない。

代表的な例をあげよう。

「**弁論**」：「スピーチ」や「話合い」という意味ではない。弁論は，当事者同士の話合いではなく，「当事者が裁判所に対して，判断資料となる事実主張や証拠を提出する」という意味である（⇒**第4章1❶**）。

「**利益**」：「お得」「収益」という意味ではない。民事訴訟法の世界では，裁判などによって保護すべき状態，具体的には，権利や法的地位が満足していない状態を，「（裁判を受けるべき）利益がある」とよぶ（使う場面によって，少しずつニュアンスが変わる）。

「**責任**」：たとえば刑法学では，誰かが悪いことをしたときに，その人を非難できることを，責任があるという。しかし，民事訴訟法の世界では，単に「負担」という意味しかなく，悪いことをしたという価値判断がない。「やってもやらなくてもいいけど，やらなければあなたが損する（有利な裁判が得られない）だけですよ」という自己責任のような意味で，「責任を負う」という。

1 訴訟上の請求 49

❷ 訴訟物の単位

権利義務の１つ１つが，そのまま請求になる

　民事訴訟は，実体法上の権利義務をめぐる法的紛争を解決する。そこで，実体法が定める権利義務の１つ１つ（所有権や金銭債権など）が，そのまま訴訟物になりうる。この考え方は，**旧訴訟物理論（実体法説）**とよばれる。裁判実務は，従来も今も，この旧訴訟物理論に基づいている。

　紛争当事者は，自分の紛争内容を実体法に照らし合わせて，どんな権利義務を訴訟物とするかを選択した上，裁判所に判決要求できる（⇒❸）。１つの訴訟手続の中で，複数の訴訟物につき審判を求めることもできる（⇒**第 8 章**）。

どのようなものが訴訟物になるのか

　ケース1 から ケース5 では，何を訴訟物にできそうか。考えつく例を，以下の表（⇒図表3-1）に示してみよう。

図表3-1　各ケースの訴訟物

ケース1	・古都信が桂川和紙に対して有する，消費貸借契約に基づく貸金返還請求権（民587条） ・古都信が近江木材に対して有する，保証契約上の履行請求権（民446条1項）
ケース2	・織田が有する，本件土地の所有権 ・織田が徳川に対して有する，所有権に基づく建物収去土地明渡請求権 ・織田が徳川に対して有する，賃料相当額の不当利得返還請求権（民703条）または不法行為に基づく損害賠償請求権（民709条）
ケース3	・石田が小早川に対して有する，不法行為に基づく損害賠償請求権（民709条）
ケース4	・木村が有する，本件土地の所有権 ・木村が松平に対して有する，所有権に基づく移転登記の抹消登記手続請求権
ケース5	・利根川花子が離婚を求める形成原因（民770条1項）

▌3 請求の特定

請求の特定（原告が訴訟物を決める）

　民事訴訟では，誰と誰の間の，どの権利義務について，どんな判決を求めるか，原告がすべて決めることができる。したがって，民事訴訟の審判対象＝実体法上の権利義務＝訴訟物（請求）も，原告が決めることができる。これを**請求の特定**という。

あいまいな請求は不適法

　原告の請求の特定が不十分な場合，裁判所は何を審理判断すべきか不明となる。また，被告にとっても，何を反論してよいか分からず，防御の機会が保障されない。そこで，請求の特定が不十分な訴えは，不適法として却下される。

　請求が所有権や登記請求権であるなど，主張したい権利が明確であれば，その権利を特定すれば足りる。形成の訴え（⇒本章**2 4**）の場合は，形成原因を特定する。

　さらに，金銭債権の場合には，金額まで特定してはじめて請求の特定となる。1000万円の債権をもっているが，そのうち300万円しか支払を求めないなどの，金銭債権の一部行使も許される（これを**一部請求**という）。上の例では，1000万円中の300万円であることを明示して訴えを提起すれば，訴訟物が債権のうち300万円部分に限られる。その結果，300万円を超える支払を命じる判決はできず，また，残り700万円の存否については既判力が及ばないので，残部請求は既判力によっては封じられない（最判昭和37・8・10民集16巻8号1720頁。ただし，最判平成10・6・12民集52巻4号1147頁［百選75]）。

1 訴訟上の請求　**51**

申立事項と判決事項

　裁判所は，当事者が申し立てていない事項について，判決をすることができない（246条）。つまり，**申立事項と判決事項は一致しなければならない**。申立事項には，訴訟物のほか，後に述べる訴え（⇒本章**2**）なども含まれるが，ここでは訴訟物との関連でやや細かく説明しよう。

　（ケース3）で，石田清が小早川実に対して，治療費として300万円の不法行為に基づく損害賠償請求訴訟を提起した場合，申立事項となる訴訟物は「石田が小早川に対して有する，不法行為に基づく300万円の損害賠償請求権」である。

　仮に裁判所が，「治療費は，全部で500万円かかる」と判断したとしても，300万円を超える部分は申立事項になっていないため，裁判所は300万円までしか請求認容判決をすることができない。

　では，裁判所の判決が原告の訴え「未満」だった場合はどうか。たとえば，300万円の損害賠償請求に対して，そのうち200万円を「認める」，残りの100万円を「認めない」という判決をするのは，原告の申立事項の範囲内で勝敗を決めただけだから，問題ない（請求一部認容，一部棄却判決）。

　また，（ケース4）で，木村正が松平純との間で，問題となる土地がどちらのものかを確認するため，所有権確認の訴えを提起した場合，申立事項となる訴訟物は「木村の本件土地所有権」だけである。

　仮に裁判所が，「木村のために，土地の所有権登記を木村に戻してやった方がよい」と考えたとしても，そのような判決は，「木村が松平に対して有する登記請求権」という，申立事項以外の権利義務の存否について判断しなければならないため，違法な判決になってしまう。

52　第**1**編　民事訴訟法　　第**3**章　請求と訴え

2 訴 え

■ 訴えとは何か

裁判所に判決を要求する

　民事訴訟は,「判決によって」当事者間の実体法上の権利義務を
めぐる法的紛争を解決する。そこで,当事者は,裁判所に対して判
決を要求することができる。この,判決(および,判決に至るまでの
審理)を裁判所に要求する申立てを,訴えという。

　訴えは,①どんな種類の判決要求ができるか(訴えの形式)と,
②どんな方法で訴えを提起し,どんな効果が発生するか(訴えの手
続)の二側面から論じる必要がある。以下では,①に着目して説明
を行い,②については,本章**4**で説明する。

紛争の内容と,解決の形式

　先ほど紹介した「請求」は,紛争の内容である「モノ」の側面で
あり,原告が被告に対して主張する権利や法律関係だった。これに
対して,訴えは,裁判所に対する権利保護要求であるから,主張さ
れた権利に「どのような」保護を与えるべきか,すなわち**権利保護
の形式**が問題となる。

　原告は,権利保護形式を特定・選択でき,裁判所は,原告の特定
に拘束される(246条)。ただし,原告が求める判決の形式は,何で
もよいわけではない。ケース1〜ケース5で,どんな判決を要求
できるか,考えつくものを次頁の表(⇒図表3-2)に示してみよう
(利息請求や遅延損害金請求は,ここでは省略する)。

2 訴 え　53

| 図表3-2 | 各ケースと認容判決 |

	主な訴訟物	判　決
ケース1	貸金返還請求権（民587条）	「被告は，原告に対し，800万円を支払え」
	保証契約上の履行請求権（民446条1項）	「被告は，原告に対し，800万円を支払え」
ケース2	土地所有権	「原告が，本件土地につき，所有権を有することを確認する」
	所有権に基づく建物収去土地明渡請求権	「被告は，原告に対し，本件建物を収去して本件土地を明け渡せ」
	賃料相当額の不当利得返還請求権（民703条）または不法行為に基づく損害賠償請求権（民709条）	「被告は，原告に対し，200万円を支払え」
ケース3	不法行為に基づく損害賠償請求権（民709条）	「被告は，原告に対し，100万円を支払え」
ケース4	土地所有権	「原告が，本件土地につき，所有権を有することを確認する」
	所有権に基づく移転登記抹消手続請求権	「被告は，本件土地につき，本件所有権移転登記の抹消登記手続をせよ」
ケース5	離婚を求める形成原因（民770条1項）	「原告と被告とを離婚する」

　判決の例をみると，判決にはいくつかのパターンがあることが分かるだろう。大きく分けて，判決には以下3つの形式，①被告に何かを命じるもの（〜〜せよ），②権利義務や法律関係の存否を確認するもの（〜〜を確認する），③法律関係を変動させるもの（たとえば，「〜〜離婚する」），がある。この3つが，民事訴訟において原告が選べる権利保護形式である（①給付の訴え・②確認の訴え・③形成の訴え）。以下では，訴えの3類型をそれぞれ説明する。

54　**第1編** 民事訴訟法　**第3章** 請求と訴え

2 給付の訴え

給付請求権のための訴え

> **ケース1** で，古都信は桂川和紙に対して，「被告は原告に対し，800万円を支払え，との判決を求める」という訴えを提起した。

　給付の訴えとは，被告に対して一定の作為（「～～せよ」）または不作為（「～～してはならない」）を命じる判決を求める申立てである。この訴えの形式が利用できるのは，訴訟物が，相手方に作為または不作為を求める権利，つまり給付請求権の場合である。

> 　先の例では，古都信は桂川和紙に対して，金銭支払請求権をもっていると主張している。金銭支払請求権は，金銭債権に基づいて，「支払」という作為を相手に要求する給付請求権の一種なので，ここで提起されたのは，給付の訴えである。

給付請求権の実現方法

　給付請求権によって義務者に求めることができる「支払」「明渡し」などの作為または不作為は，観念的な約束ごとではなく，現実的・物理的なものである。これを実現するためには，作為または不作為を現実化できる法的効力が，判決に備わる必要がある。

　そこで，給付の訴えの請求認容判決（給付判決）には，義務者の意思に関わりなく作為または不作為を実現するための法的効力，具体的には，強制執行手続を開始させる効力が与えられる。これを執行力という（⇒第**7**章**2**）。

2 訴　え　　55

先の例でいえば、古都信が勝訴判決を得ると、古都信はその勝訴判決を執行機関に提出して、強制執行開始の申立てができる。強制執行手続が開始すると、桂川和紙のもつ財産が執行機関によって差し押さえられ、強制的に売却され、その売得金を古都信が手に入れることができる。こうして、桂川和紙にお金を払う意思がなくても、国家権力によって強制的に、金銭の支払という作為の結果が現実化されることになる。

強制執行手続については、後に詳しく学ぶ（⇒第16章）。なお、桂川和紙に全く財産がない場合は、強制執行をしても空振りになる。その場合は、倒産手続が利用される可能性がある（⇒第18章以下）。

3 確認の訴え

ケース4 で、木村正が松平純に問いただすと、松平は自分がこの土地を正当に買ったはずだが、もしも所有権がきちんと移転していないというならば、登記を戻すことを考えてもいい、と応答した。

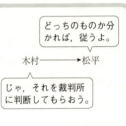

そこで木村は、土地の所有者をはっきりさせるために、松平を被告として、「原告が、本件土地につき、所有権を有することを確認する、との判決を求める」との訴えを提起した。

| あらゆる権利のための訴え |

確認の訴えとは、原告が訴訟物として特定した権利義務の存否を確認する判決を求める訴えである。確認の訴えでは、訴訟物について制限がなく、どのような権利や義務、法的地位や法的状態でも、

判断対象にできる。

また，前頁の ケース4 のように，権利義務が「ある」ことの確認（積極的確認）だけでなく，「ない」ことの確認（消極的確認）もできる。原告が自称債権者を被告として提起する，**債務不存在確認の訴え**が，その例である。

> ケース3 において，小早川としては賠償額をせいぜい100万円程度と考えていたのに，石田が小早川に対して巨額の損害賠償金を要求してきた場合，小早川は石田を被告に，「原告が被告に対して，当該交通事故につき生じた損害賠償義務が100万円を超えて存在しないことを確認する，との判決を求める」と訴えを提起することができる。

判断したらどうなるのか

確認の訴えで判決が確定すると，その判断には**既判力**が生じる。既判力については，後に詳しく説明するが（⇒**第7章3**），「この件については既に判断したので，もう裁判所が結論を変えることはありません」という，裁判所の判断内容を固定する効力である。確認の訴えは，どんな権利義務でも訴訟物にできる反面，「給付請求権の内容を実現するための執行力」のような，特定の種類の権利に対応する特別な効力がない。

したがって，確認判決は紛争解決の手段として弱いが，たとえば，被告が判決内容を尊重して行動することを期待できる場合には，確認の訴えが有効となる。また，将来の紛争発生に対する不安の除去のために，権利侵害が現実に発生する前に権利義務を確定させる場合や，複雑な紛争に対して，その中核となる権利義務の存否を確認する場合などでも，確認の訴えは役に立つ。

2 訴 え

4 形成の訴え

ケース5 で，利根川花子は，太郎を被告として，「原告と被告を離婚する，との判決を求める」との訴えを提起した。

そして，離婚原因として，太郎の浮気（不貞行為）と，家庭内暴力（「その他婚姻を継続し難い重大な事由」にあたる）の２つを主張した。

浮気！暴力！

花子 ━━━━→ 太郎

そんなことはしていない。離婚はしない。

法律状態を変えるための訴え

形成の訴えとは，一定の事実関係（形成原因という）がある場合，裁判所に法律関係を変動してもらうための訴えである。

形成の訴えは，権利義務の種類によって利用可能になるのではなく，法が個別に定めた場合にのみ利用できる。つまり，法律関係の変動の結果が重大で，利害関係人が多い場合などに，法律関係の安定が必要なため，法が個別制度の中で，裁判所の慎重な判断に基づく確定的な判決を，法律関係変動の条件に加えることがある。たとえば，配偶者の同意が得られない場合の離婚の訴え（民770条）や，認知の訴え（民787条），株主総会決議取消しの訴え（会社831条）などがこれにあたる。

上記 ケース5 でいえば，花子が離婚の訴えを提起して婚姻関係の解消という法律関係の変動を求めることができるのは，民法770条が，形成の訴えの一種である離婚の訴えを定めているからである。

58　第*1*編　民事訴訟法　第*3*章　請求と訴え

| 形成すると，どうなるのか |

　形成の訴えでは，裁判所は形成原因となる事実が認定できれば，原告の請求を認める。これを**形成判決**とよぶ。そして，形成判決が確定すると，原告が求めた通りに法律関係が変動する。この効力を，**形成力**という。

　逆にいうと，形成判決の確定までは，法律関係の変動要件が備わっていないので，誰も変動後の法律関係を主張できない。

　（**ケース5**）でいえば，利根川花子は，たとえ太郎との婚姻関係が事実上破綻していたとしても，それを理由に婚姻関係の不存在を主張できず，（太郎が離婚に同意しない限り，）離婚判決が確定するまで再婚はできない。

　以上が，訴えの3類型である。

| 図表3-3 | 訴えの3類型と判決の効力 |

	給付の訴え	確認の訴え[*]	形成の訴え
訴訟物	給付請求権	（限定なし）	形成原因
請求認容	・給付請求権の存在について既判力が生じる ・給付請求権の実現のための執行力が生じる	・訴訟物たる権利義務または法律関係の存在について既判力が生じる	・形成原因の存在について既判力が生じる ・法律関係の変動について形成力が生じる
請求棄却	・給付請求権の不存在について既判力が生じる	・訴訟物たる権利義務または法律関係の不存在について既判力が生じる	・形成原因の不存在について既判力が生じる

[*] 特定の権利義務関係が「ない」ことの確認を求める消極的確認の訴えでは，請求認容であれば「不存在」に，請求棄却であれば「存在」について，既判力が生じる。

2 訴え　59

給付判決には給付請求権を実現する執行力，形成判決には法律関係の変動を生じさせる形成力という，特別の効力が発生する。

それとは別に，どの訴えの類型でも，どちらの当事者が勝っても負けても（請求認容，請求棄却のどちらでも），原告が訴訟物として特定した権利義務の有無に関する裁判所の確定判断には，**既判力**が生じる。

3　訴えの利益

■　訴えの利益とは

> （ケース2）で，織田誠が徳川薫に事情を聞いたところ，この土地は先祖代々徳川家のものであり，浅井広は徳川家の不動産を管理していたにすぎないと返答した。そして，浅井には土地売買の代理権などを与えていないから，早く登記を徳川に戻してくれと，逆に詰め寄られてしまった。

原告の権利主張（訴訟物）について，「民事訴訟の判決によって解決すべき法的紛争があるかどうか」を判断する訴訟要件を，**訴えの利益**という。

訴えの利益は，主として2つの要素を判断要素とする。第一に，訴訟物が権利義務や法律関係についてのものであること，第二に，その権利義務の存否が争われたり侵害されていることである。したがって，原告が，本案判決による保護に値する権利を主張しておらず，またはその権利を保護すべき状況にない場合は，その権利の存否について判断するまでもなく，その訴えは，訴えの利益がなく不

60　第1編　民事訴訟法　第3章　請求と訴え

適法であり，訴え却下となる。

> 上記 ケース2 では，第一に，織田の本件土地所有権が問題となっており，第二に，その織田の土地所有権を徳川が否定している。織田が徳川を被告として本件土地の所有権確認の訴えを提起すれば，訴えの利益は認められるだろう（⇒**3**）。

訴えの利益は，訴えの類型ごとに判断基準が違う。以下，順にみていこう。

2 給付の利益

現在給付の利益

> ケース1 で，約束の期限が来ても，桂川和紙は全くお金を返さなかった。そこで，古都信は，桂川和紙を被告に，「被告は，原告に800万円を支払え，との判決を求める」という訴えを提起した。

すでに述べたように，給付の訴えは，給付請求権が訴訟物となる場合に使われる。法的な事柄が問題であることは，はっきりしている。そして，現在給付の訴えとは，裁判所が権利義務の存否を判断する時点（これを基準時という⇒**第7章4**）において，この給付請求権につき，履行期が到来したのにまだ履行を受けていない（債務不履行）ため，今すぐ義務を履行せよ，と求める訴えである。債務の不履行は権利侵害の状態と評価できるため，原告がそのような主張

をする以上，解決すべき紛争はある。したがって，訴えの利益は原則として認められる。

審理の結果，債務不履行がないと分かっても，訴えの利益がない（訴え却下）とは判断されない。本案（実体法上）の問題として，原告が敗訴判決（請求棄却）を受けることになる。

将来給付の利益

> ケース1 で，貸金の返済期限まで，あと半年あったとする。古都信も，まだ桂川和紙に催促する必要はないと考えていた。ところが，桂川和紙は，「あの800万円は，借りたのではなく，古都信に和紙を売った代金として受け取ったものだ。だから，当然返すつもりはない」と主張してきた。このままでは，約束の期限が来ても，桂川和紙はお金を払ってくれそうにない。

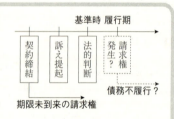

基準時において履行期が到来しない給付請求権につき，原告が給付の訴えを提起するとどうなるか。このような訴えを，将来給付の訴えという。

債務者は，履行期までであれば，いつ義務を履行するのも自由である（期限の利益）。したがって，履行期前に義務が履行されていないことは，法的に何ら異常ではなく，法的紛争が生じたとはいえない。原則として，将来給付の訴えは，訴えの利益がないとして不適法却下される。

しかし，例外的に，すでに発生した給付請求権が履行期前でも，

すでに紛争が生じていると評価できる場合がある。給付請求権があるかないか、当事者間で意見が食い違っている場合などがそうである。この場合、基準時において履行期が到来していなくても、将来給付の訴えは適法になる（135条）。

なお、将来給付の訴えができなくても、原告の権利が保護されない、というわけではない。原告は、請求権の発生や履行期の到来を待った上で、同じ給付請求権について、現在給付の訴えを提起すればよい。

> 上記 ケース1 では、桂川和紙が、「古都信からお金を借りていない（古都信は桂川和紙に対して給付請求権をもっていない）」と主張しているのだから、履行期前であっても、将来給付の訴えが適法になる余地がある。

以上に対して、たとえば、空港の騒音や振動によって、継続的に健康被害が生じている場合に、すでに生じた損害についての不法行為債権だけでなく、今後もしばらく続くであろう騒音や振動の分の、将来の不法行為債権まで、あらかじめ給付判決をもらっておくことはできるか。これも将来給付の訴えとなるが、判例は、このような将来給付の訴えを不適法とした（最大判昭和56・12・16民集35巻10号1369頁［百選20］）。今後も損害が発生するか、賠償額がいくらになるかなどは、その時になってみないと分からないというのが、主な理由である。

❸ 確認の利益

確認の利益の判断要素

確認の訴えでは、どんな権利や法律関係でも訴訟物にできる。そ

れだけに，確認の訴えでは，判決による保護に値しない訴訟物が特定されるおそれがある。また，給付請求権における「履行期の到来」といった，紛争の有無を判断するための明確な基準も立てづらい。

そこで，確認の訴えでは，①確認の訴えを選択することが適切か（**方法選択の適切性**），②原告の特定した訴訟物が適切か（**対象選択の適切性**），という，一応の目安で形式的判断を行い，さらに，③原告に保護すべき法的地位があり，それが紛争状態にあるか（**即時確定の利益**），という実質的判断を行って，訴えの利益があるかどうかを決める。

以下，順にみてみよう。

｜ 方法選択の適切性──ほかの訴えは使えないのか ｜

確認の訴えは，どんな権利義務関係にでも使える反面，紛争解決能力の低い訴えの形式である。そのため，給付の訴えや形成の訴えのように，特定の権利保護形式が別に利用できるならば，そちらを利用した方がよい，という一応の目安がある。

そこで，原告が給付請求権の存在確認訴訟や，形成原因の存在確認訴訟などを提起した場合には，原則として確認の利益がないとして，訴えが却下される。

これに対して，同じ給付請求権の有無が問題になる場合でも，債務者の側が起こす債務不存在確認の訴えは，債務者が債権者に何らかの給付を求めることは難しいので，確認の訴えを使うことができる。

対象選択の適切性——訴訟物は，現在の法的紛争に関するものか

> ケース6 で，筑後川次郎の公正証書遺言が発見された。それによれば，次郎の不動産も銀行預金も株式も，すべて長女の茶々子に相続させることになっている。しかしこの遺言は，次郎の判断能力が落ちている時期に，茶々子が次郎を言いくるめて作ったものではないかと，初子は推理した。
>
> そこで，初子は茶々子を被告として，上記遺言の無効確認訴訟を提起した。

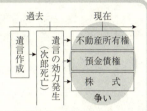

確認の訴えは，原告の権利や法的地位を確認することで，現在起きている法的紛争を解決する。そこで，その確認対象（訴訟物）も，現在の権利義務や法律関係の有無であるべき，という一応の目安がある。逆にいうと，過去や将来の権利義務関係や事実の確認は，原則として確認の利益がなく，不適法である。

ただ，これはあくまでも一定の目安である。現在の法的紛争解決のために，過去の法律関係や事実の確認が役立つのであれば，そのような確認訴訟も許される。

過去の法律関係の確認の例として，**遺言無効確認の訴え**をあげることができる。

> 上記 ケース6 でいえば，「次郎の遺言が有効か無効か」は，次郎が過去に行った遺言作成行為が有効か否かを確認するという点に着目すれば，過去の法律関係の確認にあたる。

3 訴えの利益

> しかし，遺言が無効と確認できれば，不動産も銀行預金も株式も，現在，茶々子だけのものではないことが確認できる。それが確認できれば，初子も遺産を相続する余地がでてくる。
> このような場合には，遺言無効確認の訴えも許されると考えられる（最判昭和47・2・15民集26巻1号30頁［百選21］）。

次に，事実の確認が許される例としては，契約書など，法律関係を直接証明する文書が本人の意思で作成されたかどうかだけを確認する，証書真否確認の訴え（134条の2）がある。これも，契約関係などをめぐる法的紛争を一挙に解決するのに役立つ。

| 即時確定の利益——法的紛争は生じているか |

> (ケース6) で，筑後川次郎が重度の認知症になり，回復の見込みがないものの，まだ生きているとする。
> 次郎は，以前に公正証書遺言を作成しており，それによれば，次郎の不動産も銀行預金も株式も，すべて長女の茶々子に相続させることになっている。しかし，この遺言は，次郎の判断能力が落ちている時期に，茶々子が次郎を言いくるめて作ったものではないかと，初子は推理した。
> そこで，初子は次郎と茶々子を共同被告として，上記遺言の無効確認訴訟を提起した。

方法選択の適切性や対象選択の適切性は，ある程度の形式判断をするための，一定の目安である。これに対して，即時確定の利益は，より実質的に法的紛争があるかどうかを判断する要件である。

即時確定の利益では，①原告が保護を求める法的地位が，具体的・現実的なものか，②その法的地位に，不安や危険といった紛争状態が発生しているか，③確認判決によって，その紛争が解決できるか，の3点をみる。

> 上記 ケース6 では，次郎がまだ死亡していない以上，遺言は効力を生じていない（民985条1項）。したがって，現時点で茶々子に受遺者としての権利義務がないことを確認しようにも，茶々子はまだ何らの権利も取得しておらず，単に「将来，次郎が死亡した時点で，遺産について権利を取得するだろう」という事実上の期待しか持っていない。このような場合には，対象選択の利益が否定されると考えられる（最判平成11・6・11判時1685号36頁［百選24］）。
>
> これに対して，推定相続人である初子の法的地位を保護するという，即時確定の利益の観点から，確認の利益を認めるべきとする見解も有力である。

■4 形成の利益

形成の訴えは，たとえば離婚原因（民770条）や株主総会決議の取消原因（会社831条）などの形成原因がある場合に，法律関係を変動させることで，紛争を解決する。そこで，原告が形成原因の主張をきちんとしている限り，原則として形成の利益はあると考えられる。

4　訴えの提起

本章2～3では，どのような内容の訴えを提起することができるか，について説明した。次に，「どうやって訴えを提起するのか」という，訴え提起の手続について，順を追って説明しよう。

■1 訴状の提出

訴えの起こし方

原告が裁判所に対して判決を求めるとき，原告は裁判所に訴えを提起する。訴えの提起は，訴状を裁判所に提出する方法で行う（134条1項）。2022年改正法施行後，裁判所に対する申立てその他の申述は，書面や口頭（規1条1項）のほか，オンラインで行うこともできるようになる（132条の10第1項）。訴えの提起も「申立て」の一種だから，オンラインでも行える（なお，原則として口頭ではできない。ただし，簡裁における例外として，271条参照）。具体的には，裁判所の用意するウェブシステム上で，訴状に記載すべき事項をアップロードすることが予定される。その他，訴訟が始まった後の主張（準備書面など）の提出や，証拠調べの申請なども，オンラインで行えるようになる。

さらに，委任を受けた訴訟代理人である弁護士や司法書士などは，原則として書面申立てができず，訴え提起などの申立て等をオンラインで行わなければならないこととなる（132条の11）。

訴え提起などがオンラインで行われた場合，提出された電子情報が，そのまま訴訟記録になる。当事者本人が書面で申立て等を行った場合には，裁判所が書面をスキャンなどして，その電子情報が訴訟記録になる（132条の12）。

訴状の書き方

訴状のサンプルをみてみよう（本章末尾）。法律上，訴状に決まった書式はないが，実際にはほぼ書き方が決まっている。

訴えを提起するときには，**第1章**から本章までで説明した，訴訟

手続の基本構成要素（裁判所，当事者，訴訟物，訴えの形式）を，すべて特定しなければならない。

　特に，一定の事項は必ず訴状に記載しなければならず，その記載を欠く訴状は不適法として却下される。具体的には，当事者（原告と被告），訴訟物と訴えの形式（請求の趣旨および原因）は，訴状に書かなければならない（134条2項1号・2号）。また，当事者に訴訟能力（⇒**第2章6**）がない場合や，当事者が法人の場合は，法定代理人や代表者についても書かなければならない（同項1号）。このように，訴状に書かなければ訴えが不適法となる事項を，訴状の**必要的記載事項**とよぶ。

　以上とは別に，事件の詳細な事実などは，訴状に書かなくても不適法ではない。これを，訴状の**任意的記載事項**とよぶ。しかし，裁判所としては，なるべく早期に事件の概要を知っておきたいから，訴状に書いてある方が望ましい（規53条）。また，訴状には，契約書などの重要な文書の写しもつけるべきである（規55条）。

　そのほか，裁判所に対して手数料を支払う必要がある。2022年改正法施行後は，原則として電子納付を利用しなければならないこととなる（民訴費8条）。具体的には，ペイジーの利用などが予定される。

> **コラム**
>
> **住所，氏名等の秘匿**
>
> 　DV事件や性犯罪等の被害者が，加害者を被告として訴えを提起する場合，訴状に自分の住所や氏名を記載すると，それが加害者に知られてしまい，さらなるトラブルを引き起こすおそれがある。そのようなトラブルを恐れて，被害者が訴訟を利用できないケースも考えられる。

4 訴えの提起　69

そこで，住所や氏名を相手方当事者に知られることで，社会生活を営むのに著しい支障を生じるおそれがあるときは，裁判所の決定により，住所や氏名に替えて記号や符号などを用いて，手続を進めることができる（133条）。民事保全手続や民事執行手続などでも，同じように住所や氏名を秘匿できる（民執20条，民保 7 条等）。

訴え提起の効果

訴状を裁判所に提出すると，実体法上の時効の完成猶予が生じる（民147条 1 項 1 号）。原告が裁判上で権利主張をすることは，確実な権利行使だからである。

❷　訴状の審査

訴状が提出されると，まず，裁判長が訴状の形式的な審査をする。必要的記載事項が書かれているか，手数料分の収入印紙が貼られているかなど，最低限の事項がここでチェックされ，不備があれば補正を命じられる。命令に従わなければ，訴状却下命令が出され，訴訟が終了する（137条）。

❸　訴状の送達

送達とは

最低限のチェックをクリアした後，訴状は被告にも送達される（138条）。

送達は，訴状や判決書などの重要書類について，訴訟の関係人に確実に内容を知らせるために作られた制度である（98条〜113条）。

多くは，日本郵便の特別送達郵便というサービスが利用され，郵便局員から受取人に，直接交付される。2022年改正法施行後は，オンライン提出された訴状や判決書など，送達すべき情報がデジタルの場合，その情報をプリントアウトした書面を送達するようになる（109条・255条等）。

さらに，受取人が裁判所のオンラインシステム上で送達を受ける旨の届出をしている場合は，オンライン方式による送達もできるようになる（109条の2）。具体的には，受取人がオンラインシステム上で，送達書類（のデータ）を閲覧するかダウンロードする，またはオンライン送達の通知をメールなどで受けて1週間を経過すれば，オンライン方式での送達が完了したことになる（109条の3）。

受送達者——誰が書類を受け取れるか

送達書類は，当事者本人や法定代理人などの，本来の受取人（**受送達者**。102条〔2022年改正法施行後は99条〕）のほか，同居者や従業員などで，「相当のわきまえのあるもの」が代わりに受け取ってもよい（106条）。受送達者以外の者に対する送達を，**補充送達**という。ここで「相当のわきまえのあるもの」がどのような者を指すかは問題となるが，たとえば，10歳未満の子供などは，判断能力の観点からみて，「相当のわきまえのあるもの」とはいえない。

「受け取ったことにする」送達制度

訴状の送達は，受送達者に訴状の内容を確実に知らせて，受送達者の裁判を受ける権利（憲32条）を保障するための重要な制度である。そのため，送達は受送達者に直接交付するのが原則である（101条〔2022年改正法施行後は102条の2〕）。

4 訴えの提起　71

しかし，他方で，もしも受送達者が受領を拒否したり，逃げ回ったりすると，いつまでも訴訟が進まない。これでは，早く判決をもらいたい原告の，裁判を受ける権利が害されてしまう。

そこで，例外的に，通常の送達ができない場合に備え，受送達者が書類を受け取ったことにして，次の手続へ進む手段が設けられている。**付郵便送達**（107条。送達書類を書留郵便にして発送する。書類は郵便局に一定期間保管され，受送達者の住所にはその通知が送られる），**公示送達**（110条～113条，書類の送達があることを，裁判所で閲覧できる状態にする）などがこれにあたる。2022年改正法施行後は，オンラインでも公示されるようになる（111条）。

│ 訴状送達の効果 │

訴状の送達が完了すると，「裁判所が正式にその事件を担当している」という法的状態が生じる。これを，**訴訟係属**という。

４ 重複訴訟の禁止

（ケース３）で，石田は小早川を被告に，
損害賠償請求訴訟を提起した。しかし，　　　石田━━━━▶小早川
法廷に出てみると，事件を担当する裁判　　　石田━━━━▶小早川
官と反りが合わない。このままでは，裁　　　石田━━━━▶小早川
判官は自分に悪い印象を抱いて，敗訴し　　　石田━━━━▶小早川
てしまうかもしれない。

そこで石田は考えた。もう１つ同じ訴えを提起して，別の裁判官に裁いてもらおう。どちらか一方の訴訟で勝訴判決をもらえば，小早川から賠償してもらえるだろう……だとすると，念のため第三・第四の

72　第**1**編　民事訴訟法　第**3**章　請求と訴え

訴訟も起こしておいた方がいいのだろうか？

　訴訟係属の効果として重要なものに，**重複訴訟の禁止**がある（142
条）。これは，同じ事件（同一当事者，同一訴訟物）について，同時並
行して訴え提起が行えず，仮にそれをしても第二の訴訟が不適法に
なる，という制度である。裁判所が同一事件を重複して審理するの
は無駄であるし，判断が食い違うと混乱するので，これらをあらか
じめ防止するためである。

　上記（ケース3）でいえば，石田が起こした第二の訴訟は，142条に違反
する不適法な訴えとして，ただちに訴え却下判決が言い渡される。第三，
第四の訴訟も同じである。

　なお，重複訴訟の禁止は，あくまで複数の訴訟手続が「同時並
行」する場合の制度である。先行する訴訟が終了した後に，第二の
訴訟が開始すれば，既判力制度または訴えの利益が問題となる（⇒
本章**3**）。

図表3-4　　重複訴訟と既判力

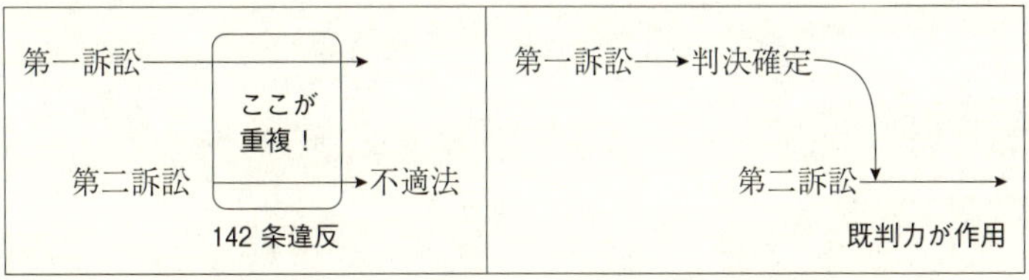

5　第一回口頭弁論期日の指定

　裁判長は，第一回口頭弁論の期日を指定し，両当事者を呼び出す

4　訴えの提起　　73

（139条）。被告には，訴状とともに，口頭弁論期日呼出状を同封，送達することが多い。

6 第一回口頭弁論期日の準備

第一回口頭弁論期日までに，被告は，訴状に対する反論を**答弁書**に書いた上，提出することができる。

こうして，訴訟の審理が開始される。審理の中身は，次の章で学ぶことにしよう。

7 オンライン訴訟記録閲覧等

2022年改正法施行後，訴訟記録は，原則としてデジタル情報として管理され（132条の12・13，160条，252条～254条），裁判所内の端末で誰でも閲覧できるようになる（91条の2第1項）。加えて，当事者および利害関係人は，オンラインでの訴訟記録閲覧を請求できる（同条2項）。さらに当事者は，訴訟係属中いつでも，自分の事件に関する訴訟記録をオンラインで閲覧できるようになる予定である。

図表 3-5	訴状サンプル

訴　　状

令和 6 年 7 月 2 日

京都地方裁判所民事部　御中

原告訴訟代理人弁護士　　岩倉川　日美子　㊞

〒600-1184　京都市下京区幸福町
原　　　　告　　　古都信用金庫
上記代表者理事長　春日野　照雄
〒600-1353　京都市下京区烏町
岩倉川法律事務所
上記訴訟代理人弁護士　岩倉川　日美子
電話　075-XX-XXXX
FAX　075-XX-XXXX
〒602-3715　京都市上京区今出川通御所端町
被　　　　告　　　桂川和紙株式会社
上記代表者代表取締役　嵐山　静

貸金請求事件
　訴訟物の価値　800万円
　貼用印紙額　4 万2000円
第 1　請求の趣旨
　1　被告は，原告に対し，800万円およびこれに対する令和 5 年 6 月15日から支
払済みまで年 1 割の割合による金員を支払え。
　2　訴訟費用は被告の負担とする。
　との判決及び仮執行宣言を求める。
第 2　請求の原因
　1　原告は，被告に対し，令和 4 年 6 月14日，弁済期を令和 5 年 6 月14日，利息
を年 5 パーセント，不履行の場合の遅延損害金年 1 割と定めて，800万円を貸し付
けた（以下，この貸付けを「本件貸付け」といい，本件貸付けに係る契約を「本件
消費貸借契約」という）。
　2　令和 5 年 6 月14日は経過した。
　3　よって，原告は，被告に対し，本件消費貸借契約に基づき，元金800万円お
よびこれに対する令和 5 年 6 月15日から支払済みまで約定の年 1 割の割合による遅
延損害金の支払を求める。

4　訴えの提起　　75

第3 関連事実

1 被告代表者代表取締役嵐山静は、令和4年4月頃、和紙製造業を営むための運転資金を調達することができず、経営状態が悪化している旨、原告本店営業部所属の飛鳥二郎に相談をもちかけた。

2 令和4年5月10日、飛鳥が嵐山静と面談の上、被告の経営状況や今後の事業計画について聞き取りを行ったところ、嵐山は、令和4年下半期に、和紙の新作コレクションを発表の上、全国的な営業活動を行う予定であり、近年の和紙ブームからみて、下半期の売り上げが優に2000万円を超えると計画している旨を説明した。

3 そこで、飛鳥が当時の被告の財務状況を調査の上、原告内において稟議を行い、令和4年6月14日、原告が被告に対して金800万円を交付し、弁済期を令和5年6月14日とすることで合意に至った（甲第1号証）。

4 その後、被告は毎月所定の利息金のみ弁済を行った。令和4年12月に至り、飛鳥が嵐山に対して電話で、新しい和紙の売り上げ状況について問い合わせたところ、同年10月に被告和紙製造工場で火災が発生し、受注した和紙の30パーセント程度しか販売ができておらず、相次ぐ納期遅れのために契約解除が多数発生し、平成29年度下半期の売り上げは予算の40パーセント程度にとどまる見込みである旨が説明された。

5 その後も、飛鳥と嵐山の間で、本件貸付けの返済についてたびたび協議がされたものの、具体的な返済計画の合意に至らず、被告が利息のみを弁済するにとどまったまま、弁済期である令和5年6月14日が到来した。

証 拠 方 法
(略)
附 属 書 類
(略)

第4章 審 理

本章では，民事訴訟の審理について説明する。

訴えは，原告が裁判所に対して，被告との間での特定の権利・法律関係（以下では，まとめて「権利」という）について，一定の内容の判決を求めるものである（⇒第3章2■）。そして，審理とは，原告が主張する権利が本当に存在しているのかなどを明らかにするために行われるものである。そこで，この章は，当事者が主張や証拠を提出する場である口頭弁論，争点と証拠の整理手続，当事者の主張立証に関係する原則である弁論主義などを扱う。

1 口頭弁論

■ 口頭弁論とその多義性
　　──口頭弁論にはいくつかの意味がある

　民事訴訟においては，口頭弁論という言葉がいくつかの意味で使われている。

　まず，口頭弁論という言葉について，大きく分けると3つの異なった使用法がある。①「口頭弁論」という言葉で，ある一定の審理のやり方を意味する場合がある。どのような審理のやり方を意味するのかは，■で明らかにする。②民事訴訟の手続が行われる場を意味する場合がある。この場は，時間的・場所的要素によって特定される。ある特定の場が口頭弁論といえるかどうかが重要になるのは，

1 口頭弁論　77

口頭弁論においてしかすることができない行為などがあるからである。なお，口頭弁論は複数回開かれることが多いが，判決との関係では，複数回開かれた口頭弁論は一体のものとして扱われる（**口頭弁論一体の原則**）。③当事者・裁判所のする訴訟行為を意味する場合がある。この意味での口頭弁論は，条文上「弁論をし」，「弁論をする」などとも表記される（12条など）。

❷　口頭弁論の必要性または必要的口頭弁論
──当事者に審理を受ける機会を保障することが必要

民事訴訟法87条1項本文は，**必要的口頭弁論**の原則を定めた条文であるといわれる。民事訴訟においては，上記①の意味におけるやり方の「口頭弁論」を経なければならないということである。口頭弁論の諸原則は，手続の適正・公平・迅速等の諸価値を実現するためのものである。このような原則が守られている手続を経なければならないとすることによって，民事訴訟の手続的正統性が確保されることになる。

この条文は，「当事者は，訴訟について，裁判所において口頭弁論をしなければならない」と規定しており，直接は，当事者の行為について定めた条文である。しかし，現行の民事訴訟法では，当事者に口頭弁論をする義務があるわけではなく，裁判所が，当事者に対して，上記①の意味における口頭弁論による審理を受ける機会を与えなければならないという意味であると理解されている。

❸　口頭弁論の諸原則

ここまでで述べてきたように，上記①の意味での口頭弁論は，一定の審理のやり方を意味する。以下でそのやり方を記述する。

78　**第1編**　民事訴訟法　**第4章**　審　理

双方審尋主義とは

　双方審尋主義とは，裁判所は，当事者双方に主張を述べたり証拠調べを申し出たりする機会を与えなければならないという原則である。当事者の一方のみの言い分・証拠に基づいて裁判をすると，内容的に誤った裁判がされる可能性が高いだけではなく，もう一方の当事者の手続への関与の機会が奪われることになるので，その当事者がその裁判に納得できないから従わないと考えるのも無理はないだろう。双方審尋主義は，このような事態を防止しようというものである。双方審尋主義は，憲法上の要請（憲32条）であり，公正な裁判を実現するために不可欠といえる。

　また，双方審尋主義の前提として，当事者には，主張・証拠を提出することができる**弁論権**がある。弁論権は当事者権の一種である（⇒**第2章3**）。弁論権とは，当事者の権能という観点からみれば，当事者が，事実を主張し，証拠調べを申し出る権能である。これに対応する裁判所の義務として，裁判所は，当事者に主張や証拠申出の機会を与えなければならず，提出された事実や証拠については，十分に考慮しなければならない。つまり，当事者は，言いたいことは言えるし，証拠を出すこともできるのである。

公開主義とは

　公開主義とは，訴訟の審理・判決の言渡しを一般に公開して行わなければならないという原則である。一般公開主義ともよばれ，憲法82条に規定がある。一般公開主義は，訴訟の審理や判決の言渡しを広く公開することによって，裁判の公正や司法への信頼を確保するための原則である。公開主義はこのような理由から認められる原

則であるため，裁判を一般に公開することによって逆に不都合が生じる場合には，例外も認められる（憲82条2項本文およびそれを受けた人訴22条など）。

なお，口頭弁論は，これまでは裁判所内の法廷に裁判官・当事者が現実に出席して実施するものとされてきた。しかし，民事裁判手続のIT化の一環として，相当な場合には口頭弁論期日をウェブ会議（映像・音声によって当事者の状態を相互に確認できるもの）を利用して行うことができるようになった（87条の2第1項）。ウェブ会議を利用した当事者は期日に出頭したものとみなされる（同条3項）。ウェブ会議を利用する当事者は法廷のモニター等で映し出されることになるが，裁判官は従来通り法廷にいることになる。

口頭主義とは

口頭主義とは，訴訟の弁論が口頭で行われなければならない原則をいう。対立する概念として，**書面主義**がある。日本においては，原則として口頭主義を採用する一方で，一定の重要な場合には書面によることを要求することで，口頭での活発な議論と，書面での慎重な対応を両立させようとしている。ただし，実際の訴訟においては，当事者が準備書面を提出し，「書面の内容の通り陳述する」とのみ述べて済ませる（書面通りであるとして，中身を読み上げない）ことが広く行われている。口頭主義の形骸化ではあるが，時間と労力の節約のためである。なお，準備書面とは，口頭弁論期日前に作成・提出することにより，口頭弁論においてしようとする主張などについて裁判所・相手方に予告するための書面である。口頭弁論については準備書面の提出が必要である（161条1項）。準備書面に記載のない事実については，相手方が期日に出席していない場合には

80　**第1編**　民事訴訟法　**第4章**　審理

その期日では主張することができない（同条3項）。裁判長は準備書面の提出期限を定めることができる（162条）が，この期限後に準備書面を提出しようとする当事者は期限を守ることができなかった理由を説明する必要がある。2022年改正法が施行されると，これは明文で規定されることになる（162条2項）。口頭弁論については，口頭弁論調書（160条1項）という記録が作成される。

直接主義とは

直接主義とは，その訴訟について判決をする裁判所みずからが，当事者の主張を聴き，証拠調べをしなければならないという原則である（249条1項）。対立する概念として，**間接主義**があり，これは，事件を審理する裁判官と事件について判決をする裁判官を別の者とする原則である。現行の民事訴訟法が直接主義を採用しているのは，審理をする裁判官と判決をする裁判官を同一にすることにより，主張や証拠についての裁判官の印象が判決に適切に反映されるようにするためである。

このことが確保される限りにおいては，直接主義の厳格さは緩められてもよい。裁判官が転勤などにより交代する場合には，手続をもう一度やり直すのではなく，当事者は，従前の口頭弁論の結果を陳述しなければならないとされていること（249条2項。この口頭弁論の結果陳述を，**弁論の更新**ともいう）などがその例である。ただし，この弁論の更新は，実務上，当事者が単に「従前の口頭弁論の結果を陳述する」と述べることによって行われている。

4 手続進行面と内容面での裁判所・当事者間の役割分担

裁判所と当事者の間では各種の役割分担が行われている。審理の

内容面については，弁論主義（⇒本章**3**）が当事者の権限と責任を定めている。これに対し，手続の進め方については，基本的に裁判所に委ねられている。このことを，**職権進行主義**という。職権進行主義の例としては，期日の指定（93条），口頭弁論における訴訟指揮（148条），口頭弁論の制限，分離および併合（152条）などがある。

2 争点・証拠の整理手続

争点整理手続の概要

　訴訟では，当事者双方の言い分が食い違うことが多い。そこで，民事訴訟法には，争点および証拠の整理手続（164条〜178条。以下では**争点整理手続**という）が設けられている。民事訴訟法上規定されている争点整理手続は，①**準備的口頭弁論**，②**弁論準備手続**，③**書面による準備手続**の3類型である。また，争点等の整理機能を有するものとして，**中間判決**（245条）の制度がある。中間判決では，訴訟における中間的な争いについて，判決によってその事項に関する当該審級中の弁論を無用なものとする制度である。たとえば，不法行為に基づく損害賠償請求権があるかないかという争いと，損害賠償請求権があるとしていくら認められるかという問題があるときに，前者についてのみ判決をすることができる。

　争点整理手続において重要であるのは，当事者が争っている部分とそうでない部分を切り離すことである。その上で，法的に意味があり，かつ当事者が本当に争っている部分（これを**争点**という）に，当事者の立証活動や裁判所の判断を集中させれば，効率的・経済的な紛争解決が可能になる。争点整理手続は，特に自白（⇒本章**3 4**）

82　第**1**編　民事訴訟法　　第**4**章　審　理

などによってこのような状態を作り出すことを目指すものである（⇒図表4-1）。

図表4-1　争点整理イメージ図

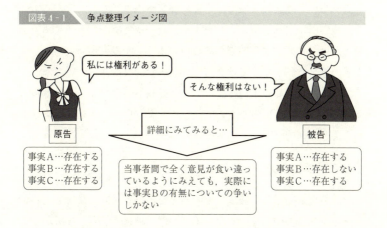

各種の争点整理手続

　民事訴訟法上規定されている争点整理手続は，①準備的口頭弁論，②弁論準備手続，③書面による準備手続の3類型である。これらの争点整理手続は，そこにおいて可能な行為が異なる。すなわち，①準備的口頭弁論は，争点整理のための口頭弁論であり，口頭弁論において実施できる行為はすべて行うことができる。これに対し，②弁論準備手続は，口頭弁論期日以外の期日を，争点整理のために設けるものである。口頭弁論でないことから，公開主義などが緩和されるほか，可能な行為が限定されている（たとえば，文書の証拠調べを行うことはできるが，証人尋問を行うことはできない）。また，裁判所が相当と認める場合には，弁論準備手続はウェブ会議等を利用して行うことができる。③書面による準備手続は，基本的には書面のや

りとりだけで，当事者に出頭させることなく争点整理を行う手続である。

　これらの争点整理手続は，事件の性質や当事者の状況などによって，裁判所がどれを用いるかを決定する。裁判所が，②弁論準備手続または③書面による準備手続を用いようとする場合，裁判所は当事者の意見を聴かなくてはならない。一般的な事件については，広く②弁論準備手続が用いられている。弁論準備手続は，通常の口頭弁論のような格式ばったものではなく，より自由で活発な議論を交わすことが理想とされている。

争点整理手続の完了

　争点整理が完了した後は，その結果を当事者双方と裁判所との間で確認する必要がある。また，争点整理手続を終了するにあたっては，その後の証拠調べ手続において証明すべき事実を確認しなければならない。弁論準備手続は口頭弁論ではないので，口頭弁論期日において，弁論準備手続の結果を陳述することが必要になる（173条。書面による準備手続については177条）。

3　弁論主義

■　弁論主義の意義

弁論主義の意義

　弁論主義とは，裁判のために必要な資料の収集および提出が，当事者の権限でありかつ責任でもある，という原則のことをいう。 ケース3 を例にとって説明してみよう。

ケース3 で，石田は，訴えを提起したものの，「悪いのは後ろか
らぶつかってきた小早川であることが明らかであり，裁判所には自分
に勝訴判決を言い渡す義務がある」という考えの下に，自分にどれだ
けの治療費がかかったかなどについて，裁判所の方で調べてくれるも
のと期待して資料を全く提出しなかった。

弁論主義によれば，この場合，最終的には石田清を敗訴させるこ
とになる。当事者である石田には，弁論権があり，自分が主張する
事実（自分にどれだけの治療費がかかったのか）とその証拠（病院で診
察を受けた際の領収書）を裁判所に示すことができたはずである。弁
論主義は，裁判に必要な資料の収集・提出は当事者の権限であり責
任であるとするから，自らの「資料を提出できる」権限を行使しな
かった石田が，それにより責任（最終的には敗訴という結果）を負う，
ということなのである。これに対し，**職権探知主義**が適用される場
合（家事審判，人事訴訟等⇒第 **14** 章 **1**・第 **15** 章），裁判所は，必要と
認める場合には自ら資料を収集しなければならないことになる。

弁論主義の根拠

もっとも，民事訴訟法には弁論主義そのものを直接定めた条文は
ない。しかし，沿革上の理由のほか，民事訴訟法には弁論主義に関
連する条文があること（179条など），弁論主義が採用されない手続
では，例外であることを示す条文が置かれていること（人訴19条・
20条など）などから，民事訴訟において，弁論主義が採用されてい
ることは当然であるとされている。

それでは，なぜ民事訴訟法は弁論主義を採用しているのであろう

3 弁論主義　85

か。人事訴訟などにおいては職権探知主義が採用され，必要な場合には裁判所も資料収集をしなければならない。通常の民事訴訟において，資料収集についてもっぱら当事者の責任とする理由は何か，ということである。これについては，代表的な考え方として，**私的自治説**（本質説ともいわれる）を紹介する。私人間の権利関係については，自分たちで自由に決定することができるのが原則（これを私的自治の原則という）であり，これは訴訟でも同じであるという考え方である。（⇒序 **1**）

裁判のために必要な「資料」とは——主張資料と証拠資料の区別

　民事訴訟でいう資料とは，**訴訟資料**の意味であり，訴訟資料は，**主張資料**（狭義の訴訟資料ともいう）と**証拠資料**に分けられる。主張資料とは，当事者の主張から得られる資料で，証拠資料とは，証拠調べの結果得られた資料のことをいう。これについて，ケース**2**を例にとって説明してみよう。

　ケース**2**で，織田誠が徳川薫に対して，土地の所有権に基づいて，建物収去土地明渡請求訴訟を提起したとする。この訴訟で，織田は，①この景色のすばらしい湖岸沿いの土地は，土地の前の所有者である浅井から購入したものであると主張した。②また，その証拠として，土地の売買契約書を提出し，浅井の証人尋問と織田の当事者尋問を申請した。

　上記ケースにおいて，①により得られる資料は主張資料である。当事者の言い分といってもよい。これに対して，②を取り調べることにより裁判所が獲得するのが証拠資料である。証拠資料は，当事者の主張を根拠づけ，あるいは否定する。このようにして，主張資

86　第**1**編　民事訴訟法　第**4**章　審　理

料と証拠資料は分けることができるだけではなく，分けなければならないとされている。

事実の分類と弁論主義が適用される事実

　弁論主義は，訴訟上問題になるすべての事実に適用されるわけではない。弁論主義は，当事者に訴訟資料に関する支配権を認めるものであるが，当事者の支配権が強くなりすぎれば，裁判所の事実認定が適切に行われない可能性も出てくる。通説的な考え方は，このようなことを根拠として，弁論主義が適用される事実を限定してきた。そして，この前提として，民事訴訟法上問題となる事実の分類が重要になるので，まず，この分類を具体例とともに明らかにする（なお，事実認定の観点からは，図表 5 - 2 ⇒第 **5** 章 **1** のようになる）。

　事実は，**主要事実**，**間接事実**，**補助事実**に分類される。まず，主要事実とは，訴訟物たる権利関係の発生・変更・消滅などの法律効果を発生させる法律要件に該当する具体的事実である。間接事実は，主要事実の存否を推認させる事実である。補助事実とは，証拠の証明力（⇒第 **5** 章 **1 ■**）に影響する事実である。債務の弁済（民473条）を例にとってみてみよう。

　ケース1 で，桂川和紙は，古都信の請求に対して，その貸金はすでに弁済したとして争った。

　主要事実とは，たとえば民法473条（弁済）を前提として，「2023年 6 月14日に，桂川和紙株式会社代表取締役の嵐山静が，古都信の職員に対して，古都信の本店において，債務の弁済として現金800万円を支払った」というものになる。この例における間接事実としては，「弁済の日時として主

3 弁論主義　　87

張されている2023年6月14日前後において，桂川和紙の経営状態は良く，現金の備えは1000万円以上あったこと」（その当時弁済が可能であったことから，弁済の存在を推認させる）がある。また，補助事実の例としては，桂川和紙が現金を持参して弁済した証拠として領収書を提出したときに，その領収書に押されているハンコが古都信の普段使用しているものと異なることなどがありうる。なお，これらに関連して，要件事実という分類がある。要件事実については，主要事実と同じものであるとする立場と，主要事実とは異なるものであるとする立場がある。後者の立場によると，要件事実とは，抽象的な法律要件（債務の弁済）のことである。

弁論主義の適用が主要事実に限られる理由

　通説的な考え方によれば，弁論主義はこれらの事実のうち主要事実にのみ適用され，間接事実や補助事実には適用されない。これは，特に間接事実について，次のような論理から成り立っている。すなわち，①間接事実は，主要事実の存否を推認させる点で，証拠と同じ働きをする，②証拠の評価については**自由心証主義**（⇒**第5章1**❹）が妥当し，裁判所の事実認定が適切に行われるようにされている，③証拠と同じ働きをする間接事実について弁論主義の適用を認めてしまうと，自由心証主義の不当な制約になってしまうというものである。

コラム

事実の分類（効果との関係）と，主張された側の態度
①（ケース1）で，古都信の請求に対して，桂川和紙がお金は借りていないと反論した。
③（ケース1）で，古都信の請求に対して，桂川和紙がお金は借りたがすでに返したと反論した。

88　第1編　民事訴訟法　第4章　審理

主要事実または要件事実レベルにおける観点の異なる事実の分類がある。**請求原因事実，抗弁事実，再抗弁事実**などである（ちなみに，再々抗弁などと続くこともある）。

事実の分類	定　義	認められた場合の効果
請求原因事実	訴訟物たる権利・法律関係を根拠づけるに足りる最低限必要な事実	訴訟物が根拠づけられる（＝抗弁等がなければ，請求が認められる）
抗弁事実	<u>請求原因事実と両立するが</u>，その法律効果を妨げる法律効果を発生させるもの（下線部は下記の表の理由付否認との区別に関係する）	請求原因の効果を妨げたり消したりする（＝請求が認められなくなる）
再抗弁事実	抗弁事実と両立するが，その法律効果を妨げる法律効果を発生させるもの	抗弁の効果を妨げたり消したりする（＝他の抗弁等がなければ，請求が認められる）

　また，これとの関連で，相手方の事実に関する主張に対する態度について説明する。当事者の一方が事実について主張をしたときの，他方の当事者の態度としては，**否認，不知，自白，沈黙**の4つがある。

態　度	意　味	効　果
否　認	相手方の主張する事実を否定するもの。特に理由の付されない「単純否認」と，<u>相手方の主張と両立しない事実を主張する</u>「理由付否認（積極否認）」がある（下線部は抗弁などとの区別に関係する）	否認された事実については，原則として，証拠による証明がされないと，裁判所はその事実を認定できない
不　知	相手方の主張する事実について知らないというもの	否認と推定される（159条2項）

3　弁論主義　89

| 自　白 | 相手方の主張する事実を認めるもの | 自白された事実については証拠による証明が不要になる（179条⇒**第5章1❸**）。裁判所は，自白された事実についてはその通りに認定しなければならない（⇒本章3❹）。 |
| 沈　黙 | 相手方の主張する事実に対し，意味のある応答をしないこと | 弁論の全趣旨から争っていると認められない限り，自白とみなされる（159条1項）。この場合の自白を特に擬制自白という |

❷　弁論主義の内容

当事者の事実・証拠に対する支配権

　弁論主義とは，裁判に必要な資料について，実体法上の私的自治を根拠として，当事者に支配権を認めるものということができる。これは，裁判所と当事者の役割分担を意味している。大まかにいえば，裁判所は，当事者がもち出してこない事実と証拠についてはそれを考慮しないし，当事者双方が一致して主張している事実についてはそれをそのまま認めるのである。主張・証拠以外の領域では当事者の支配権が認められていないことも多い。たとえば法の解釈などは，裁判所が責任をもって判断する事項であると考えられている。

弁論主義の3つの原則

　弁論主義については，3つの原則に分けて考えられている。この原則は，「テーゼ」ともよばれてきた。そして，弁論主義の内容として現在認められているものは，次の通りである。

　①当事者双方が主張しない主張資料については，裁判所はこれを取り上げることができない。すなわち，「裁判所は，当事者のどち

90　　第**1**編　民事訴訟法　　第**4**章　審　理

らもが主張しない事実を裁判の基礎にすることができない」という原則（**主張原則・弁論主義の第1テーゼ**）である。なお，この原則に関連して，裁判所はいずれかの当事者が提出した主張を当事者双方のために（場合によっては提出者に不利になるとしても）裁判の基礎にすることができるという**当事者間の主張共通の原則**がある。

②当事者双方が主張資料について一致する場合には，裁判所はこれをそのまま認定しなければならない。すなわち，「裁判所は，当事者間に争いのない事実について，証拠調べなしで裁判の基礎にしなければならない」という原則（**自白原則・弁論主義の第2テーゼ**）である。

③当事者の双方が証拠調べを申し出ない証拠については，裁判所はこれを取り上げることができない。すなわち，「当事者間に争いのある事実について証拠調べをする場合，原則として当事者の申し出た証拠によらなければならない」という原則（**証拠申出原則・弁論主義の第3テーゼ**）である。なお，この原則に関連して，裁判所は証拠調べによって獲得した証拠について，証拠調べを申し出た側に有利にだけではなく，その相手方にとって有利なものとして利用できるという**当事者間の証拠共通の原則**がある。

❸ 主張原則・弁論主義の第1テーゼ

| 主張されない事実はないものとして

主張原則は，「裁判所は，当事者のどちらもが主張しない事実を裁判の基礎にすることができない」という原則である。裁判所がある事実を裁判の基礎にすることができない，ということの意味は，大まかには，裁判所がある事実を取り上げることができないということである。まず，審理の段階では，特定の事実が主張されていな

3 弁論主義　91

い限り，裁判所はその事実についての証拠調べを行うことができない。また，判決作成段階では，特定の事実が主張されていない場合には，裁判所はその事実を認めて判断することが許されない（最判昭和55・2・7民集34巻2号123頁［百選42］，最判昭和33・7・8民集12巻11号1740頁［百選43］など）。このことを，(ケース2)の前提となる事実関係を少し変えた上でみてみよう。

> (ケース2) 織田が徳川に対して，土地所有権に基づく土地の明渡請求訴訟を提起した。織田は自らに土地の所有権があると主張して，その証拠として前の所有者である浅井との土地売買契約書を提出した。売買契約書中には，浅井がその土地を建物所有目的で徳川に賃貸しており，徳川がその土地上に建物を建てて登記もしているため，すぐには利用できないことが記載されていた。ところが，織田も徳川もその事実を主張していない。

実体法上は，徳川が浅井から建物所有目的で土地を賃貸して，その土地上に登記されている建物を所有している場合（借地借家10条1項），織田は徳川に対して土地の明渡しを請求できなくなる。織田が土地所有権を有するかどうかの証拠調べの際に，この事実がたまたま現れたとしても，裁判所は，この事実を裁判の基礎とすることができない。なぜなら，徳川が浅井と賃貸借契約を締結し，土地上に登記された建物を有するという主要事実については，当事者の双方が主張していないからである。

| 規範的要件，特に過失の問題

主張原則との関係で，法律要件に抽象的な法的概念が用いられている場合（規範的要件）に，その法的概念を当事者が主張しさえす

れば裁判所はその要件の存在を認めて判断できるのかが問題となる。不法行為（民709条）における，「過失」などが問題となる（規範的要件としては，過失のほかに，公序良俗違反（民90条），正当の事由（借地借家6条など）などがある）。次のようなケースが問題になった。

> ケース3　で，石田は，小早川の過失について，「スマートフォンを見ながら自転車を運転していたことによる前方不注視」を主張したが，小早川は，スマートフォンの通信履歴などを提出してこの主張を争った。裁判所は，証拠調べの結果，小早川には前方不注視はなかったが，手放し運転をしていたため前方の石田を避けきれなかった過失があるとの心証を得た。

> 裁判所が，この心証通りに小早川の過失を認定できるかということが問題になる。加害者の過失それ自体が主要事実であるとすれば，裁判所は手放し運転の過失を認定することができる。しかし，このように考えると，被告にとって防御上の不利益が大きい（このような考え方の下では，小早川は，実際上ありとあらゆる過失が存在しなかったという反論をしないといけない可能性が出てくる）。このため，現在では，不法行為における過失などの規範的要件については，「過失」などの法的評価を根拠づけ，あるいは否定する具体的事実こそが主要事実であると考えられるようになっている。

主張しなければ負けてしまう

　主張原則が適用される事実について，当事者のいずれもがその事実を主張しないときには，その事実が認められれば発生するはずであった法律効果の発生は認められないことになる。このことは，その法律効果の発生が認められれば有利であった側の当事者からみる

と，自己に有利な法律効果の発生が認められないという不利益が発生しているとみることができる。この不利益のことを**主張責任**といい，特定の事実について主張責任がどちらの当事者にあるのかという問題を，主張責任の分配の問題という。主張責任の分配は証明責任の分配（⇒第**5**章**2 2**）と同じ基準によるとされている。

4 自白原則・弁論主義の第2テーゼ

| 両方ともそう言うならそのまま認めましょう

自白原則は，「裁判所は，当事者間に争いのない事実について，証拠調べなしで裁判の基礎にしなければならない」という原則である。なお，自白というと，刑事訴訟を思い浮かべる人もいるかもしれない。民事訴訟における自白は，自分が犯罪などの悪いことをしたと認めるものではないので注意してもらいたい。それはともかく，自白原則は，自白が成立した事実については，裁判所はその通りに認定しなければならないというものである。この効果を，自白の審判排除効（**裁判所拘束力**）ともいう。もっとも，自白の機能・効果はこれに限られず，証拠調べを不要にする効果（**証明不要効**）を前提とした争点整理機能，自白した当事者に対し自白の撤回を制限する撤回制限効などが認められる。このことを，再び，審理段階と判決作成段階に分けて検討してみよう。

〔ケース2〕において，織田が徳川に対して，土地所有権に基づく土地の明渡請求訴訟を提起した。織田は，①この土地について織田に所有権があるにもかかわらず，②徳川が建物を建てて住むことによって占有している，と主張した。徳川は，①の主張に対しては「この徳川

94 第**1**編 民事訴訟法 第**4**章 審 理

こそが所有者である」と争ったが，②土地に住んでいることは「その通りである」と認めた。

徳川による土地の占有については，織田と徳川の間に争いがない。したがって，裁判所は，自白に基づいて，この通りに認定しなければならない。

審理段階においては，審判排除効は，自白された事実についての証拠調べを許さない効果である（ただし，撤回の議論に注意（⇒97頁〔「自白の効果」の項目〕）。他方，判決作成段階においては，自白内容と異なる証拠があったとしても，自白の内容通りに認定しなければならないという効果になる。証明不要効は，審理段階においては，自白が成立した事実について，証拠調べのコストをかけなくてもよいという効果になる。判決作成段階においては，事実の認定は証拠によらなければならないのが原則であるのに対して，証拠によらずに事実を認定してよいとするものである。撤回制限効は，審理段階において，当事者が，自白の内容を覆す主張や自白の内容と異なる主張をすることが原則としてできないという効果である。

| 自白はどのような事実についてどういう場合に成立するのか

自白は，「口頭弁論または弁論準備手続における，相手方の主張と一致する自己に不利益な事実についての弁論としての陳述」と定義される。ここから，自白の成立要件は次の4つになる。①口頭弁論または弁論準備手続における，弁論としての陳述であること，②相手方の主張と一致する陳述であること，③事実に関する陳述であること，④自己にとって不利益な事実の陳述であることである。

3 弁論主義　95

(1)　相手方の主張と一致する，事実についての陳述であること
（①〜③）

①口頭弁論または弁論準備手続における弁論としての陳述であることというのは，要するに，訴訟において主張としてしたものであることという意味である。したがって，裁判外でした自白や，当事者尋問における陳述（主張資料と証拠資料の峻別⇒**1**）は，ここでいう自白には該当しない。また，②相手方の主張と一致する陳述というのは，内容的な一致があればよく，一方の主張を他方が「認める」などということによっても成立しうる。③事実に関する陳述であることという要件では，主要事実について自白が成立しうることは当然のこととされる。問題は，主要事実ではない間接事実・補助事実に自白が成立するか（この点は，弁論主義が適用される事実の問題である⇒**1**），事実についての自白ではない**権利自白**が成立しうるかである。所有権は自白を認めないと，争いがなくても延々と遡って証明が必要になり不合理であるとして，所有権についての権利自白については肯定する見解が多数である。

(2)　自己に不利益であること（④）

④自己に不利益な事実の陳述であることという要件がある。伝統的には，自己に不利益な事実とは相手方が証明責任を負う事実であると解されてきた。証明責任の詳細については後に述べる（⇒**第5章2**）が，一言でいえば，特定の事実について証明できなければ発生しうる不利益のことである。このため，相手方が証明責任を負う事実とは，言い換えれば，証明されなければ相手方が不利益を負う事実である。したがって，証明責任説における自己に不利益な事実という要件は，その事実が認められると相手方の不利益がなくなる事実という意味になる。不利益性については，**敗訴可能性**（＝その事

実が認められると敗訴の可能性が高まる事実）の意味でとらえる見解や，そもそも不利益性要件は不要とする見解もある。

自白の効果

自白の効果としては，①証明不要効，②審判排除効（裁判所拘束力），③撤回制限効がある。①と②の効果については，すでに説明した。

撤回制限効については，自白をした当事者が撤回できる場合として，(ア)相手方の同意がある場合，(イ)刑事上罰すべき他人の行為によって自白がされた場合，(ウ)自白が真実に反するものであり，かつ錯誤に基づく場合の3つが認められている。まず，(ア)相手方の同意があれば，自白を撤回できることは問題なく認められている。(イ)刑事上罰すべき他人の行為によって自白がされた場合については，この場合の自白の相手方の信頼を保護する必要がないとはいえない場合もありうる（全くの他人が無関係に脅迫などをしていた場合）が，そうであっても自白をした当事者の保護の必要性が上回るから，自白の撤回が認められる。最後に，(ウ)自白が真実に反し，かつ錯誤に基づくものであることという撤回要件が認められている（大判大正4・9・29民録21輯1520頁［百選53］）。判例（最判昭和25・7・11民集4巻7号316頁）は，自白された事実が真実に反することが証明されれば，錯誤が推定されるとしている。これは，通常は真実に反する自白をすることはないであろうという考え方を前提としている。

5 証拠申出原則・弁論主義の第3テーゼ ——当事者が出してこない証拠を調べることはできない

証拠申出原則は，「当事者間に争いのある事実について証拠調べをする場合，原則として当事者の申し出た証拠によらなければならな

い」というものである。**職権証拠調べの禁止**ともいう。証拠申出原則は、「当事者間に争いのある事実について認定するには証拠によらなければならない」という証拠裁判主義を前提とする。また、弁論権の内容として当事者の証拠提出権も認められているので、証拠申出原則は、結局のところ、「裁判所は、当事者の双方が証拠調べを申し出なかった証拠について、原則として取り調べることができない」ということになる。ただし、証拠申出原則に対しては、明文の例外がある。たとえば当事者尋問は職権でもできる（207条1項）。

4　釈明権

裁判所は、当事者に対して、事実上および法律上の事項に関して、質問をしたり、立証を促すことができる（149条1項）。このような裁判所の権限を**釈明権**という。この権限については、一定の場合その適切な行使が義務であるとされており、その場合、裁判所が**釈明義務**を負うという。

当事者は、事実や証拠を提出することができる。もっとも、当事者が提出を忘れていることもあるし、言っている意味が裁判所にうまく伝わらない場合もありうる。そのようなときに、裁判所がこれを全面的に放置することは正しくない。民事訴訟においては弁論主義が採用されている結果、裁判所と当事者の間で役割分担がされているが、そのことは、必要な場合に裁判所が当事者に質問したり立証を促したりすることを禁じるものではない。

ただし、どのような場合に釈明権の行使が必要かというのは難しい問題である。特に、釈明義務の認められる範囲については、**消極的釈明**と**積極的釈明**を分けて論じる有力な見解がある。消極的釈明

98　第**1**編　民事訴訟法　第**4**章　審　理

とは，当事者の申立てや主張の意味がよく分からないとか，矛盾しているなどの場合に，その意味を問うものである。これが必要であることは，裁判所が当事者の申立てや主張をきちんと理解して裁判しなければならないことからも明らかであろう。これに対し，積極的釈明とは，当事者の申立てや主張がないときに，その申立てや主張を促すものである。これについては，弁論主義の下では，裁判所の余計なお節介になりかねないし，釈明の結果当事者の一方が有利になることもありうるので，認められる範囲は限定的であるべきだろう。

5　当事者の情報へのアクセス

　弁論主義などは，当事者が情報を有していることが前提になっている。しかし，現実には，特に相手方の事情など，知らないことも多くある（たとえば，医療事故において，患者側は，カルテにどのような記載があったか知らないのが普通である）。それでは，当事者はどのようにして必要な情報を獲得するのか。

証拠保全とは

　証拠保全（234条）とは，あらかじめ証拠調べをしておかないと後でその証拠を使用することができなくなる場合に，証拠調べを認めるものである。訴え提起が察知されると捨てられてしまいかねない文書などを先に調べてしまうことにより，その内容を把握するために用いられる。証拠保全は，提訴後にすることも可能である。

弁護士会照会とは

　弁護士は，その受任している事件について，所属弁護士会に対し，

5　当事者の情報へのアクセス　　99

公務所または公私の団体に照会して報告を求めるよう申し出ることができ，当該弁護士会は，その申出が適当でないと認める場合を除いてそれらの団体等に報告を求める（弁護士法23条の2）。これを**弁護士会照会**といい，報告を求められた団体等に対して回答を強制することはできないが，広く用いられている。提訴後でも可能である。

提訴前の証拠収集の処分等

提訴前の証拠収集制度（132条の2以下）が認められており，訴えの提起の予告通知をする等の要件を満たした場合，訴え提起の前であっても，予告通知を受けた者に対し一定の事項についての回答を求めたり（提訴前の照会），訴えが提起された場合に必要な文書の送付嘱託など（提訴前の証拠収集処分）を申し立てることができる。

提訴後の情報収集

そのほかにも，**当事者照会**や，**文書提出命令**などの制度がある。当事者照会（163条）とは，訴訟係属後に，相手方に対し，一定の事項について回答するよう求めることができる制度である。当事者照会については，回答を拒絶したこと等に対する制裁は規定されていない。なお，文書提出命令について，後に説明する（⇒**第5章3 2**）。

6 訴訟要件

訴訟要件とは

すでに第**2**章と第**3**章で述べたように，当事者適格や訴えの利益は，それが欠けると，訴えが却下される。訴えの却下とは，原告が審

100　第**1**編　民事訴訟法　第**4**章　審　理

理・判決を求めた権利について判断しないということである。ここで重要であるのは，訴え却下判決では，権利があるともないとも言っていないことである（⇒第6章3■）。

原告が判断を求めている訴訟物の存否に関する問題を**本案**とよぶことがあり，本案に関する判決，すなわち，訴訟物があるとかないとかいう判決のことを，**本案判決**という。**訴訟要件**は，これが満たされていない限り，本案判決をすることができない要件である。

| 各種の訴訟要件 |

訴訟要件には様々なものがある。

訴訟要件は，まず，その存在を当事者が問題にしていない場合にも裁判所が職権で取り上げなければならないものかどうかによって分類される。当事者が問題にしていない場合であっても裁判所が職権で考えなければならない事項を**職権調査事項**といい，被告の申立てがなければ裁判所が取り上げることができない事項を**抗弁事項**という。訴えの利益など訴訟要件の多くは職権調査事項とされており，抗弁事項としては仲裁合意の存在（仲裁13条1項・14条1項参照）などがある。たとえば，職権調査事項の場合，訴えの利益に関して，単なる事実の確認には確認の利益がないとされており（⇒第3章3■），事実の確認を当事者双方が求めている場合であっても，裁判所は訴えを却下しなければならない。

次に，訴訟要件の存否を判断するための資料の収集については，職権探知主義が採用される場合（職権調査事項に属する訴訟要件の多く）と，弁論主義が採用される場合（抗弁事項に属する訴訟要件と，職権調査事項に属する訴訟要件でも公益性が弱いもの（訴えの利益など））とがある。

6 訴訟要件　101

第 *5* 章 証 拠

本章では，証拠について説明する。

権利義務が存在するかどうかを判断するためには，そのもととなる事実の存否を判断しなければならない。しかし，当事者間で，具体的な事実の存否について争いがあるとき（訴訟になっているので，そういった争いがあることが通常である）には，どのように判断すべきかが問題となる。裁判は公正・公平であるべきであり，裁判官の好みによって結論が左右されるべきではない。また，その判断については，誰もが納得のできる理由が示される必要がある。このように考えると，当事者間に争いのある事実についての判断は，証拠によるべきである（証拠裁判主義）。そこで，この章では，証拠や証明の意味，自由心証主義，そして証拠調べの手続などを学ぶ。

1 証拠・証明

■ 証拠概念

| 証拠と一口にいっても

　証拠とは，当事者間に争いがある事実の存否を確定するために，裁判所が判断資料として用いるための客観的な資料のことをいう。もっとも，証拠という言葉は，いろいろな意味で用いられている。

ケース3 で，石田が小早川に対して不法行為に基づく損害賠償請求訴訟を提起し，小早川の過失の有無が争点になったとする。このときに，①証拠として事故の目撃者である毛利についての取り調べが申し出られた。裁判所は毛利について証人尋問を実施して，「小早川は事故直前に手元のスマホを見ていた」との証言（②証拠）を得た。この証人尋問を経た裁判官は，「証人毛利の証言などの③証拠によれば，小早川には過失があった」と判断した。

①取調べの対象としての意味（証拠方法），②取調べの結果としての意味（証拠資料），③裁判官の心証形成の原因としての意味（証拠原因）である。証拠方法と証拠資料については区別が分かりづらいので，次の表（⇒図表5-1）をみてほしい。

図表5-1 証拠方法と証拠資料		
証拠調べ手続の種類	証拠方法（取調べの対象）	証拠資料（取調べの結果）
証人尋問	証　人	証人の証言
当事者尋問	当事者	当事者の陳述
鑑　定	鑑定人	鑑定人の鑑定意見
書　証	文　書	文書の記載内容
検　証	検証物	検証の結果

| 証拠方法とは

　証拠方法とは，裁判官がその五感（五官）の作用により取り調べることのできる有形物の意味である。証拠方法の種類は，証人，当事者，鑑定人，文書，検証物の5つである。証人，当事者，鑑定人

については，人証（じんしょう）とよばれることがある。また文書と検証物については物証とよばれることがある。人や物が証拠方法となりうる法律上の適性・資格のことを**証拠能力**という。民事訴訟においては，刑事訴訟と異なり，原則的には証拠能力の制限はない。

証拠資料とは

　証拠資料とは，証拠方法の取調べによって得られた情報のことをいう。証拠方法の種類に応じて，証人の証言，当事者の供述，鑑定人の鑑定意見，文書の記載内容，検証の結果が証拠資料ということになる。証拠資料が要証事実（証拠による認定が必要な事実）の認定に役立つ程度を**証明力**という。証拠原因とは，証拠資料のうちで，要証事実の認定において，裁判官の心証形成の原因になったものをいう。

❷ 証　　明

証明とは

　まず，証明という言葉は，事実があったことについての裁判官の心証度が証明度を超えた状態を意味することがある。また，そのような状態を目指して行われる当事者の活動を意味することもある。ここで心証とは，裁判官の内心における事実があったかなかったかについての判断をいう。そして，その心証の程度（どれくらいその事実があったと考えるかの程度）を心証度といい，証明度とは，裁判官の心証の程度が，どの程度になれば事実認定をすべきかについての基準をいう。

　判例によれば，民事訴訟における証明度は，証明の対象となる具

体的な事実が存在することについての「高度の蓋然性」であり，「その判定は，通常人が疑を差し挟まない程度に真実性の確信」（最判昭和50・10・24民集29巻9号1417頁［百選54］）をもてるかどうかによる。これは，特定の事実が存在する可能性がある程度以上高いこと（これを高度の蓋然性といい，感覚的な数値として，80パーセント以上といわれることがある）が証明度であり，通常の人が合理的な疑いをはさむことがないくらい真実であると考えることができるかどうかで判定されることを意味する。判決の基礎となる事実については証明を要する。

> ケース2 で，織田が徳川に対して土地所有権に基づく土地明渡請求訴訟を提起した。織田が甲土地所有権を有しているかが争いとなったが，織田は土地の前主である浅井から買い受けたとして，浅井との間の売買契約書を提出した。契約書には特段疑わしいところは見られなかった。徳川は浅井・織田間の売買契約を否認しているが，最後まで有効な反証ができなかった。

この場合，裁判所は現時点において織田が甲土地の所有者であるとの証明があったと判断することになろう。

疎明とは

次に，疎明とは，証拠による裏づけが証明の程度に至らなくとも，裁判官が一応確からしいとの心証に至れば，その事実を認定してよいとするときの，その基準のことをいう。疎明は，迅速な処理が要求される事項（民保13条2項など）や，派生的な手続事項（民訴91条

1 証拠・証明 105

2項・3項など）について要求されている。

❸ 自白および顕著な事実

当事者が自白した事実

　裁判所において，当事者が自白した事実および顕著な事実については，証明する必要がない（179条）。逆にいえば，当事者間に争いのある事実で，証明するまでもなく明らかな事実以外の事実については，証明は必要である。自白された事実については，当事者間に争いがないため，わざわざその存否を確かめる必要がないため，証明の必要がない（自白の証明不要効⇒第4章3❹）。

顕著な事実

　また，**顕著な事実**については，証拠によらなくてもよい。事実の認定が証拠によるべきであるという理由が手続の公正・公平などであるから，事実の存否が誰の目からみても明らかな場合など，手続の公正・公平を害さない事実についてはその必要がないためである。顕著な事実は，誰にとっても明らかな事実（**公知の事実**）と，その裁判所にとって明らかな事実（**職務上顕著な事実**）とに分類される。公知の事実の典型例としては，一定の日時に大地震などの天災が発生したことなどがある。職務上顕著な事実の例としては，当事者について破産手続開始決定がされたことなどがあげられる。

❹ 自由心証主義

　自由心証主義とは，裁判における事実の認定について，どのような証拠を取り調べるかの選択，また取り調べた証拠の証明力の評価

106　第1編　民事訴訟法　第5章　証　拠

を，裁判官の自由な心証に委ねる立場をいう（247条）。

　自由心証主義は，裁判官が自由な心証に基づいて証拠を評価することにより適正な事実認定が可能になるという考え方である。

　対立する概念としてかつて法定証拠主義が存在した。これは，あらかじめ一定の証拠法則を定めておいて，これに従って事実認定を行わなければならない原則をいう。たとえば，成人3人の一致した証言がある場合にはその事実を認定しなければならないなどといったものである。

　自由心証主義は，裁判官の見識や能力への信頼を基礎として採用されている。しかし，自由心証主義に全く制約がないわけではない。たとえば，証拠評価は**経験則**に従って行われなければならない。経験則とは，経験から帰納的に導かれる法則などの知識をいう。具体的には，「友人関係であれば借用書なく金銭の貸し借りをすることがありうる」といったものから，「時速60キロメートルで乾いたアスファルト上を走行していた自動車が急ブレーキをかけた場合，道路に約20メートルのブレーキ痕が付着する」というものなど，多様なものが経験則に含まれる。一般常識も専門知識も，いずれも経験則となりうる。経験則に従って行われる推論を**事実上の推定**という。

　次頁の図（⇒**図表5-2**）は，自由心証主義の下で，証拠や間接事実から主要事実（⇒**第4章3❶**）が推認され，訴訟物たる権利関係についての法的判断がなされるプロセスのイメージ図である。

1　証拠・証明　　107

図表5-2　推認プロセスのイメージ図

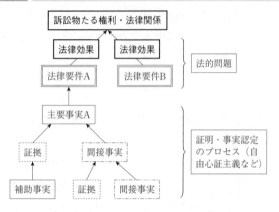

2　証明責任

1　証明責任の意義

証明責任＝真偽不明への備え

> ケース1 で，桂川和紙は，借りた800万円はすでに弁済していると主張したのに対して，古都信はまだ弁済されていないと主張している。桂川和紙の社長の嵐山の当事者尋問および古都信の担当者の証人尋問などを実施したが，裁判所は，桂川和紙が800万円を弁済したという確信を抱くことができなかった。

　証明責任とは，ある事実が真偽不明のときにその事実の不存在が仮定されて裁判がなされることにより当事者の一方が被る危険ないし不利益のことをいう。真偽不明とは，事実の存在・不存在につき，

裁判官がどちらとも確信をもてない状態をいう。つまり、裁判官の心証が証明度にまでは至らないときの、事実の存否不明の状態を意味するのである。特定の事実があるかないかが分からないときに、そのことによって結果的にどちらかが敗訴する不利益のことを証明責任とよんでいる。

真偽不明は、人間が裁判をする以上はどうしても発生しうる状態であり、証明責任は、これに対応するための法技術の1つであるとされる。証明責任は、次のように理解されている。ある事実について真偽不明という状態が生じると、その事実の存在を要件とする法規は適用できないことになるので、その法規によって有利な法律効果を得るはずの当事者は、結果として真偽不明によって生じる不利益を被ることになる。当事者に生じるこの不利益が証明責任である（⇒図表5-3）。

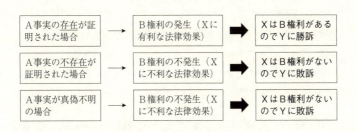

図表5-3　証明責任イメージ図：事実の存在が証明された場合との対比

| 証明責任は訴訟中には動かない |

また、証明責任が特定の法律効果の発生に関係することから、こ

こで問題になっている事実が，権利（法律効果）の発生・変更・消滅の判断に直接必要な具体的事実としての主要事実であることが明らかになる。このため，間接事実や補助事実については，基本的に証明責任の対象とならない。また，証明責任は実体法を基準として決定されるため，訴訟中に変動することがなく，特定の事実について双方が証明責任を負うという事態も存在しないので，いずれの当事者が証明責任を負うかの予測は可能である。

　このような証明責任と関連するが異なる概念として，**証明の必要**の概念がある。証明の必要の概念は，訴訟に勝つために実際問題として証拠を提出しなければならないときの，その必要性を意味する。たとえば，相手方が特定の事実の証明に成功しそうなので，その事実について真偽不明に追い込むための現実の必要性のことを証明の必要という。

2　証明責任の分配

> （ケース4）において，木村は松平に対して，登記名義の抹消を求めて訴えを提起した。①木村は松平に対し，この竹林については木村が所有権を有しているのに，松平が登記名義人になっているのはおかしいと主張した。②これに対して，松平は，木村は大野を代理人として竹林を松平に売却したので，もはや所有権を喪失していると反論した。

> 　①も②も厳密には複数の主要事実から構成される。その上で，①の事実が存在すれば，木村の松平に対する，登記抹消手続請求権が発生する。この権利の発生という法律効果は木村に有利なものであり，したがって，①の事実は木村に有利な事実であり，木村が証明責任を負う。これに対し，②の事実が存在すれば，木村の松平に対する登記抹消手続請求権は消滅す

第*1*編　民事訴訟法　第*5*章　証　拠

る。この権利の消滅という法律効果は松平に有利なものであり，したがっ
て，②の事実は松平に有利な事実であり，松平が証明責任を負う。

法律要件分類説の考え方が基本

　特定の主要事実についての証明責任は，当事者の一方のみに割り
振られる。それでは，証明責任はどのような基準で分配されるのか。
これについては，**法律要件分類説**の考え方が基本になっている。

　法律要件分類説によれば，証明責任の分配は，その事実が当事者
にとって有利か不利かによって定まり，有利か不利かは実体法の構
造によって決まるとする。これは2つの内容を含んでいる。つまり，
①当事者は自己に有利な事実について証明責任を課されるのか，そ
れとも不利な事実について証明責任を課されるのかという問題と，
②有利か不利かはどのようにして決まるのかという問題である。

当事者は，自己に有利な事実について証明責任を負う

　①まず，証明責任は，自己に有利な法律効果の発生が認められな
い不利益なので，当事者には，自己に有利な法律効果の発生の要件
となる事実（有利な事実）について証明責任が課されているといえ
る。そうすると，証明責任の分配というのは，ある当事者にとって
法規が有利かどうかで決まるといえる。

有利か不利かは実体法の構造で決まる

　②次に，法律要件分類説は，ある当事者にとっての法規の有利・
不利というのは，実体法の構造によって定まるとする。実体法は，
権利根拠規定（権利の発生を定める規定），**権利障害規定**（権利の発生を妨

2 証明責任　111

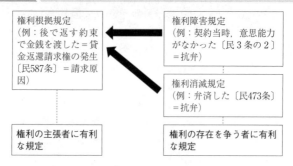

図表5-4 法律要件分類説における法規の構造イメージ図

げる規定), **権利消滅規定**(いったん発生した権利を消滅させる規定)などに分類することができる。ある権利を主張する者にとっては、権利根拠規定が自己に有利な規定であり、その相手方にとっては、権利障害規定、権利消滅規定が有利な規定である。なお、ここでいう権利とは、法律効果の意味である(このため、抗弁の規定が権利根拠規定、再抗弁の規定が権利障害規定などになることもありうる)。

3 証拠調べ

1 証拠調べ総論

> ケース4 において、松平が、取引の代理人であるとされていた大野の証人尋問を申し出た。裁判所は、大野が木村から松平への登記の移転についてよく知っているであろうと考えて、大野の証人尋問をすることを決定した。大野は裁判所に呼び出され、裁判官の前で、「偽りを述べません」と宣誓した上で、それぞれの訴訟代理人弁護士からの尋問に答えた。

証拠調べは，原則として，次のような流れで行われる。まず，当事者によって，証拠調べが申し出られる（証拠の申出）。次に，申し出られた証拠について，裁判所が取り調べるかどうか（証拠の採否）を決定する。最後に，取り調べることが決定された証拠について裁判所が取り調べる（証拠調べの実施）。

証拠の申出──この証拠を調べてください

　弁論主義の証拠申出原則により，職権証拠調べは禁止されている（⇒第4章3**5**）。もっとも，これには多くの例外が認められている。証拠の申出は，証拠調べが実際に行われるまでは，いつでも撤回することができる。しかし，証拠調べが完了した後は，すでに証拠の申出は目的を達しているし，裁判官の心証も形成されているので，撤回は許されない。

証拠の採否の決定──この証拠を調べましょう／調べません

　当事者の証拠申出に対して，裁判所による証拠調べをするかどうかについての判断は，決定で行う。これを証拠決定という。この証拠決定には，証拠調べの決定と証拠申出の却下決定とがある。

　証拠の申出に対して，裁判所は，その採否を裁量で決する（181条1項）。証拠を取り調べる範囲，順序，時期についても，裁判所の合理的な裁量に委ねられていると考えられる。

証拠調べの実施──はい，調べました

　民事訴訟法は，当事者の申出に基づいて実施される証拠調べの方式として，証人尋問，当事者尋問，鑑定，書証，検証の5つを規定している。そして，各類型ごとに，証拠調べの方式を規定している。

3　証拠調べ　113

証拠調べは，直接主義および公開主義（⇒**第4章1❸**）の要請から，受訴裁判所が裁判所の法廷で行うのが原則である。例外として，書証の取調べについては，弁論準備手続においてもすることができることなどがある。

　証拠調べにおいては，当事者の反論の機会やその他の当事者権（⇒**第2章3**）を確保するため，当事者が立ち会う機会を保障する必要がある。このため，裁判所は，証拠調べが実施される期日に当事者を呼び出さなければならない。ただし，これは証拠調べに立ち会う機会を保障するためのものであるため，呼出しを受けた当事者の一方または双方が期日に欠席した場合であっても，裁判所は証拠調べを実施することができる（183条）。

❷　証拠調べ各論

証人尋問──あなたが見聞きしたことを教えてください

(1)　証人尋問に関する原則

　証人尋問は，証人に対して口頭で質問して口頭で証言を得るという方法で行われる証拠調べである。

　証人とは，過去に自己が認識・経験した事実を裁判所において，報告することを求められる第三者である。交通事故の状況や態様などの報告を求められる事故の目撃者などが典型例である。

　裁判所は，原則として，誰でも証人として尋問することができる（190条）。証人が正当な理由なく出頭，宣誓や供述を拒んだときには制裁が科される（193条1項など）。また，宣誓した証人が偽証した場合，刑法上の偽証罪（刑法169条）に問われうる。証人尋問は一定の場合にウェブ会議を利用して行うことができる。2022年改正法

114　**第1編　民事訴訟法　第5章　証　拠**

が施行されると，当事者に異議がない場合にもこれを利用できるようになる（204条3号）。

(2) 証言拒絶権

一般的な意味では証人義務を負う者であっても，**証言拒絶権**を有する場合は，一定の事項について証言を拒絶することができる。たとえば，証言をすることにより，自己または一定の親族等が刑事訴追を受けるおそれがあるときには，そのような事項については証言義務を負わないし，証言を求められても証言を拒むことができる（196条）。民事訴訟法上は，このほかに，公務員の職務上の秘密，医師や弁護士などが職務上知りえた事実で黙秘すべきもの，技術または職業の秘密などが証言拒絶の対象とされている（197条1項）。

当事者尋問――当の本人に聞きましょう

(1) 当事者尋問に関する原則

当事者尋問とは，当事者に対して口頭で質問して口頭で陳述を得る方法で行われる証拠調べである。当事者尋問でのウェブ会議の利用については証人尋問と同様である。当事者尋問で得られた陳述は証拠資料であり，そのままでは主張資料にはならない。主張資料（訴訟資料）と証拠資料の峻別（⇒第**4**章**3 ❶**）を前提にすると，主張資料の提出には訴訟能力（⇒第**2**章**6**）が必要であるが，当事者尋問の対象として陳述をすることには訴訟能力が必要でないという違いがある。

当事者尋問の対象となる「当事者」とは，当事者本人またはその法定代理人をいう（211条）。

(2) 当事者尋問の補充性

当事者尋問と証人尋問の順序に関しては，証人尋問を先にするの

3 証拠調べ

が原則である（207条 2 項本文）として，当事者尋問の補充性が認められている。これは，当事者は事件に強い利害関係を有しており，そのため当事者の陳述の信用性があまり高くないからであると説明される。しかし，事件の事実関係について最も詳細な知識を有しているのは当事者であるはずであり，当事者の陳述が類型的に信用できないわけではない。このため，当事者尋問を証人尋問よりも先にすることができる場合が認められている（同項但書）。

鑑定——専門家にお伺いしたい

鑑定（212条 1 項）は，裁判官の判断能力を補充するために，学識経験を有する第三者に，その専門知識または専門知識を具体的事実に適用して得た判断を報告させる証拠調べである。たとえば，医療事故について，死亡の原因や前提となる医療知識・医療水準などに関して医学部教授に尋ねる，というのが典型例である。

鑑定人は，裁判所が必要とする学識経験を有する者でありさえすればよいので，代替性があるといわれる（A 教授ではなくても，同程度の専門知識を有する B 教授でもよい，ということ）。

鑑定人は，学識経験を有する第三者の中から，裁判所によって指定された者である。鑑定人は受訴裁判所等によって指定され，鑑定人の鑑定意見によって事件の結末が左右されることも珍しくはないことから，中立性と公正性が求められている。そのため，鑑定人には欠格事由が定められているほか，当事者は，鑑定人が誠実に鑑定をすることを妨げる事情があるときは，鑑定人を忌避（214条）することができる。

| 書証──文書を読みます |

(1) 書証に関する原則

　書証とは，文書に記載されている内容を事実認定のための資料とする証拠調べである。

> 　ケース4 で，証拠として，①木村が大野に竹林の売却について代理権を与えた旨が記載されている書面である（委任状），②大野が木村の代理人として松平との間で竹林の売買契約をする旨が記載されている書面である（売買契約書），③大野が松平から売買代金の一部を受領した旨が記載されている書面である（領収書），④竹林の所有権について木村から松平に売買を原因として移転したことを表示する（登記事項証明書）がそれぞれ提出された。

　文書とは，文字その他の記号で，作成者の意思，判断，感情，認識，記録，報告等（これらをまとめて**思想**ということがある）が表現された有体物をいう。思想の表現されていない図面や写真，媒体そのままでは読むことのできない録音テープなどは，**準文書**とされている（231条）。

　文書は，様々な観点から分類される。まず，**公文書・私文書の区別**は，作成者および作成権限の点からの区別である。公文書とは，公務員がその権限に基づいて，職務上，作成した文書である（④の登記事項証明書は公文書である）。他方，私文書とは，公文書以外の文書である（①②③の文書は私文書である）。成立の真正（⇒(2)）の推定において区別の実益がある。次に，**処分証書・報告文書の区別**は，記載内容による区別である。処分証書とは，立証命題である意思表

3 証拠調べ　　117

示その他の法律行為が記載されている文書（その文書において法律行為がされている文書）であり，契約書，約束手形，遺言書などがこれにあたる（①②は処分証書である）。報告文書とは，作成者の見聞，判断，感想などが記載されている文書であり，領収書，商業帳簿，日記などがこれにあたる（③は報告文書である）。処分証書と報告文書では，**形式的証拠力**と**実質的証拠力**の関係が異なっている。形式的証拠力とは，その文書の作成者が作成者であると主張されているその人かどうかの問題であり，実質的証拠力とは，その文書に記載された作成者の思想が，要証事実の認定に役立つ程度の問題である。

(2)　形式的証拠力——文書の成立の真正

　文書の形式的証拠力は，その文書を本当にその人が作ったかどうかということである。法文上は，**文書の成立の真正**などという言葉で表現される（228条など。なお，134条も参照）。ここにいう文書の成立の真正とは，証拠調べの申出人によって作成者であると主張されている者の意思に基づいて文書が作成されたことをいう。その人が自分の意思を表現したものでなければ，その文書の内容を論じる実益が小さいからである。たとえば，松平は①の委任状について木村が作成したものと主張するだろうし，木村はそれを否定して委任状の作成者は大野であると主張するだろう。松平が自己の竹林所有権取得を基礎づけるためには，原則として当該委任状は木村が作成したものでなければならない。

　このことから，文書の成立の真正については当事者の認否の対象となる。このとき，文書の成立の真正につき争いがなければ，申出人が成立の真正を証明する必要はない。文書の成立の真正について争いがある場合，文書の成立の真正は証拠によって証明されなければならない（228条1項）。文書の成立の真正については，同条2項

118　第**1**編　民事訴訟法　第**5**章　証　拠

以下で，事実認定のルールが定められており，公文書（同条2項・3項）と私文書（同条4項）で内容が異なる。

公文書については，その方式および趣旨により公務員が職務上作成したものと認められるときは，真正に成立した公文書であると推定され（同条2項），疑義があるときには裁判所は当該官庁等に照会することができる（同条3項）。私文書については，本人またはその代理人の署名または押印があるときには，真正に成立したものと推定される（同条4項）。「本人またはその代理人の署名または押印がある」とは，それらの者が自ら名前を書き（署名），あるいは自らハンコを押す（押印）ことを意味する。しかし，押印の場合，誰がハンコを押しても同じ印影となるため，押印があるだけではこの要件を満たさないようにみえる。ただ，適切に管理されているハンコ（印章）については，それを自由に使えるのは本人だけである。このように考えると，本人のハンコによる印影がある場合，原則として本人が自らハンコを押したものと推定され，その結果として4項の推定が働くことになる（二段の推定。最判昭和39・5・12民集18巻4号597頁［百選68］など）。

(3) 実質的証拠力

文書の**実質的証拠力**とは，要証事実との関係における文書の記載内容の価値の程度である。処分証書については，そこにおいて法律行為がなされているという特殊性から，形式的証拠力の認められる処分証書については，特段の事情がない限り，一応その記載通りの事実を認めるべきであるとされる。報告文書の実質的証拠力はこれとは異なり，一概にはいえない。

たとえば，松平は②の契約書の作成者は大野と松平であると主張するであろうし，その点については木村にも異論がないであろう。

3 証拠調べ　119

そして，このような場合，処分証書である契約書について形式的証拠力が認められるということであるから，大野と松平の間で竹林の売買契約が締結されたことは基本的に認められるということになる。ただし，この場合，大野が木村から代理権を与えられていなければ原則として大野・松平間の売買契約が木村に効力を及ぼすことはない。

| 文書提出命令——その文書，出してもらいます |

> ケース1 において，桂川和紙は古都信が800万円を貸し付ける際に，担当者による詐欺があったと主張した。桂川和紙は，この事実を明らかにするため，古都信が融資を決定した際の貸出稟議書（貸付けの可否について上司や本部の決裁を求めるため，貸付先の情報やそれに対する担当者の評価・意見などが記載された書類）の証拠調べをしてほしいと考えている。しかし，貸出稟議書は古都信しかもっていない書類である。

(1) 文書提出命令の意義

　文書提出命令は，相手方や第三者が所持する文書を証拠として提出するための制度である。文書は，いったん作成されると内容が固定化されるため，人間の記憶と異なり劣化・変容の可能性が小さい。このため，文書は証拠として重要なものといえ，適切な文書が裁判所に提出されることは，適正な裁判のためにも必要なことである。文書提出命令の制度は，このような観点から認められている。文書提出命令制度は強制力を伴なっているので，当事者にとって有力な証拠収集手段の1つである。

(2) 文書提出義務

文書提出命令は，**文書提出義務**を負う文書の所持者に対して発令される。文書の所持者には，除外事由がない限り提出義務がある（220条4号）。もっとも，この義務には多くの例外が定められており（同号イ〜ホ），文書提出義務の範囲を考える場合，この除外事由が重要になる。たとえば，専ら文書の所持者の利用に供するための文書に該当するときは，文書提出義務は認められない（同号ニ）。

> （ケース1）について，判例は，銀行の貸出稟議書について，専ら銀行内部で利用するために作成され，公開されると銀行の自由な意思決定が阻害されるおそれがあるなどとして，例外的な場合を除いて文書提出義務を認めていない（最決平成11・11・12民集53巻8号1787頁［百選66］など）。

(3) 文書提出命令の手続

文書提出命令の申立てについての決定に対しては，即時抗告（⇒第*10*章**4❶**）が認められている（223条7項）。ただし，証拠調べの必要性を欠くことを理由として文書提出命令の申立てを却下する決定に対しては，即時抗告は認められていない（最決平成12・3・10民集54巻3号1073頁［百選A20］）。証拠の採否は裁判所の裁量による（181条1項）からであるとされる。

(4) 文書提出命令の効果と不服従の場合の制裁

文書提出命令を受けた文書の所持者は，裁判所に対して文書を提出しなければならない。文書の所持者が文書を提出しない場合には制裁が規定されており，提出しない者が当事者の場合（224条）と第三者の場合（225条）とで規律が異なっている。第三者が命じられた文書を提出しない場合，裁判所は20万円以下の過料に処することができる。当事者が命じられた文書を提出しない場合，その文書の記

3 証拠調べ　121

載内容についての相手方の主張を真実と認めることができる。この場合，この相手方が，当該文書の記載内容について具体的な主張をすることができず，かつ当該文書により証明しようとする事実を他の証拠により証明することが著しく困難であるときには，裁判所は，その事実に関する相手方の主張を真実と認めることができる。

検証——五感で調べます

検証は，裁判官が視覚（目）・聴覚（耳）・嗅覚（鼻）・味覚（口）・触覚（皮膚）などの五感（五官）の作用を用いて，事物のかたちや性質，状況などを感得し，その得た認識を証拠資料とする証拠調べである。2022年改正法が施行されると，当事者に異議がない場合には，ウェブ会議を利用して検証を実施することもできるようになる。典型例は，裁判官の視覚を用いて，交通事故の現場の状況についての認識を得るものである。

検証の対象となるものを検証物といい，五感の作用（検査機器などを利用することも可能である）で感知できるものであればいいので，有体物でも無体物でも対象とすることができる。検証の対象は，他の証拠調べの対象となるものであってもよい。たとえば，文書を証拠方法とする場合でも，記載内容（何が書いてあるか）を対象とする証拠調べは書証であるが，文書の筆跡や紙質を対象とする証拠調べは検証である。

第6章 訴訟の終了

この章では，訴訟の終了について説明する。訴訟は，大きく分けると2つの方法によって終了する。当事者の意思による訴訟の終了と判決による訴訟の終了である。当事者の意思による訴訟の終了は，判決以外の方法，具体的には訴えの取下げ，請求の放棄・認諾，訴訟上の和解のいずれかによって訴訟が終了する。それぞれのメニューにはどのような違いがあるのか，訴訟を終了させた場合には，どのような効果が生じるのかについて，以下で説明する。判決による訴訟の終了は，原告が提起した訴えに対する裁判所の判断が示されることによって訴訟が終了する。判決にはどのような種類があるのか，成立した判決にはどのような効力があるのかなどについても説明する。

1 訴訟の終了事由

当事者の意思による場合

　訴訟は常に判決によって終了するというイメージがあるかもしれない。たしかに，訴えというのは裁判所に判決を要求する申立てであるから（⇒第3章2**1**），裁判所が最終的に判決というかたちで判断を示すことによって訴訟が終了するのが通常である。

　しかし，民事訴訟においては，訴訟は必ずしも判決によらなくても，当事者の意思に基づいて終わらせることが認められている。当

1 訴訟の終了事由　123

| 図表6-1 | 訴訟の終了形態 |

訴訟の終了 ─┬─ 判決によらない訴訟の終了 ─┬─ ①訴えの取下げ（原告）
　　　　　　　（＝当事者の意思による　├─ ②請求の放棄（原告）
　　　　　　　　　　　　訴訟の終了）　├─ ③請求の認諾（被告）
　　　　　　　　　　　　　　　　　　　└─ ④訴訟上の和解（原被告の合意）
　　　　　　└─ 裁判所の訴訟行為（＝判決）による終了

事者は，訴訟を終了させる訴訟行為として，**訴えの取下げ**，**請求の放棄または認諾**，**訴訟上の和解**を選択することもできるのである。

| 判決による場合

　裁判所が行った判断を示す裁判には，判決・決定・命令の3つの種類がある（詳しくは，本章3**1**で述べる）。このうち，判決は，原告の訴えについての最終判断を示すことによって訴訟を終了させるものである。判決には中間判決というものもあるが（⇒第**4**章**2**），訴訟の終了につながるのは，各審級を終了させる効力をもつ終局判決である。

　以下では，当事者の意思による訴訟の終了と判決による訴訟の終了について，順に説明する。

2　当事者の訴訟行為による訴訟の終了

1　判決でなくてもいい？

　処分権主義（⇒序**1**）の下では，訴訟の当事者は，訴訟をどのように終了するかも自由な意思によって決定することができる。したがって，判決に至ることなく訴訟を終了させることも可能である。具体的には，当事者は，①訴えの取下げ（261条），②請求の放棄・

124　第**1**編　民事訴訟法　第**6**章　訴訟の終了

認諾（266条），③訴訟上の和解（89条）によって判決によらずに訴訟を終了させることができる。当事者が判決を待たずに訴訟を終了させることを選択した場合，裁判所は判決をすることはできない。実際の訴訟では，判決によって訴訟が終了するのは半数ほどであり，判決以外の方法によって訴訟が終了する割合も多い。

❷ 訴えの取下げ

| はじめからなかったことに……

　訴えを提起したとしても，その後に，訴える相手が適切ではなかったことに気づくことがある。また，結果的に提起していた訴えを続ける必要がなくなることがある。ほかにも，訴えを提起した後で，この請求は成り立たないと気づく場合もある。このようなときに，原告がとることができる行為の1つが**訴えの取下げ**である（261条）。

> ケース3 で，石田が小早川に対して損害賠償請求訴訟を提起していたところ，裁判外の和解が成立したので，石田が訴えを取り下げることにした。

　訴えの取下げは，原告が単独で行うことができる行為である。したがって，訴えを取り下げるかどうかは原告の自由である。訴えの取下げが認められると，訴訟ははじめから係属していなかったことになる。このことを，**訴訟係属が遡及的に消滅する**という。しかし，それまで訴えに応じて訴訟活動をしてきた被告にしてみれば，せっかく途中まで請求棄却の判決を勝ち取るために取り組んできたのに，紛争解決のための裁判所の判断が得られずに，訴訟係属が消滅してしまうのは納得がいかないだろう。そこで，被告が本案について応

2 当事者の訴訟行為による訴訟の終了　125

答をした後に訴えの取下げを行う場合は，被告の同意を得る必要がある（261条2項本文）。ここで被告が本案について応答をするとは，被告が準備書面を提出したり，弁論準備手続や口頭弁論で陳述をしたりすることを指す。

取り下げたあとは……

訴えの取下げの効果の最も大きな特徴は，訴訟係属が遡及的に消滅することである（262条1項）。遡及的というのは，さかのぼってという意味であるから，この場合は，訴えがそもそもはじめから提起されていなかったことになる。これは，当事者がそれまで行っていた主張や証拠の提出の効果などが消滅して，裁判所が証拠調べを行った効果なども消えるということである。

では，訴えの取下げは，いつの時点までできるのだろうか。これは，判決が確定するまでできる（261条1項）。したがって，第一審や第二審を終了させる終局判決後でも，判決の確定前であれば取下げは可能である。ただし，第一審の判決で敗訴してしまったからと，第一審の終局判決後に原告がいったん訴えを取り下げて，後日，再び同一の訴えを提起できるというのでは，相手方も裁判所も煩わしい。そこで，本案の終局判決後に訴えを取り下げると，その後は，同一の訴えを提起することは禁止されるという効果が生じる（262条2項）。これを**再訴禁止効**という。

❸　請求の放棄・認諾

請求の放棄とは，自分がした請求に理由がないと認めて，もはや全面的に争わないという原告の意思表示である。これに対して，**請求の認諾**とは，相手方の請求に理由があると認めて，もはや全面的

に争わないという被告の意思表示である。請求の放棄や認諾がされると，裁判所書記官によってこれが調書という書面に記載される。この調書には，**確定判決と同一の効力**が生じる。なお，2022年改正法の施行後は，調書は電子化される。調書がファイルに記録されたときは，その記録が確定判決と同一の効力を有する（267条）。訴えの取下げも請求の放棄も原告が訴訟を途中で諦めてしまうところは似ている。しかし，訴えの取下げは，訴訟係属が遡及的に消滅することにより，どのように紛争解決をしたのかという基準が残らないのに対して，請求の放棄は，訴訟の途中で原告が請求に理由がないと認めたという紛争解決の基準が必ず調書に記載され，その調書には確定判決と同一の効力が生じる点が大きな違いである。

> （ケース1）の原告である古都信が被告である桂川和紙に対して貸金の返還を求める訴えを提起して，これが係属した後に，原告の側がそのような貸金返還請求権がないことを認めるのが請求の放棄であり，被告の側が原告に対して貸金返還義務（自己の債務）があることを認めるのが請求の認諾である。

　それぞれ口頭弁論等の期日に請求の放棄あるいは認諾についての陳述をする必要があるが，書面を提出してすることもできる（266条）。請求の放棄・認諾は，判決確定前であれば，どの審級においても行うことができる。

④　訴訟上の和解

「訴訟上の」和解があるということは……

　和解という言葉は，日常生活でも比較的なじみのあるものだろう。

図表6-2　和解の種類

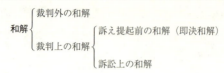

一般的には，争っていた者たちが互いに争いをやめると約束する，といったイメージである。民事訴訟法で和解という場合も，おおむねイメージは同じである。当事者が自身の主張をお互いに譲り合って（これを互譲という），紛争解決に合意することを和解とよぶ。

　紛争解決の合意は，当事者間で交渉をした結果，裁判所の外ですることもある。ただし，これは単なる和解契約であり（民695条），**裁判外の和解**とよぶ。

　裁判上の和解は，民事手続を通して紛争解決の合意に至った場合をいう。裁判上の和解の特徴は，裁判所が関与して，裁判官の面前で和解が成立するという点にある。裁判上の和解には，**訴え提起前の和解**と訴訟上の和解がある。裁判上の和解と**訴訟上の和解**は用語が似ているが同じ意味ではないことに注意が必要である。

　訴え提起前の和解は，文字通り，訴えを提起する前の段階で簡易裁判所に紛争の当事者双方が出向いて行ってされる和解のことである（275条）。通常は，事前に話合いがついている場合に利用され，一期日で和解が成立するので，即決和解とよばれることもある。

　訴訟上の和解とは，①訴訟の係属中の期日に，②訴訟物に関するお互いの主張について当事者双方による互譲によって，③紛争解決の合意がされることをいう。

和解をするメリットは

和解は，事案によっては，判決よりも適した紛争解決の方法となる。判決の場合には，裁判所は，あくまで原告が主張している権利の発生原因として法が定めている事実があったか否かを確定して，これに法を適用して，当該権利が認められるかどうかという，訴訟物についてのいわば一刀両断的な判断しかすることができない。これに対して，訴訟上の和解では，個別の事件の状況に応じた柔軟な内容で和解内容を定めることが可能である。和解は，判決とは異なり，画一的な法の適用では紛争解決を導き出すことが難しい事件において，事案に応じた柔軟な解決を図ることができる点が特徴である。ちなみに，裁判所は訴訟がいかなる程度にあるかを問わず和解を試みることができる（89条）。試みとして勧めるので，これを**和解の勧試**という。

ケース1の古都信が桂川和紙との間で，残債務の額を600万円に減額した上で，4回の分割払いにするという内容の訴訟上の和解をすることもできる。

このような個別の事件の状況に応じた柔軟な内容での和解は，判決に比べて当事者の任意の履行をより期待でき，当事者間で迅速な権利の実現を図ることができるという利点がある。

ケース3において，訴訟上の和解をする場合に，治療費等の賠償といった訴訟物に関する部分の合意に加えて，小早川から石田に対して謝罪することを和解調書に記載するといった訴訟物以外のことも合意の対象とすることができる。

2 当事者の訴訟行為による訴訟の終了　129

この点も，訴訟上の和解の利点の1つである。

5 訴訟上の和解の効力

訴訟上の和解では，裁判所が関与することによって訴訟が終了する。このように訴訟を終了させる効果のことを**訴訟終了効**という。これは，訴訟上の和解の基本的な効果である。また，訴訟上の和解が成立すると，裁判所書記官が和解の内容を記載した調書を作成する。この調書のことを**和解調書**という。2022年改正法施行後は，この調書も電子化される。訴訟上の和解の内容が調書に記載されたときには，その記載は**確定判決と同一の効力**を有すると規定されている（267条）。

それでは，確定判決と同一の効力を有するというのは，どのような意味だろうか。これは，少なくとも**執行力**があることを意味している。たとえば ケース1 で次の（⇒図表6-3）第2項，第3項のような和解内容が成立した場合，その調書は執行力がある債務名義（⇒**第16章3 1**）になる（民執22条7号）。

ただし，執行力に加えて既判力も生じるかどうかについては，次に述べるように見解が分かれている。

| 図表 6 - 3 | 和解調書における和解条項の例 |

1 被告桂川和紙株式会社は，原告古都信用金庫に対して，次のとおり，600万円の
　支払義務のあることを認める。
2 被告は，原告に対して，600万円を4回に分割して支払う。
　（1）令和○○年○月から令和○○年○月まで毎月末日に150万円ずつ
　（2）古都信用金庫指定の口座（口座番号○○○○）に振り込む方法による。
3 被告が前項の支払を怠った場合は期限の利益を失い，被告は，原告に対して，
　第1項の金員から既払額を控除した金員，および支払済みに至るまで，残額に対
　して年○○パーセントの割合による遅延損害金を付加して支払う。
4 原告と被告は，本和解条項に定めるほか，何ら債権債務のないことを相互に確
　認する。
5 訴訟費用は各自の負担とする。

⑥　和解の既判力

何が問題なのか

　上記（⇒図表6‐3）の和解条項の通りに和解が成立したような場
合，その訴訟上の和解に既判力が生じるかどうかについて議論があ
る。そもそも，なぜこのようなことが問題となるのだろう。

　既判力について，詳しくは**第7章3**以下で述べるが，ここでは，
いったん確定判決によって判断が示された訴訟物について，再び紛
争を蒸し返すことができないという効力のことだと理解してほしい。
そして，訴訟上の和解は，267条により確定判決と同一の効力を有
すると規定されているので，このことから，訴訟上の和解にも請求
の放棄・認諾と同じように既判力が認められるかどうかが議論され
てきた。

2　当事者の訴訟行為による訴訟の終了　131

3つの考え方

第一に，確定判決と同一の効力という文言を決め手の1つとして訴訟上の和解にも既判力が生じると考える説（既判力肯定説）がある。

第二に，訴訟上の和解には既判力を認めるべきではないという説（既判力否定説）がある。この見解は，当事者の意思によってされる訴訟上の和解は訴訟物以外の部分についての合意も含んでいる場合が多く，その形式も様々であるから，訴訟物についての裁判所の審理の結果示された判断である判決と同様の既判力を肯定することはできないとする。

第三に，両説の折衷的な考え方として，制限的既判力説という考え方がある。この考え方は，そもそも訴訟上の和解には，私法上の和解契約（合意）という側面と，訴訟を終了させるという訴訟法上の合意という側面の両方が含まれているという法的性質に注目する。そして，訴訟上の和解には既判力を肯定するけれども，その和解に実体法上の無効原因がある場合には，訴訟上も和解は無効となるので，結果的に既判力も認められないとする考え方である。

判例の考え方

判例は，訴訟上の和解には既判力があるとした上で，訴訟上の和解において，意思表示の瑕疵があった場合には，和解の無効を主張できるとしている。このことから，判例は，第三の制限的既判力説に立っているものと解されている。

当事者が意思表示の瑕疵（錯誤により和解をしたことなど）を主張しようとした場合に，判例が現在認めている方法は，大きく分ける

と3つある。まず，当事者は，和解前の旧手続がいわば復活するという前提で，①期日指定の申立てをすることができる（93条1項）。また，②和解が無効だということの確認を求める訴えを新たに提起することが考えられる。あるいは，和解調書によって強制執行をされるおそれのある被告側の場合では，③請求異議の訴えを提起する（民執35条⇒第 *16* 章 5 **2**）という方法をとることが考えられる。

3 裁判所の終局判決による訴訟の終了

■ 裁判とは

| 判決・決定・命令の違い |

　裁判とは，裁判機関が行う判断または判断をする行為のことをいい，裁判機関が法律で定められた形式に従って，その判断を表示する手続上の行為を意味する。

　この裁判には，判決，決定および命令の3種類がある。この3つには，どのような違いがあるのだろうか。主に，①裁判の対象となる事項（これを裁判事項という）の違い，②裁判機関の違い，③手続面の違いがある。これらの違いを次頁の表（⇒図表6-4）で比較してみよう。

3　裁判所の終局判決による訴訟の終了　133

図表6-4	判決・決定・命令の違い（裁判の種類）			
	裁判の対象となる事項	裁判機関	手 続	不服申立ての方式
判 決	訴訟物たる権利または法律関係の存在や不存在，訴えの適法性	裁判所	口頭弁論を経て行う（**必要的口頭弁論**・87条1項本文）	控訴（281条）・上告（311条）または上告受理申立て（318条）
決 定	本案の判断に付随して判断すべき事項		口頭弁論を経なくても行うことができる（87条1項但書）	抗告（328条）
命 令		裁判長，受命裁判官等		

　ここでまず理解すべきことは，判決とそれ以外の裁判の違いである。判決は，訴訟物である権利や義務の存在といった最も重要な事項を判断の対象としてされるものなので，手続も最も慎重に，口頭弁論を経てされる。これに対して，決定や命令は，判決のために判断すべきことから派生して発生する事項についての裁判所の判断であるから，手続においても簡易迅速さが重視される。決定の例としては，たとえば，文書提出命令申立て（223条1項⇒**第5章3②**）についての裁判がある。

　民事訴訟法は，判決について最も詳しく規定を置いていて，決定と命令については，原則として判決に関する規定を準用している（122条）。

判決の種類

　判決は，終局判決と中間判決とに区別される（中間判決については⇒**第4章2**）。ここでは，民事訴訟法を学ぶ上で最もよく使う終局判決をあげるにとどめる。判決という場合は一般的には終局判決を指

図表6-5 判決の種類

す。**終局判決**とは、各審級の手続の終結をもたらす効果をもつ判決である。終局判決は、請求の内容に立ち入って判断をしたか否かで**本案判決**と**訴訟判決**とに区別される。

本案判決とは、原告が定立した請求の当否に立ち入って判断した判決のことをいう。請求の当否を判断するので、本案判決の内容としては、請求認容判決と請求棄却判決がある。これに対して、訴訟判決とは、請求の当否に立ち入って判断をする以前に、訴訟要件が欠けているために訴えを却下する判決のことをいう（⇒**第2章**コラム〔29頁〕。他に控訴却下判決〔⇒174頁〕）。訴訟判決は請求の当否に立ち入らないので「門前払いの判決」とよばれることもある。

2 判決の成立

判決言渡しまでの流れ

訴訟が裁判をするのに熟したとき、裁判所は、口頭弁論を終結して終局判決をする（243条1項）。訴訟が裁判をするのに熟したとは、主張や証拠から裁判官が判決をすることができるようになった状態をいう。口頭弁論が終結された後は、新たな主張や証拠の提出が認められないのが原則であるが、口頭弁論終結後に新たな証拠が見つかったというような場合には、例外的に口頭弁論が再開され、審理が再開されることもある（153条）。

口頭弁論の終結に際しては、**判決言渡期日**が指定される。判決言

渡期日は，口頭弁論終結から2か月以内にされなければならず（251条1項本文），判決は，言渡しによって効力が生じる（250条）。この判決の言渡しは，公開の法廷において行われなければならず（憲82条，裁70条），判決書の原本に基づいてされる（252条）。

判決言渡というと，裁判官が判決文を読み上げる様子を想像しがちだが，実際には裁判所は判決の詳細な理由をすべて読み上げることはしない。判決言渡期日は，あらかじめ当事者に通知されるが（規156条本文），当事者が法廷にいることも必要ではない（251条2項）。なお，2022年改正法の施行後は，作成された判決書は，電子判決書として事件管理システムに記録（アップロード）される（252条1項）。

判決書の中身

判決書には，次頁の見本（⇒**図表6-6**）でみるように，①主文，②事実，③理由，④口頭弁論の終結の日，⑤当事者・法定代理人および⑥裁判所を記載しなければならない（253条1項）。

判決書は言渡しの前に作成されるのが原則であるが，欠席判決や少額訴訟（⇒**第11章1**）の判決などでは，口頭弁論終結後ただちに判決を言い渡して（254条1項・374条1項），書記官が作成した口頭弁論調書を判決書の作成に代える（254条2項・374条2項）こともある。これを調書判決という。

言渡しによって成立した判決は，当事者に送達され（255条1項），当事者は判決書の送達によってはじめて詳しい内容を知ることができる。判決に不服があるときは，当事者が送達を受けた日の翌日を起算日として2週間以内に控訴，上告などの不服申立てをすることができる。

136　第**1**編　民事訴訟法　　第**6**章　訴訟の終了

| 図表6-6 | 判決書のサンプル |

令和5年（ワ）第＊＊号　貸金請求事件
口頭弁論終結日　令和6年5月29日

判　　　決

原　　　告　　古都信用金庫
上記代表者理事長　　春日野　照雄
上記訴訟代理人弁護士　岩倉川　日美子
被　　　告　　桂川和紙株式会社
上記代表者代表取締役　嵐山　静

主　　　文

1　被告は，原告に対し，金800万円およびこれに対する令和4年6月15日から支払
　済みまで年1割の割合による金員を支払え。
2　訴訟費用は，被告の負担とする。
3　この判決は，第1項に限り仮に執行することができる。

事実及び理由

第1　請求
　主文1項と同旨。
第2　事実の概要
　本件は，原告が被告に対して800万円を貸し付けたところ，被告が弁済しないとし
て，貸金800万円の返還およびその遅延損害金の支払を求めている事案である。
1　争いのない事実
　（1）原告は，被告に対し，令和3年6月14日，弁済期を令和4年6月14日と定め
　　て，800万円を貸し付けた（以下，「本件貸付け」という。）。
　（2）＊＊＊＊＊＊＊＊＊＊＊
2　争点
　争点1　＊＊＊＊＊＊
　（被告の主張）
　＊＊＊＊＊＊＊＊＊
　（原告の主張）
　＊＊＊＊＊＊＊＊
第3　争点に対する判断
　1　争点1について
　証拠（省略）によれば，次の事実が認められる。
　＊＊＊＊＊＊＊＊
　2　争点2について
　＊＊＊＊＊＊＊＊
第4　以上のとおりであって，原告の請求は理由があるからこれを認容し，訴訟費
用の負担については民訴法61条を，仮執行の宣言については同法259条1項を適用し
て，主文の通り判決する。

京都地方裁判所第＊民事部　　裁判官　伏見雅子　㊞

3　裁判所の終局判決による訴訟の終了　　137

3 判決の確定

　終局判決は，その言渡しがされた後も，当事者の上訴などの不服申立てによって取り消される可能性がある。この場合，判決は未確定な状態にある。**判決が確定する**とは，通常の不服申立てによってその判決が取り消される余地がなくなった場合をいう。このように判決について上訴が尽きた状態に至ったことを，判決に形式的確定力が生じたと表現する。審級が尽きたとき，または上訴期間内に上訴の提起をせず，上訴期間が満了したときに判決が確定する。さらに，上告審ではさらなる不服申立ての手段は用意されていないので，上告審における判決言渡しと同時に判決が確定することになる。上訴については，**第10章**を参照。

第 7 章 判決の効力

本章では，判決の効力について説明する。判決には，確定することによって
既判力をはじめとする効力が生じる。これらの確定判決の判決効によって，
権利が存在するか否かという両当事者の主張についての裁判所の判断が最終
的に確定し，紛争解決という効果がもたらされる。その意味で，確定判決の
効力は重要な意味をもっている。
本章では，確定判決の効力にはどのようなものがあるのか，その中でもすべ
ての確定判決について生じる既判力という効力はどのようなものなのか，既
判力が生じるとはどういうことなのかを中心として説明していく。

1 言渡しによって生じる判決効

　判決は言渡しによって成立し，これによって効力を生じる（250
条）。この効力には，①確定前の判決でも言渡しによって生じる効
力と，②判決が確定してはじめて生じる効力とがある。判決がいっ
たん言い渡されると，言渡しをした裁判所であっても，判決を取り
消したり変更したりすることは原則としてできないという効力が生
じる。この効力のことを自己拘束力という。

2 確定判決の効力

判決の効力の主なものは，判決が確定したときに生じる。判決が確定すると，訴訟物についての判断内容について，①既判力に加えて，場合によっては，②執行力，③形成力が生じる。このうち，既判力については，本章 **3** でまとめて説明することにして，まずは執行力と形成力について説明しておこう。

執行力とは

ケース1 で古都信が桂川和紙に対して貸金の返還を求める訴えを提起した場合に，被告は原告に金800万円を支払えという判決が確定したとする。このような金銭を支払えとか，また，○○を引き渡せと命じる判決のことを**給付判決**という。この給付判決が確定した場合や，給付判決に仮執行宣言（259条）がつけられた場合には，確認判決や形成判決とは異なって**執行力**が生じる（⇒第 **3** 章 **2 2**）。

それでは，執行力があるとはどういうことなのだろう。原告がたとえお金を支払えと命じる勝訴判決を得ても，被告がその判決内容に従ってくれなければ，原告にとって判決書は絵に描いた餅になってしまう。そこで，被告が判決で命じられた給付内容を実現しない場合には，執行機関が強制執行によってその判決内容を実現することができる（⇒第 **16** 章）。この効力を執行力という。

形成力とは

形成力とは，その判決によって判決の確定内容通りに新たな法律関係の発生・変更・消滅を生じさせる効力のことをいう。

140　第 **1** 編　民事訴訟法　第 **7** 章　判決の効力

ケース5 で太郎と花子との間で，仮に原告利根川太郎と被告利根川花子を離婚するという判決が確定した場合には，婚姻関係が解消されるという効果が生じる。これが形成力である。

3 既判力

■ すべての確定判決に共通して生じる効力

既判力は，すべての訴訟類型における確定判決に共通して生じる効力である。**既判力**とは，一度裁判所が判断した内容が確定した場合には，後の訴訟（後訴）の裁判所はその判断内容に矛盾する裁判を禁じられ，また，当事者はその判断内容と矛盾する主張ができなくなるという効力のことである。これを確定判決の判断について生じる通用力ともいう。

■ 既判力の根拠

なぜ確定判決には既判力が生じるのか。次のような2つの観点から説明が可能である。

1つは既判力を民事訴訟の**制度的効力**ととらえる観点である。せっかく確定判決によって紛争が解決したとしても，その確定判決の内容をいつでも蒸し返すことが可能だとすると，いつまでたっても紛争が解決しない。このような状態を解消して，民事訴訟の目的を達成するためには既判力が必要である。制度的効力という表現は少し難しいが，民事訴訟という制度を維持するために不可欠な仕組みであると理解してほしい。

もう1つは，当事者には**手続保障**が与えられていたのだから，そ

3 既判力　141

のことの裏返しとしての自己責任を根拠として既判力を正当化するという観点である。前訴で主張や証拠提出をしておく機会は与えられていたのだから，もはや確定した判断内容について蒸し返すことはできないのである。

3 既判力の作用

| 既判力が意味をもつのは，あとに続く手続においてのみ |

　判決が確定すると，その効力として既判力が生じる。既判力は，訴え提起から判決が確定するまでの第一の訴訟手続の中で問題になることはない。あくまでその判決が確定したあとで関連する第二の訴訟等の手続が起こされた場合に，その第二訴訟の中ではじめて，前の訴訟で判決により確定された内容に生じている既判力が意味をもつのである。つまり，既判力は，前の訴訟の確定判決で示された判断が，あとに続く関連する訴訟等の手続で裁判所の判断の基準となるのである。

| 積極的作用と消極的作用 |

　あとに続く手続で基準となることを，既判力が作用するという。この既判力には，2つの作用がある。まず，判決確定により既判力が生じると，後訴を扱う裁判所は，①前訴確定判決の判断を基礎として判断をしなければならない。このことを既判力の積極的作用という。

　これに対して，裁判所が①のように判断する結果として，②当事者は，前訴判決によって既判力が生じた判断内容と矛盾することを後訴で主張立証することは許されないし，もしそのような矛盾する

142　第1編　民事訴訟法　第7章　判決の効力

主張や立証を当事者がしたとしても、裁判所もまたそのような主張や立証を取り上げることはできない。このことを既判力の**消極的作用**といい、**遮断効**または**失権効**とよぶこともある（判断があることを前提にするのが積極で、判断と矛盾する主張は許されないし、取り上げてもらえないから消極と覚えるとよい）。それぞれの作用について、具体的にみていこう。

| 前訴と後訴の訴訟物が同一の場合 |

① ケース1 で古都信の桂川和紙に対する800万円の貸金返還請求訴訟が提起され、請求棄却判決が確定したとする。ところが、古都信がのちに、桂川和紙に対して、同一の貸金返還請求権に基づいて、再度800万円の支払を求める訴えを提起したとする。この場合に、裁判所はどのように判断すべきだろうか。

② ケース1 で古都信の桂川和紙に対する800万円の貸金返還請求訴訟が提起され、請求認容判決が確定したとする。ところが、古都信がのちに、桂川和紙に対して、同一の貸金返還請求権に基づいて、再度800万円の支払を求める訴えを提起したとする。この場合に、裁判所はどのように判断すべきだろうか。

まず、①の事例において、訴訟物は古都信の桂川和紙に対する貸金返還請求権である。前訴の確定判決により、この訴訟物についての判断、つまり、**古都信が桂川和紙に対して800万円の貸金返還請求権を有していないという判断内容**に既判力が生じている。ところが、古都信はこの後、再び同一の訴訟物に基づいて800万円の支払を求める訴訟を提起している。このような場合を**前訴と後訴の訴訟物が同一の場合**とよぶ。このように前訴と後訴で訴訟物が同一の場面は、既判力

3 既判力　143

が作用する1つ目の場面である。どのように作用するかというと，裁判所は，古都信は桂川和紙に対して貸金返還請求権を有していないという前訴の既判力ある判断を前提として，後訴において，本案判決（請求棄却判決）をしなければならない。これが**積極的作用**である。また，古都信は，後訴の中で，自分たちは前訴と同一の800万円の貸金返還請求権を桂川和紙に対して有しているという主張をすることは許されない。これが**消極的作用**である。

以上を前提とすると，②の事例でも，古都信にはすでに既判力の基準時（⇒本章**4**）において，貸金返還請求権が存在するという確定判決が存在するので，前訴確定判決と同様の請求認容判決になりそうである。しかし，そもそもすでに確定判決という債務名義を得ていて強制執行ができるのに，再び債務名義を取得するための訴訟を行う必要性はない。したがって，②の事例では，既判力が問題になる以前の段階として，古都信の2つ目の訴えは，訴えの利益がないという理由で却下されることになる（訴え却下判決）。

訴訟物が同一でなくても既判力は作用する

既判力は，前訴と後訴の訴訟物が同一の場合のほかに，前訴の訴訟物が後訴の請求の先決問題である場合，後訴の請求が前訴の請求と矛盾抵触する関係にある場合にも作用する。

（ケース2）で織田が徳川に対して土地の所有権確認の訴えを提起し，織田の請求を認容する判決が確定したとする（前訴）。

①　その後に，織田が土地の所有権に基づく建物収去土地明渡しを求める訴えを提起したとする（後訴）。

②　その後に，前訴の被告だった徳川が同じ土地について，自分が

144　第**1**編　民事訴訟法　第**7**章　判決の効力

所有権を有していると主張して，織田に対して同土地の所有権確認の
訴えを提起したとする（後訴）。

　①は前訴の訴訟物が後訴の請求の**先決問題**として既判力が作用す
る場合である。この場合，前訴の訴訟物は織田の当該土地について
の所有権であり，後訴の訴訟物は織田の徳川に対する建物収去土地
明渡請求権であって，両者は同じではない。しかし，土地の所有が
織田にあるかどうかは，後訴における請求が認められるか否かを左
右する先決問題である。このような場合，前訴で土地の所有権は織
田にあることが確定しているのであるから，後訴の裁判所は，土地
の所有権は織田にあるという前訴確定判決の判断を前提として，後
訴の請求について判断をしなければならない。

　②は後訴の請求が前訴の請求と**矛盾抵触**するとして既判力が作用
する場合である。この場合，前訴の訴訟物は織田の当該土地の所有
権であるのに対して，後訴の訴訟物は，問題となっている土地は同
じでも，徳川の当該土地の所有権なのである。たしかに2つの訴訟
物は異なる。しかし，民法上の一物一権主義によって，ある土地に
ついて織田に所有権があると同時に徳川にも所有権があるというこ
とは生じえない。したがって，この前訴の請求と後訴の請求は矛盾
抵触の関係にあることになる。

　この場合，後訴の裁判所は，織田に所有権があると判断した前訴
の確定判決の内容を前提として後訴について判断をすることになる
し，仮にこれに反するような主張を徳川がしたとしても，その主張
は既判力によって遮断されるのである。

3 既判力　　145

4 既判力の基準時

既判力はいつの時点の判断について生じるか

実体法上の権利または法律関係は，時の経過とともに変動する。たとえば，ケース1では貸金債権が消滅することがある。このことは，訴えが提起されたあとでも同様である。そこで，裁判所におけるどの時点の権利などの存否の判断に既判力が生じるのかが問題となる。

結論から先に述べると，既判力は，**事実審の口頭弁論終結時の権利関係の存否の判断に生じる**。その時点が，**既判力の基準時**（または標準時）である（時的限界ともよばれる）。この時点が基準時とされるのは，次の理由による。

すなわち，民事訴訟で，裁判所は，当事者の主張した事実と提出した証拠に基づいて判断をしなければならないが，当事者がこのような判断資料を提出できる最終の時点（最も判断資料が充実した時点）は，事実審の口頭弁論終結時である。しかも，その時点の権利は，いわば最新のものであり，その判断が紛争解決にとって有益となる。したがって，その時点における権利などの存否の判断に既判力を生じさせるのが，当事者の手続保障からみても，また制度的にも合理的であるとされたのである。

このような考え方から，請求異議の訴え（⇒第*16*章5 **2**）を規定する民事執行法35条2項は，確定判決についての異議事由を前訴における事実審の口頭弁論終結後に生じたものに限ると規定している。

146　第*1*編　民事訴訟法　第*7*章　判決の効力

既判力の遮断効とは

基準時における権利などの存否について既判力が生じると，基準時よりも前に生じていた事実を主張することは，既判力により遮断されるが，基準時よりもあとに生じた事実を主張することは許されることになる。

ケース1 で，古都信が桂川和紙に対して貸金返還請求訴訟を提起し，古都信の貸金返還請求権の存在が認められるとして請求認容判決が言い渡され，これが確定したとする。この場合には，前訴の確定判決によって，基準時である事実審の口頭弁論終結時において，古都信が桂川和紙に対して貸金返還請求権を有していたという判断に，既判力が生じている。そこで，古都信が強制執行をしたのに対して，桂川和紙が，請求異議の訴えを提起したとする。この中で，基準時前に弁済したとの主張は，既判力により遮断されるが，基準時後に弁済したとの主張は，遮断されないことになるのである。

これが，先に述べた**既判力の遮断効**の問題である。既判力の基準時についてのイメージとしては，この時点の権利や法律関係の状態を，あたかも裁判所の判決という写真で写し取ったようなものと考えられる。

5 既判力の客体的（客観的）範囲

■ 判決の主文への限定（原則）

既判力は判決のどの部分の判断に生じるか

既判力とは，簡単にいえば，確定した判断内容についてもはや蒸

5 既判力の客体的（客観的）範囲　147

し返すことができないとする拘束力のことだが，この拘束力が訴訟の審理の中でなされたすべての判断について生じるわけではない。既判力が生じるのは，前訴の訴訟物についての判断についてだけである。

　114条1項は，主文に包含するものに限り，既判力を有すると規定している。この「主文に包含するものに限り」とは，訴訟物を意味すると解されている。判決のそれ以外の部分で示される判断（具体的には，判決理由中の判断）には，既判力が生じないということも意味する。このことを，既判力の客体的（客観的）範囲という。民事訴訟法において客体（あるいは客観）とは，請求のことを指す。

なぜ，理由中の判断には既判力が生じないのか

　判決理由中の判断には既判力が生じないとされているのは，既判力が生じる範囲を判決主文で示される訴訟物についての判断だけに限定しておくことで，当事者が，訴訟物をめぐる攻撃防御に集中することができるようにするためである。訴訟における当事者の一番の関心事は，訴訟物である権利関係についての判断（訴訟の結論）である。判決理由中の判断というのは，主文で示される結論を導き出すためのいわば道筋である。この部分については既判力が生じない，としておけば，当事者としてみれば，後訴の中でその事項については再度争うことができ，一度の訴訟の中ですべての道筋について徹底的に争うということをしなくても済むのである。また，裁判所も，訴訟物について判断をするにあたって，実体法上の理論的な順序にこだわらずに，弾力的かつスピーディーに判断を行うことができる。

ケース1 で，古都信の貸金返還請求訴訟において，被告である桂川和紙がすでに弁済したという抗弁とともに，消滅時効の抗弁を出しているような場合には，請求棄却という判決主文の判断にのみ既判力が生じ，理由中の判断には既判力は生じないので，裁判所は，たとえば審理が迅速にできる消滅時効の抗弁の方を認定して請求を棄却することができる。

② 判決理由中の判断でも既判力が生じる場合（例外）

理由中でも蒸し返せないのは……

114条1項は，既判力の客体的範囲の原則を示す規定であるが，同条2項は，その原則の例外にあたる規定である。つまり，相殺の抗弁についての判断は判決理由中で示されるが，この判断には，判決理由中で示されるにもかかわらず，例外的に既判力が生じるのである。このように，判決理由中の判断でも相殺の抗弁については既判力が生じるのは，仮に相殺の抗弁について判断した部分も原則通りに既判力が生じないとしてしまうと，相殺に供した債権を二重に行使できてしまうことになるので，これを防ぐためである。

相殺の抗弁に関する具体例

たとえば，XのYに対する200万円の支払請求訴訟において，Yが同じく200万円の反対債権を自働債権とする相殺の抗弁を主張した次頁の事例（⇒図表7-1）で，訴求債権（受働債権）の存在と反対債権（自働債権）の存在が認定され，相殺が認められたとする。この場合の判決主文は，「Xの請求を棄却する」となり，相殺についての判断は，判決の理由中で述べられるにすぎない。仮に，この理由中の判断に既判力が生じないとすると，Yは，また後日に別訴

5 既判力の客体的（客観的）範囲

| 図表7-1 | 判決理由中の判断と相殺の抗弁 |

訴求債権（受働債権）

X ⟶ Y

反対債権（自働債権）

判決主文：Xの請求を棄却する(114条1項による既判力は，訴求債権の不存在に生じる)

理　　由：相殺の抗弁を認める(114条2項による既判力は，反対債権の不存在に生じる)

を提起して，相殺に供した反対債権（自働債権）を訴訟物として，Xに対してその支払請求訴訟を提起することができることになってしまう。これが，先に述べたように，相殺に供した債権（反対債権・自働債権）を重ねて行使するということである。このような二重の債権行使を防ぐことが，114条2項の趣旨である。

❸　判決理由中の判断の拘束力と信義則

判決理由中の判断の拘束力とその必要性

　既判力の客体的範囲についての原則は，主文で示される訴訟物である権利関係の存在または不存在についての判断にのみ生じ，理由中の判断には生じないというものである。しかし，この原則を貫くと，敗訴当事者が，前訴で主要な争点として争った事項について再度，前訴とは異なる訴訟物を設定して後訴を提起し，実質的には前訴で争って否定された事項を争うために，紛争を蒸し返すことを防ぐことができなくなる。そこで，このような場合には，前訴の判決理由中で判断された事項について，後訴における拘束力を認める学説が提唱された。この学説の1つが，**争点効**の理論である。前訴で主要な争点として争い，判決理由中で判断された事項については，

150　第1編　民事訴訟法　第7章　判決の効力

後訴で再度争うことを禁止する学説である。

　しかし，判例は，特に理由を示してはいないが，争点効という効力を明確に否定した（最判昭和44・6・24判時569号48頁［百選79］）。

| 信義則による遮断 |

　このような判例の立場からでも，前訴と後訴の訴訟物が異なるため既判力が作用しないものの，実質的に前訴の蒸し返しになるような後訴を認めてよいとの結論になるわけではない。判例は，前訴と後訴とで訴訟物は異なるが，実質的には後訴が前訴の蒸し返しであって，前訴において主張することができたことなどを理由に，後訴を提起することは**信義則**に反するとして，訴えを却下している（最判昭和51・9・30民集30巻8号799頁［百選74］）。このように，訴訟上の信義則（2条）により，前訴の実質的な蒸し返しとなる後訴を遮断する判例法理が現在では定着している。ただし，判例は，あくまでそれぞれの事案ごとに，前訴と後訴における個別の事情が禁反言や権利失効といった信義則の内容に反すると判断された場合に，後訴が不適法却下されるとしている点に注意が必要である。

6　既判力の主体的（主観的）範囲

■　判決の相対効

　既判力の範囲について，既判力の主体的（主観的）範囲に関する問題がある。民事訴訟法で主体（または主観）という場合，これは人のことを指す。つまり，前訴の確定判決の判断は蒸し返すことができないという既判力の拘束力は，誰と誰との間に生じる効力なのかという問題である。ここでも，まずは原則を確認しておこう。

既判力は，請求をめぐって対立した原告と被告との間にだけ及ぶというのが主体的範囲に関する原則である（115条1項1号）。これを判決の相対効，または相対効の原則とよぶ。訴訟では，被告との間で請求を定立し，審理判断の範囲を特定するのは原告であり，事実を主張し証拠を提出して争ったのも当事者であるから，最終的な判決の結果についての拘束力も当事者間に生じることが基本だからである。

❷　第三者への既判力の拡張（例外）

｜ 訴訟で争った主体ではないけれど……　｜

上記の通り，訴訟の当事者間に生じるというのが既判力の主体的範囲に関する原則である。しかし，当事者間にのみ拘束力が生じるのでは不十分であり，当事者以外の第三者にも既判力を及ぼさなければならない場合がある。そこで，115条1項2号～4号は，当事者ではない第三者に既判力が及ぼされる場合を規定する。これを**既判力の第三者への拡張**という。

｜ 訴訟担当の被担当者　｜

115条1項2号は，当事者が他人のために原告または被告となった場合には，その他人に対しても効力を有すると規定する。「当事者が他人のために原告又は被告とな」るとは，つまり**訴訟担当**がなされたことを意味する（⇒第**2**章5❸）。同号は，訴訟担当がなされた場合に，訴訟担当者が当事者として受けた判決の効力が，訴訟追行をしていない**被担当者**にも拡張されることを規定している。

152　第**1**編　民事訴訟法　第**7**章　判決の効力

| 図表7−2 | 訴訟担当の場合 |

ケース1 で，古都信が，桂川和紙自体にはめぼしい資産がないが，比叡ふすま株式会社に対して桂川和紙が有している売掛債権を訴訟物として債権者代位訴訟を提起した場合（⇒第2章5❸）

古都信‥‥‥‥訴訟担当者：115条1項1号による「当事者」（＝原告）

訴訟担当

この判決の既判力を拡張

桂川和紙━━━━━━比叡ふすま株式会社‥‥‥‥115条1項1号による
　　　　　売掛債権　　　　　　　　　　　　　「当事者」（＝被告）

被担当者：115条1項2号における「他人」

口頭弁論終結後の承継人

115条1項3号は，口頭弁論終結後の承継人に既判力が拡張される旨を規定する。

ケース1 で，古都信が桂川和紙に対する800万円の貸金返還請求訴訟を提起したとする。古都信は，この訴訟の事実審の口頭弁論終結後，桂川和紙に対するこの債権を，大文字銀行に譲渡した。その後，古都信の桂川和紙に対する800万円の貸金返還請求を棄却する判決が確定した。

上記 ケース1 の例でいえば，口頭弁論終結後の承継人として，大文字銀行にも前訴判決の既判力が拡張される。したがって，この判断に矛盾する主張，たとえば，大文字銀行が桂川和紙に対して貸金返還請求権を有しているとして800万円の支払を求めることはできないのである。

口頭弁論終結後の承継人に既判力が拡張できる理由については議論がある。おもな理由としては，当初の原告と被告だけに既判力が

6 既判力の主体的（主観的）範囲　　153

及び，承継人には既判力が及ばないとすると，紛争解決に実効性が得られないことになってしまうことや，基準時の時点で訴訟物について一番強い利害関係をもっていた当初の当事者がした訴訟追行の結果について承継人が争うことができることにしてしまうと，相手方にとって著しく不公平になることがある。

請求の目的物の所持者

115条1項4号は，請求の目的物の所持者に既判力が拡張される旨を規定している。単に前訴当事者のために請求の目的物を所持している者，たとえば，管理人，同居人などの者は，その者自身がそれを所持することについて独自の利益をもっていない。このため，前訴判決の既判力を拡張しても，特に害される利益もないので既判力の拡張が認められているのである。

❸ 対 世 効

対世効とは，115条の規定によって既判力の及ぶ者の範囲を特定せずに，第三者一般について及ぶ判決の効力のことである。当事者間の権利関係を，多数の人たちの間で一律に定める必要がある場合に認められる。世間一般に対して効力が及ぶという意味で，このようによばれる。たとえば，人事訴訟の確定判決は，対世効をもつ典型的な例である（人訴24条1項）。

身分関係のほかでは，会社の組織に関する訴えにも対世効が認められている。ただし，株主総会決議取消の訴えのような会社の組織に関する訴えでは，請求認容判決のみに対世効が認められており（会社838条），請求棄却判決には対世効がないことから，片面的対世効とよばれている。

第 *8* 章　複数請求訴訟

これまで述べてきた民事訴訟の手続は，最も基本的な訴訟の手続であった。これに対して，本章と次章では，より複雑な訴訟の手続について説明する。それには，本章で説明するように，当事者間で争いになる訴訟上の請求が複数になる場合や，次章で説明するように，当事者が複数になる場合がある。前者が，複数請求訴訟であり，後者が，多数当事者訴訟である。これらをあわせて，複雑訴訟とよぶことができるが，本章では，まず複数請求訴訟について説明したい。

複数請求訴訟とは

　これまで述べてきた訴訟手続は，原告1人・被告1人・訴訟物1個という，いわば最も基本的な民事訴訟の形式を前提とした手続であった。ところが，現実の訴訟事件は，より複雑なかたちをとることも少なくない。原告1人・被告1人であっても，その間で求められる訴訟上の請求，すなわち訴訟物が，複数存在する場合もある。これが，複数請求訴訟であり，以下で述べる4つの形態がある。

　請求の併合は，訴訟の最初から複数請求訴訟となる場合であり，訴えの変更，反訴および中間確認の訴えは，訴訟の途中に複数請求訴訟となる場合である。

155

請求の併合とは

請求の併合とは，同一の当事者間（同一の原告・被告間）で，1つの訴えによって，複数の訴訟上の請求（訴訟物）を立てた訴えの形式をいう（136条）。複数の請求が，同種の手続によって審理判断されるものである場合に許される（ただし，人訴17条・32条参照⇒**第15章**）。

> **ケース1**　で，古都信が桂川和紙に対して，800万円の貸金債権だけではなく，別に300万円の貸金債権をも有している場合に，1つの訴訟で，両方の請求をする場合である。

このケースの併合形態は，**単純併合**とよばれる。

訴えの変更とは

訴えの変更とは，原告が，訴訟係属中に新たな請求の審理判断を求めることをいう（143条）。同一の当事者間で，訴えが変更される場合である。もとからの請求に加えて新たな請求の裁判を求めるものである。たとえば，原告が，土地の所有権確認請求訴訟で，土地の引渡請求の訴えを追加する場合などである。

反訴とは

反訴とは，被告が，もとからある原告の訴えを利用して，原告に対して提起する訴えをいう（146条）。この場合に，係属する訴訟を本訴という。反訴を提起する者を反訴原告とよび，その相手方を反訴被告とよぶ。

(ケース3) で，小早川は，石田に対して治療費等を支払ったので，債務は全くなくなったと考えた。ところが，石田がさらに金銭の支払を求めてきたことから，小早川は債務が全く存在しないことの確認請求訴訟（債務不存在確認請求訴訟）を提起した。この訴訟で，石田が，まだ債務があるとして，小早川に対して70万円の損害賠償請求の反訴を提起する場合である。

この事件では，小早川は本訴原告・反訴被告，石田は本訴被告・反訴原告とよばれる。

中間確認の訴えとは

中間確認の訴えとは，当事者が，相手方に対して，係属中の訴訟を利用して先決的な事項についての確認を求める訴えをいう（145条）。

(ケース2) で，織田が徳川に対して提起した建物収去土地明渡請求訴訟において，土地の所有権確認請求の訴えを中間確認の訴えとして提起する場合である。

第 *9* 章　多数当事者訴訟

前章で述べた複数請求訴訟は，当事者間で争いの対象となる訴訟物が複数ある場合の特別な規律をもった訴訟であったが，本章で述べる多数当事者訴訟は，当事者などが多数になる場合をいう。この場合に，原告や被告がそれぞれ複数存在する場合（共同訴訟の場合）もあれば，第三者が当事者または補助参加人として訴訟に加わる場合（訴訟参加の場合）などもある。これらの場合には，1原告対1被告といった基本的な手続では規律できない面があるので，特別な規定が置かれている。本章では，このような多数当事者訴訟について説明したい。

1　多数当事者訴訟とは

　ここで述べる多数当事者訴訟とは，1つの訴訟手続に訴訟関係者が3人以上関わる場合である。これは，次の3つに分類することができる。第一に，原告側や被告側が複数人の場合（共同訴訟の場合）があり，第二に，第三者が当事者または当事者に準じた者として訴訟に参加する場合（訴訟参加の場合）がある。また，第三に，訴訟手続の途中で当事者が交替し，訴訟が引き継がれる場合（訴訟承継の場合）もみられる。ただし，独立当事者参加の形式による参加承継のように，第二と第三の両方に位置づけられる場合もある。

　これらは，一般に，多数当事者訴訟とよばれるが，たとえば補助

158　第 *1* 編　民事訴訟法　第 *9* 章　多数当事者訴訟

参加人のように，当事者としてではなく，当事者に準じた者（準当事者）として訴訟に参加する場合も，多数当事者訴訟に含めて説明する。

図表9-1　多数当事者訴訟の種類

2　共同訴訟

| 共同訴訟とは |

　原告側や被告側の当事者が複数人である訴訟を，共同訴訟という（38条）。これは，大きく分けて，**通常共同訴訟**（39条）と**必要的共同訴訟**（40条）に区別される。両者には，共同訴訟人間の結びつきの強さの程度に応じて規律に違いがあり，その規律の違いは，当事者の手続保障の差異となって現れる。

　共同訴訟では，口頭弁論期日などの審理の期日が同一の日時に指定され，訴訟記録も統一される。

図表9-2　共同訴訟の種類

```
          ─通常共同訴訟（同時審判申出共同訴訟も含む）
          │   ＊共同訴訟人独立の原則
共同訴訟─┤                          ─固有必要的共同訴訟
          │                          │   ＊訴訟共同の必要あり
          ─必要的共同訴訟──────┤
              ＊合一確定の必要あり  │
                                      ─類似必要的共同訴訟
                                          ＊訴訟共同の必要なし
```

| 通常共同訴訟とは |

(1) 通常共同訴訟の概要

もともと個別に訴えを提起することができるが，複数の当事者の各請求間に一定の関連性があることから，併合して審理することが認められた共同訴訟の形態を，**通常共同訴訟**という。この場合には，各訴訟の攻撃防御方法に共通する部分があるため，一個の訴訟手続で審理できれば費用・時間・労力を節約することができる。併合された各訴えは，同一期日に審理され，そこでは，証拠を共通に用いることができる（共同訴訟人間の証拠共通の原則。これに対して，当事者間の証拠共通の原則⇒第*4*章3**2**）。

通常共同訴訟の手続を利用できるのは，原告間・被告間に一定の関連性がある場合である。これは，主観的（主体的）併合要件とよばれる。これには，①権利義務共通，②権利義務の原因共通（以上，38条前段），および，③権利義務同種（38条後段）の3種類の場合が規定されている（①・②と③との規律の違いについては，7条但書を参照）。

(2) 通常共同訴訟の規律

通常共同訴訟は，個別訴訟のいわば集合体にすぎないので，各共同訴訟人には，独立した訴訟追行が保障される。また，裁判所が弁論を分離することもできる（152条1項）。このような手続の規律を，**共同訴訟人独立の原則**という（39条）。

(3) 同時審判申出共同訴訟

同時審判申出共同訴訟は，複数の被告に対する法律上併存しえない関係にある訴訟上の請求について，原告の申出により，弁論および裁判を分離しないで行う共同訴訟である（41条1項）。

160　第*1*編　民事訴訟法　第*9*章　多数当事者訴訟

この例としては，ケース4に関し，仮に，松平純が，木村正の代理人と称する大野修から竹林を購入して代金を支払ったが，まだ移転登記を得ていない場合に，松平が，木村に対して所有権移転登記手続請求をするとともに，代理権の存在が認められない場合に備えて，大野に対して無権代理人の責任（民117条1項）を問うために，損害賠償請求の訴えを提起する場合である。

　これは，両請求の間に，一方が認容されれば他方が認容されないといった法的な関係があることから，判断が区々になって両方に敗訴することを避けたいとする原告の意思が尊重された手続である。

　上記ケース4の例で，仮に，松平の木村に対する移転登記請求の訴えと，大野に対する損害賠償請求の訴えが，別々に審理され判決された場合には，松平が両方の訴訟で敗訴することもありえるために，そのような両負けを回避するために認められたのが，同時審判申出共同訴訟である。このような事案では，大野の代理権が認められれば，松平は移転登記請求訴訟に勝訴でき，逆に，代理権が認められなくても，松平は損害賠償請求訴訟で勝訴できるという利益が，同時審判申出共同訴訟によって保護されるのである。

| 必要的共同訴訟とは |

(1)　必要的共同訴訟の種類

　これには，固有必要的共同訴訟と類似必要的共同訴訟がある。

　まず，**固有必要的共同訴訟**とは，関係者全員が当事者にならなければ，訴えが不適法として却下されるもの（**訴訟共同の必要**があるもの）で，共同訴訟人間の請求について，同じように（合一に）確定すること（**合一確定**）が必要とされる訴訟をいう。固有必要的共同訴訟は，関係者全員が当事者にならなければ当事者適格を満たさない共

2　共同訴訟　161

同訴訟の形態である。被告側の例として，取締役解任の訴え（会社855条）や，第三者が提起する婚姻無効・取消しの訴え（人訴12条2項参照）などがある。原告側の例として，入会権の確認訴訟などがある。

ただこの場合に，その規律を厳格に妥当させれば裁判を受ける権利（憲32条）が侵害される事態が生じかねないことから，例外的に，提訴に同調しない者（非同調者）を被告に回して提訴することも可能とされた（最判平成20・7・17民集62巻7号1994頁［百選92]）。

次に，類似必要的共同訴訟とは，請求について各自単独で訴えを提起することができるが，数名の者が訴えまたは訴えられた場合には，共同訴訟の形態をとる必要があり，合一確定の規律が保障されねばならない場合をいう。たとえば，数人の株主が提起する取締役等の責任追及の訴え（株主代表訴訟〔会社847条1項]，最判平成12・7・7民集54巻6号1767頁［百選96]）や複数の住民が提起する住民訴訟（地方自治法242条の2）などが，この例である。

(2) 必要的共同訴訟の規律

固有必要的共同訴訟であれ類似必要的共同訴訟であれ，共同訴訟人間の請求については合一に確定することが必要とされる。合一確定とは，共同訴訟人間で，判決内容が矛盾なく決められることを意味し，そのために，特別の規律が置かれている（40条）。たとえば，共同訴訟人の訴訟行為は，全員の利益においてのみ，全員に対してその効力が生じる（同条1項・2項）。

162　第1編　民事訴訟法　第9章　多数当事者訴訟

3 訴訟参加

訴訟参加とは

他人間の訴訟に第三者が自己の名で参加することを訴訟参加といい、この第三者を参加人という。訴訟参加が認められるのは、特定の訴訟の結果について利害関係をもつ第三者を保護し、紛争の一挙的かつ統一的な解決を可能にするためである。

訴訟参加には、**補助参加**（42条）、**独立当事者参加**（47条）、および、**共同訴訟参加**（52条）がある。

図表9-3　訴訟参加の種類

補助参加とは

(1) 補助参加の概要

訴訟の結果について利害関係を有する第三者が、当事者の一方を補助するために、訴訟に参加する形態を、**補助参加**という（42条）。ここでいう補助とは、補助参加人が行う訴訟行為が、被参加人のために効力を生じ、被参加人を勝訴させるように行動することを意味する。補助参加人は当事者ではないものの、補助参加をし、最終的には補助参加人自身の法的地位を守ることを目的とする。つまり、いわば「情けは人のためならず」を実践する手続である。なお、補

助参加人は，代理人ではない。

> ケース2 で，織田誠が徳川薫に対して，織田の土地の所有権確認請求
> 訴訟の係属中に，織田に土地を売った浅井広が，織田側に補助参加する場
> 合である。

(2) 補助参加の要件

他人間の訴訟の結果について，法律上の利害関係（補助参加の利
益）がある第三者が，補助参加をすることができる。訴訟の結果と
は，判決内容のことであり，また，「法律上の利害関係」とは，そ
の訴訟の判決が参加人の私法上・公法上の法的地位や法的利益に影
響を及ぼすおそれがある場合をいう。

(3) 判 決 効

補助参加訴訟の判決は，一定の制限の下で，補助参加人に対して
も，その効力を有する（46条）。これは，補助参加人が，十分な弁
論を尽くす機会が与えられた以上は，判決の効力を受け，被参加人
と補助参加人の間の後の訴訟において，補助参加訴訟の判決効に，
原則として拘束されることを意味する。補助参加人による敗訴責任
の共同負担の意味がある。この判決効は，**参加的効力**とよばれる。

> ケース1 で，債権者である古都信が保証人である近江木材に対して提
> 起した保証債務の履行請求訴訟に，桂川和紙が主債務の不存在を主張して
> 補助参加したものの，近江木材が敗訴した。その後に，近江木材が桂川和
> 紙に対して求償請求訴訟を提起した場合に，桂川和紙は，参加的効力によ
> って，もはや主債務が存在しないことを主張して争うことはできなくなる
> のである。

164　第 **1** 編　民事訴訟法　　第 **9** 章　多数当事者訴訟

独立当事者参加とは

(1) 独立当事者参加の概要

第三者が，他人間の訴訟における当事者の双方または一方を相手方として，自己の請求を立てて訴訟に参加し，原告，被告および参加人の三者間で，紛争を矛盾なく解決する手続の形態が，**独立当事者参加**である（47条）。

> **ケース2** に関して，織田誠が徳川薫に対して提起した土地の所有権確認請求訴訟の係属中に，その土地の真の所有者であると主張する毛利明が，織田と徳川に対して所有権確認請求を立てて，当事者参加をする場合などが，この例である。

独立当事者参加訴訟は，三者がいわば三つ巴になって争う形式をとる。このような訴訟を，二当事者対立構造に分解することなく，三者間の民事紛争を実情に即したそのままのかたちで訴訟手続にのせ，主張立証の機会を等しく与えることにより，三者間に一挙的で統一的な解決を可能にする手続である。それを実現するために，先に必要的共同訴訟で述べた合一確定の規律（40条1項〜3項⇒**2**）が準用されている（47条4項）。

なお，独立当事者参加では，当事者の一方のみに請求を定立して参加する**片面的独立当事者参加**という形態も認められている。

(2) 詐害防止参加と権利主張参加

独立当事者参加は，参加の理由により，詐害防止参加と権利主張参加に分けられる。**詐害防止参加**は，訴訟の結果によって権利が害されることを主張した当事者参加であり，**権利主張参加**は，訴訟の目的の全部または一部が自己の権利であることを主張した当事者参

3 訴訟参加　165

加をいう。(1)であげた ケース2 の事例は，権利主張参加の例である。

(3) 訴訟脱退

これは，独立当事者参加が行われた場合に，参加前の原告または被告が，相手方の承諾を得て，訴訟から脱退することをいう（48条前段）。この場合に，残った当事者間に言い渡された判決は，脱退した当事者に対しても効力を有する（48条後段）。

| 共同訴訟参加とは |

第三者が，係属中の訴訟に，原告または被告の必要的共同訴訟人として参加することを，共同訴訟参加という（52条）。この参加形態は，第三者の参加後に，必要的共同訴訟となる場合に認められる。

| 訴訟告知とは |

訴訟告知とは，訴訟の係属中に，当事者（告知者）から，訴訟参加をすることができる第三者（被告知者）に対して，訴訟が係属していることを知らせる行為をいう（53条）。

ケース2 において，織田が，徳川との間の建物収去土地明渡等の請求訴訟の係属中に，土地の売主である浅井広に訴訟告知をすることがある。この訴訟告知によって，告知者は，被告知者に対して，一定の場合に参加的効力を及ぼすことができ（53条4項），統一的な紛争解決への道筋をつけることができる。

166　第1編　民事訴訟法　第9章　多数当事者訴訟

4 訴訟承継

訴訟承継とは

訴訟承継とは，訴訟係属中に，新しい当事者が訴訟を受け継ぐことをいう。訴訟承継は，法に定められた当事者変更であり，一定の事由が生じれば当然に生じる当然承継と，当事者の申立てによって行われる承継（ここでは，申立承継とよぶ）がある。この承継には，第三者が積極的に既存の訴訟に参加して行われる参加承継と，既存の訴訟の当事者が第三者に訴訟を引き受けるように申し立てて行われる引受承継がある。

図表9-4　訴訟承継の種類

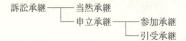

当然承継とは

当然承継とは，承継人が，当事者である前主の法的地位を包括的に承継する結果，当事者適格を承継する場合である（124条が，この場合の訴訟手続の中断や受継について定めている）。

ケース2で，織田誠の建物収去土地明渡請求訴訟の係属中に，織田が死亡し，その相続人である織田忠が承継人となる場合等がこれにあたる。

申立承継とは

これには，第三者による訴訟参加の申立てにより，その者が承継人として新たな当事者の地位につく**参加承継**と，既存の訴訟当事者による訴訟引受けの申立てにより，第三者が新たな当事者の地位につく**引受承継**がある（49条〜51条）。

> (ケース1) で，古都信が桂川和紙に対して提起した貸金返還請求訴訟の係属中に，古都信が大文字銀行にその貸金債権を譲渡したので，大文字銀行が桂川和紙に対して貸金返還請求訴訟を提起して，その訴訟を承継するような場合が，参加承継である。
>
> また，(ケース4) において，木村正が松平純に対して提起した抹消登記手続請求訴訟の係属中に，松平が本多守に登記名義を移転したが，本多が参加申立てをしないことから，木村が，本多に対して訴訟手続を引き受けるように申立てをする場合が，引受承継である。

第10章 上訴・再審

裁判所が終局判決などの裁判をした場合，当事者がそれに納得するとは限らない。そこで，たとえば，地方裁判所の第一審判決で請求が認められなかった原告は，高等裁判所に控訴という方法で不服を申し立てることができる。このような控訴は「上訴」の一種である。上訴は，裁判官も人間である以上，誤った裁判をしないとは限らないことを前提に，裁判がより正確なものとなるようにし，当事者の裁判への納得を確保し，裁判制度への人々の信頼を高めるための制度である。本章では，このような上訴について説明するとともに，特別の不服申立ての方法である再審についても述べる。

1　上訴とは何か

❶　当事者による不服申立ての方法

当事者の不服申立ての機会としての上訴

ケース1 で，桂川和紙を被告として800万円の支払を求める訴えを起こした古都信は，第一審判決で，500万円の請求しか認容されず，残りの300万円の請求が棄却された。古都信は，800万円全額が認められるべきであると考えているので，第一審判決に不服である。

> このような場合に，古都信は，控訴という方法で不服を申し立てること
> ができる。

　裁判所の終局判決（⇒**第6章3❶**）に対して不服がある当事者が，
自分の言い分について，別の裁判所に見直してもらい，より有利な
判決を得たいと考えたとしよう。その機会を当事者に与えるのが上
訴という制度である。上訴にはいくつかの種類があり，それを理解
するには，日本の裁判制度の基本的な仕組みである**三審制**について
知っておく必要がある。また，判決以外の裁判（決定・命令）にも
上訴が許される場合があるので，そのことにも触れる。

三審制とは

　三審制とは，第一審，第二審，第三審という三段階の裁判所での
審理と判決を基本とする制度である。裁判所は，事実を認定し，そ
れに法律を適用して判決をする（⇒**第5章1❹**）。日本の民事訴訟の
三審制では，第一審と第二審の裁判所はそれぞれ事実認定をした上
でこれに法律を適用するので**事実審**といわれ，第三審の裁判所は，
第二審の裁判所が認定した事実を前提として（321条1項），その事
実にどのように法律を適用すべきかを判断するのが主な役割である
ので**法律審**といわれる。

　このような三審制の下，民事訴訟の判決に対する上訴には，**控訴**
と**上告**の2種類がある。控訴は，第一審裁判所の終局判決に対する
第2の事実審裁判所への上訴のことをいう。控訴を受けた第2の事
実審のことを**控訴審**という。上告は，終局判決に対する法律審への
上訴のことをいい，主として，控訴審の終局判決に対する第三審へ
の上訴である（ただし，高等裁判所が第一審として判決をする場合もあり，

このような判決に対する最高裁判所への上訴も上告である)。上告を受けた法律審のことを**上告審**という。したがって,日本の民事訴訟の三審制は,第一審,控訴審,上告審からなる。

審級制度

　民事訴訟の第一審の事物管轄は,請求の目的(訴訟物)の価額によって,地方裁判所または簡易裁判所に決まる(⇒**第1章2**)。控訴審や上告審をどの裁判所が管轄することになるかは,第一審が地裁か簡裁かによって異なる。地方裁判所が第一審の事件の場合,控訴審は高等裁判所,上告審は最高裁判所に管轄がある。簡易裁判所が第一審の事件では,控訴審は地方裁判所,上告審は高等裁判所が管轄する。根拠条文を含めて図示すると,次の図(⇒図表10-1)のようになる(図中にある「上告受理申立て」については,本章**3**で説明する)。

図表10-1　審級制度

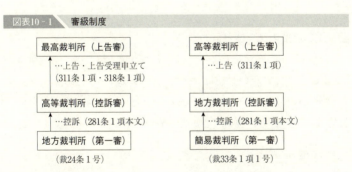

※当事者が上告権を留保して控訴をしない旨の合意(281条1項但書)をした場合に,第一審判決に対して直接上告をすることも認められている(311条2項)。これを「飛越上告」という。
※高等裁判所が上告審である場合(右側の図)に,その判決に憲法違反があることを理由として最高裁判所にさらに上告をする特別上告という制度がある(327条1項)。これは最高裁判所が憲法適合性についての終審裁判所であるという憲法81条の定めに基づいている。

1 上訴とは何か　171

| 人事訴訟の場合 |

　第*15*章で説明する「人事訴訟」の第一審の管轄は家庭裁判所にあり，控訴審は高等裁判所，上告審は最高裁判所が管轄する。前頁（⇒**図表10‐1**）の左の図の「地方裁判所」の代わりに「家庭裁判所」を入れることになる（第一審の根拠条文は裁判所法31条の３第１項２号である）。

| 決定・命令の場合 |

　さらに，訴訟手続の中でされる裁判には「決定」や「命令」もあり（⇒**第*6*章3❶**），これらに対する上訴は**抗告**である。抗告は，家事審判や民事執行・民事保全の手続における上訴手段でもある（⇒**第*14*章2・第*16*章5❶・第*17*章2❹**）。

　本章では，**2**以下で，控訴，上告，抗告の順で説明をする。

❷　上訴制度の必要性と目的

　以上のような控訴，上告，抗告をあわせて**上訴**という。上訴は，「まだ確定していない裁判に対して，その取消しまたは変更を上級裁判所に求める不服申立て」である。そして，上訴制度の必要性や目的は，次のように説明できるだろう。

| 上訴制度の必要性 |

　上訴制度は，なぜ設けられているのだろうか。第一審の終局判決で敗訴判決を受けた当事者の中には，その判決を不満に思い，別の裁判官の判断を受けたいと考える人がいるであろう。また，裁判官も人間であるので，判断を誤ることもある。そこで，複数の段階を

経る慎重な手続を用意して裁判がより正確になるようにする必要がある。そして，当事者が自分の言い分について再度判断を受ける機会を与えられれば，裁判に対する納得の度合いも高まることになる。このように，上訴制度は，訴訟手続や裁判の内容が誤っている可能性があることを前提にして，これを改める機会を設けることにより，裁判の適正をより高度に確保し，当事者の権利の保護，ひいては裁判制度に対する信頼を増そうとするものである。

判決確定の必要性

　もっとも，裁判に対して何度でも不服申立てができるようにすることに問題があることは明らかである。いつまでたっても裁判が最終的なものとならないとすると，不服申立てをする人の相手方にとっては，勝訴してもその利益がいつまでも守られないことになるし，制度を運営する裁判所（国）の側でも費用や労力がかかって仕方がないだろう。そこで，上訴には一定の要件が設けられ，また，上記のような三審制という枠組みが制度化されているのである。

　このことから，上訴が可能な間は，判決は確定しないが，上訴の手段が尽きると判決が確定し（116条参照），それ以上の不服申立ては原則としてできなくなる（判決の確定につき⇒**第6章3 3**）。ただし，特別な場合には，上訴とは異なるものとして，確定した判決に対する不服申立ても可能とされており，それが再審の制度である（⇒本章**5**）。

上訴制度の目的

　これらの上訴制度の必要性や枠組みを前提にして，控訴制度の目的や上告制度の目的はそれぞれ何だと考えればよいだろうか。控訴制度の目的は，第一審の違法または不当な裁判からの当事者の救済

1 上訴とは何か　173

である。上告制度の目的は，当事者の救済に加えて，特に最高裁判所が上告審になる場面を考えると，裁判所による法令の解釈適用を統一して裁判に対する人々の予測可能性を高めることも含むことになる。

2　控　訴

∎　控訴の要件

　控訴の要件として重要なものは，控訴期間内に控訴がされたこと，および，控訴の利益（⇒**2**）である。控訴の要件が欠ける場合は，控訴が却下される（控訴却下判決は訴訟判決の一種である。判決の種類について⇒**第6章3∎**）。

　控訴の提起は，控訴人が控訴状を第一審裁判所に提出してする（286条1項）。第一審裁判所は，控訴が不適法でその不備を補正できないことが明らかであるときは，決定で控訴を却下しなければならない（287条1項）。控訴期間は，原則として判決書の送達を受けた日から2週間以内であるので（285条），それよりも後に提起された控訴は，第一審裁判所の決定によって却下されることになる。

❷　控訴の利益

　控訴は，控訴をしようとする者が，原判決に対して控訴をする客観的な必要性を有する場合にのみ適法となる。このような必要性のことを控訴の利益という（訴えの利益について⇒**第3章3**）。控訴の利益について明文の規定はないが，原判決を取り消してもらう必要がない者に控訴を認めるのは不適切であるので，控訴の要件であると解されている。控訴の利益を欠く者の控訴は，不適法なものとして却下される。

　第一審での請求についての当事者の申立てと判決とを比較し，第

174　第*1*編　民事訴訟法　第*10*章　上訴・再審

一審判決が申立てよりも小さい場合に，その当事者は控訴の利益を有する。たとえば，第一審で原告の請求を全部認容する判決がされた場合には，被告は控訴の利益を有するが，原告は控訴の利益を有しない。第一審で原告の請求を全部棄却する判決がされた場合，原告は控訴の利益を有するが，被告は控訴の利益を有しない（相殺の抗弁による棄却判決〔⇒**第7章5☑**〕の場合等の例外はある）。

> 本章の冒頭（⇒169頁）にあげた，古都信が桂川和紙に対して800万円の支払を求める訴えについて，500万円の請求を認容し，残りの300万円の請求を棄却した第一審判決には，古都信も桂川和紙も，第一審ではより有利な判決を求めていたわけであるから，いずれも控訴の利益を有する。

☑　控訴審の審理と判決

｜続審制｜

控訴審の裁判所は，第一審で提出された訴訟資料（296条2項・298条1項参照）と控訴審で新たに提出された訴訟資料の両方を判断の資料とする。このような審理の方法を**続審制**という。口頭弁論は，当事者が第一審判決の変更を求める限度においてのみ実施される（296条1項）。

｜控訴審の判決｜

そして，控訴人の不服申立てに理由がなければ，第一審判決が相当であるということになり，控訴審の終局判決で控訴が棄却される（302条）。他方，裁判所が，控訴人の不服申立てに理由があると判断すれば，第一審判決を取り消し，自ら請求について判断をするか，

2 控訴　175

原審（第一審）に事件を差し戻すことになる（305条〜308条）。

不利益変更禁止の原則

このような第一審判決の取消しは，控訴人の不服申立ての限度で
のみされる（304条。なお，同条には「変更」という語も用いられている
が，第一審判決と異なる金額の請求を認容する場合などのことを指し，「取
消し」と実質的な違いはない）。この仕組みは，特に，相手方が不服申
立てをしていないにもかかわらず，不服申立てをした者（控訴人）
にとって第一審よりも不利な判決をしてはならないという意味で，
不利益変更禁止の原則を表すものとされている（不利益変更禁止の原則
は，当事者の申立てに裁判所が拘束されるものであるから**序 1**の処分権主
義の1つのあらわれである）。

たとえば，本章の冒頭（⇒169頁）にあげた例（古都信が桂川和紙に対して
800万円の支払を求める訴えを起こし，第一審判決が500万円の請求を認容し，残り
の300万円の請求を棄却した例）で，古都信が控訴したが，桂川和紙は控訴を
しなかった場合に，控訴審の裁判所は，古都信の権利として認められるの
は500万円よりも低い金額であると判断したとしても，そのような金額の
判決に第一審を変更するならば，控訴人（古都信）にとっての不利益変更
になるので，304条に反して違法な判決となる。この場合，裁判所として
は，「500万円よりも高い金額が認められるべきであるという古都信の控訴
には理由がない」という意味で，控訴棄却の判決をする。

附帯控訴

また，このような場合に，被控訴人は，控訴期間内に控訴をしな
かったとしても，口頭弁論終結までに**附帯控訴**（293条1項）という
方法で，不服申立てをすることができる。附帯控訴は，相手方の控

訴に応じて被控訴人が不服申立てをする方法であり，このような附帯控訴があれば，原判決について，附帯控訴をした者にとって有利な方向での変更（控訴人にとって不利な変更）も可能となる。

本章の冒頭（⇒169頁）にあげた例で，古都信が控訴したのに対し，桂川和紙が請求全額の棄却を求めて附帯控訴をしていれば，裁判所は，原判決を取り消して，500万円よりも低い金額を認容する判決（あるいは，請求全部棄却の判決）もできることになる。

3　上　告

■　上告理由と上告受理申立ての理由

上告理由

前に述べた本章 1 のように，上告は判決に対する法律審への上訴であり，上告審は法律審である。そうすると，当事者が上告の理由とできる事項（これは**上告理由**といわれる）は，法律上の事項に限られる。上告理由は，以下でみるように民事訴訟法に定められており，当事者が上告理由を主張することが上告の適法要件となる。したがって，上告人がそのような上告理由を主張しなければ，上告が不適法なものとなる。

憲法違反・重大な訴訟手続上の違法

最高裁判所への上告と高等裁判所への上告の共通の上告理由は，判決に憲法違反があること（312条 1 項）および一定の重大な訴訟手続上の違法があること（同条 2 項各号が定めている違法。同項所定の理

3　上　告　177

由を**絶対的上告理由**という）である。これらは，いずれも重大な法律
違反であるので，判決の結論に影響を及ぼすかどうかにかかわらず，
上告理由となる。重大な訴訟手続上の違法の例として，控訴審判決
をした裁判官に除斥原因（⇒**第1章1**）があったことなどがあり，
これは，法律により判決に関与することができない裁判官が判決に
関与したこと（同項2号）の例である。

その他の法令違反

その他の（上記の憲法違反にも絶対的上告理由にもあたらない）法令違
反が上告理由になるかどうかについて，民事訴訟法は，高等裁判所
への上告の場合と最高裁判所への上告の場合と（その区別は，前に述べ
た本章1**I**の審級制度〔⇒**図表10‑1**〕参照）で異なる取扱いをしている。

高等裁判所への上告については，判決に影響を及ぼすことが明ら
かな法令の違反が上告理由となる（312条3項）。これに対し，最高
裁判所への上告では，これと同じ上告理由は定められていない。最
高裁判所への上告では，控訴審判決に影響を及ぼすことが明らかな
法令の違反があることを主張するだけでは，適法な上告と扱われな
いのである。これは，現行民事訴訟法が，最高裁判所が違憲審査権
の行使や法令解釈の統一等の本来の役割を十分に果たすことができ
るようにするため，憲法違反にも絶対的上告理由にもあたらない法
令違反を最高裁判所への上告理由から外して，その負担を減らそう
としたことによる。これに代わる方法として，次に述べる上告受理
の申立てがある。

最高裁判所への上告受理の申立て

当事者は，高等裁判所の控訴審判決に法令解釈の誤りがあると主

張しても，それが憲法違反にも絶対的上告理由にもあたらないものであるとすると，最高裁判所の判断を一切受けることができないのだろうか。結論としては，そういうわけではない。そのような場合，当事者は，上告受理申立ての方法によって最高裁判所に不服を申し立てることができる（318条1項）。**上告受理申立て**は，原判決に判例違反等の法令の解釈に関する重要な事項を含むことを理由としてされる。最高裁判所は，裁判で問題となる法令の解釈を統一する役目を担っているので，重要な法律問題を含む高等裁判所の判決について上告受理申立てがあれば，一定の解釈を判決で示すことにより，その役目を果たすことができる。逆にいうと，当事者が法令解釈の問題を提起して上告受理申立てをしても，最高裁判所は，裁判所の法令解釈が固まっていて，特にそれを変更する必要がないなど，重要な事項とはいえないと判断する場合には，上告審として受理しないとの決定（上告不受理決定）をすることになる。

このように，上告受理申立てを受けた最高裁判所は，そのような重要な法律問題を含むかどうかという見地から，上告を受理するかどうかの決定をすることになる。最高裁判所が上告受理決定（318条1項）をすれば，これによって上告があったものとみなされる（同条4項）。あとは，通常の上告の場合と同様に，審理と裁判がされることになる。

コラム

上告受理申立ての制度の趣旨と機能

　現行の民事訴訟法が制定される前の旧民事訴訟法下では，実質的には原判決の事実認定の結果に対する不服を主張するにすぎない上告が，上告理由であった法令違背（旧法下の用語）の名の下に数多く提起されると

3 上 告　179

いう状況にあり，そのことが最高裁判所の負担が大きすぎることの1つ
の理由となっていた。現行民事訴訟法は，上告理由を制限してその負担
を軽減する一方で，最高裁判所が法令解釈上の重要問題についてきちん
と判断できるように，上告受理申立ての制度を設けた。最高裁判所は，
上告受理申立てで，旧法下の上告でみられたような事実認定に対する不服
が主張されても，簡易迅速に申立てを受理しない決定をすることになる。

　実際に，上告受理申立てを受けた最高裁判所が上告を受理し，上告審
判決をすることで重要な法令解釈を示した事例は多い。たとえば，認知
症患者が鉄道の線路に立ち入って列車と衝突して死亡し，鉄道会社が列
車の遅延等による損害の賠償を家族に請求した事件で，家族が責任を負
うべき場合について一定の基準を示し，その事件の結論としては家族の
責任を否定した判例（最判平成28・3・1民集70巻3号681頁）がある。

❷　上告審の審理と裁判

｜ 上告審の判断の対象 ｜

　上告裁判所は，上告の理由に基づき，不服の申立ての限度でのみ
調査をする（320条）。上告審は法律審であるので，法律問題について
のみ判断をする。したがって，原判決が適法に確定した事実は上告
裁判所を拘束する（321条1項）。ただし，職権調査事項（⇒**第4章❻**）
については，原判決が確定した事実の拘束力は働かない（322条）。

｜ 上告審の審理と判決 ｜

　上告審の審理は原則として書面による。上告裁判所は，書面審理
の結果に基づき，上告却下決定（317条1項），上告棄却決定（同条2
項。最高裁判所に限る），上告棄却判決（319条）という裁判ができる。
　しかしながら，上告に理由があるなど，原判決が不当である場合

には，上告裁判所が，原判決を破棄し，事件を原審に差し戻すか（325条1項・2項），または，自判する（326条）旨の判決がされる。この「自判」とは，原裁判所がすべきであった判決（たとえば，第一審判決の取消しと請求認容の判決，控訴棄却の判決等）を上告裁判所自らがすることである。上告裁判所が原判決を破棄する際には，口頭弁論を経なくてよいという明文の規定はないので，原則（87条1項本文）に従い口頭弁論を開く必要がある。最高裁判所が口頭弁論を開くと，原判決が覆るのではないかという予測が報道されることがあるのはこのような理由による。

また，上告裁判所が控訴審判決を破棄するのも，その判決に法令違反がある場合に限られる。控訴裁判所による証拠の見方などの事実認定の方法が違法であったこと（証拠の評価が経験則に従っていなかったことなど。自由心証主義との関係について⇒**第5章1 4**）も，控訴審判決に法令違反があった場合の一例であるので，その違反がなければ判決の結論が違うものになっていたことが明らかな場合には，上告審は控訴審判決を破棄することになる。この場合には，控訴審による事実認定の誤りが法律審で正されることになる。前の項でみた原審が確定した事実の拘束力は，その確定方法が適法であった場合に限られるのである。

4　抗　告

■　上訴としての抗告

即時抗告と通常抗告

控訴は，第一審の終局判決に対してすることができるが，終局判

決に至るまでの訴訟手続においては，様々な中間的な裁判が決定や命令という形式でされることがある（裁判の種類について⇒**第6章31**）。これらのうち，終局判決に向けた審理の内容と分離することが可能で，その時点で決着をつけておくことが必要な一定の決定に対しては，上訴の一種である**抗告**ができる。たとえば，移送に関する決定（21条），除斥または忌避を理由がないとする決定（25条5項），補助参加の許否についての決定（44条3項）である。また，訴状却下命令（137条2項）に対しては，そこで上級審の判断を受けないと，終局判決がされずに訴訟が終わってしまうので（⇒**第3章42**），抗告が認められる（同条3項）。以上は，抗告期間の定めがある**即時抗告**（332条）の例である。

> たとえば，（**ケース1**）に関する**第1章2**の例（⇒24頁）で，近江木材の移送申立てについて大阪地裁が却下する決定をした場合，近江木材は大阪高裁に即時抗告をすることができる。

また，訴訟引受申立て（50条1項）や受継申立て（128条1項）をそれぞれ却下した決定のように抗告期間の定めのない**通常抗告**が可能なものもある（328条1項）。

| 抗告ができない決定 |

これに対して，終局判決との関連性が密接であり，終局判決の内容に直接的に影響する可能性の高いもの（たとえば，攻撃防御方法を157条1項により却下した決定〔⇒**序1**〕，証拠申出を取調べの必要がないとして却下した決定〔⇒**第5章31**等〕）については，終局判決の内容の当否とともに控訴審の判断を受けるべきであるので（283条参照），独立の不服申立てである抗告の対象とはならない。

182　第1編　民事訴訟法　第10章　上訴・再審

文書提出命令申立てについての決定と即時抗告

　証拠の採否の決定であっても，文書提出命令の申立てについて文書提出義務の存否を判断した決定（⇒**第5章3②**）に対しては，即時抗告が認められている（223条7項）。文書提出義務の存否は重要な事項であるので，これについて終局判決に先立って上訴審の迅速な判断が得られるようにされているのである。

　たとえば，**第5章3②**の（ケース1）の展開例（⇒120頁）による文書提出命令申立てを地方裁判所が却下した場合，桂川和紙は高等裁判所に即時抗告をすることができる。

再抗告

　簡易裁判所がした決定に対して抗告（即時抗告または通常抗告）がされ，これを受けた地方裁判所が決定をしたのに対し，さらに不服がある当事者は，上訴の一種である**再抗告**ができる。

　注意をしなければならないのは，地方裁判所がした決定に対して抗告がされ，これを受けた高等裁判所がした決定に対しては，最高裁判所に再抗告ができないことである。最高裁判所の裁判権については裁判所法7条が定めており，抗告については，同条2号が「訴訟法において特に定める抗告」に権限を限定している。再抗告は，いわば普通の抗告であって「特に」定められた抗告ではないことから，最高裁判所は再抗告についての裁判権を有しないのである。

② 許可抗告

　許可抗告（337条）の制度は，高等裁判所の決定および命令に対し

4 抗告　183

て，その高等裁判所が許可をした場合には，最高裁判所に特に抗告ができるというものである。上の項で述べた裁判所法7条2号の「特に定める抗告」の1つであるので，最高裁判所に裁判権がある（民事訴訟法には，もう1つ，憲法違反を理由とする特別抗告（336条）が「特に」定められている）。許可抗告は，決定や命令によって判断される重要な法律問題について，最高裁判所が法令解釈統一の機能を果たすことができるように設けられた制度である。

許可抗告は，民事訴訟法に基づく決定との関係では，特に文書提出義務（⇒第**5**章3**2**）に関して多くの判例の生成に結び付いている。また，民事執行法，民事保全法，破産法，家事事件手続法等に基づく決定についても許可抗告が用いられており，最高裁判所の判例を生成する上で重要な役割を果たしている。

5 再 審

| 再審とは

再審は，確定した終局判決を取り消して，審理と判決をやり直すことを求める不服申立ての方法である。判決が確定すれば，既判力等の判決効を生じ（⇒第**7**章**2**・**3**），これに基づいて権利が保護され，紛争が解決することになる。このようにして法的な安定性がもたらされ，訴訟の実効性が確保される。しかし，確定判決の基礎となった手続，資料等に一定の重大な問題がある場合にまで，これが取り消されないと，正義の要請に適わないことになり，かえって裁判制度に対する信頼を損ねてしまう。そこで，通常の不服申立ての方法である上訴（⇒本章**1**）の制度とは別に，特別の（非常の）不服

申立ての制度として，法が特別に認めた再審事由がある場合に，当事者の申立て（再審の訴え）により，判決を取り消して，審理と判決をやり直す再審の制度が設けられているのである。

| 再審事由 |

再審事由は，民事訴訟法338条1項各号に定められている。たとえば，除斥原因（23条1項各号）があるなどの理由で判決に関与してはならない裁判官が判決をしたこと（338条1項2号），脅迫を受けるなど刑事上罰すべき他人の行為によって判決に影響を及ぼすべき攻撃防御方法の提出が妨げられたこと（同項5号），判決が既判力に反すること（同項10号）などである。

当事者の手続保障との関係では，被告が訴状の送達（⇒**第3章4
❸**）の不備などにより訴訟手続に十分に関与できなかった場合に，当事者の代理人として訴訟行為をした者が代理権を欠いていた場合と同様に同項3号の再審事由にあたるとした判例（最判平成4・9・10民集46巻6号553頁［百選111］，最決平成19・3・20民集61巻2号586頁［百選38］）が重要である。

なお，再審事由がある場合であっても，当事者が控訴または上告によりそれを主張したが認められなかったときや，それを知りながら主張しなかったときには，再審の訴えでこれを主張することはできない（同項但書）。これを**再審の補充性**という。

| 再審の手続 |

再審の訴えは，対象となる判決をした裁判所に提起する（340条1項。期間の制限について342条参照）。再審の訴訟手続には，その性質に反しない限り，各審級における訴訟手続に関する規定が準用され

る（341条）。

　裁判所は，再審の訴えが不適法である場合（たとえば，期間制限に反する場合）には，決定でこれを却下し（345条1項），再審事由がない場合には，決定で再審の請求を棄却する（同条2項）。

　他方，再審事由がある場合には，再審開始の決定がされる（346条1項。そのためには，相手方の言い分を聴くための審尋を要する。同条2項）。そして，再審開始の決定が確定した場合には，裁判所は，不服申立ての限度で本案の審理および裁判をする（348条1項）。この本案の審理と裁判は，再審の訴えがされた確定判決の対象となっていた訴訟物に関するものである。そして，その場合でも（再審事由があっても），確定判決の結論が正当であるという判断に至ることはあるので，そのときは再審の請求が棄却されることになる（同条2項）。これに対し，裁判所が確定判決の結論が正当でないと判断する場合には，確定判決を取り消して，さらに正当と認める裁判をすることになる（同条3項）。

　このように，再審の手続は，再審を開始するかどうかを判断する段階（再審事由の存否が問題となる）と，再審が開始された場合に確定判決を正当とするか否かを判断する段階（確定判決の本案の判断の当否，すなわち，訴訟物の存否が問題となる）との二段階に分かれている。

第 *11* 章 迅速な特別手続

これまで説明してきた訴訟制度は，大規模な事件にも対応できるように，制度が重厚なものとなっている。他方，民事訴訟法には，紛争がより小規模である場合のために，その規模に見合った時間的・経済的負担で，より簡易かつ迅速に権利を実現するための手続が存在し，これまで説明してきた訴訟手続と区別される。さらに，2022年改正法では，両当事者の合意に基づき所定の期間内に判決まで至る新たな制度が創設されたため，あわせて紹介する。

1 少額訴訟

1 少額訴訟とは

ケース3 において，事故による石田の損害額が50万円であった。このとき，石田が小早川に50万円の支払を求めるにはどのような手続によることが考えられるか。

第 *1* 章で述べた通り，争われている額（訴額）が140万円以下の場合，簡易裁判所で訴訟が行われる（事物管轄につき⇒第 *1* 章 **2**）。簡易裁判所での訴訟手続については，訴え提起や証拠調べなどに関し，訴訟をより簡易なものとするための特則が定められている。

しかし，以上の規定をもってしてもなお，原告としては手続が重

厚に感じられ，裁判を差し控えてしまうかもしれない。そこで民事訴訟法は，特に小規模な事件（訴額が60万円以下の事件）をさらに簡易かつ迅速に処理するために，**少額訴訟**という制度を設けている（民訴368条）。

> ケース3 のような場合，石田にとっては，訴額が50万円と少額であることから，この少額訴訟を利用することで，簡易かつ迅速に判決を得て，執行することができれば便利である。

② 少額訴訟の提起

原告は，少額訴訟による審理および裁判を求める場合は，訴えの提起をする際にその旨の陳述をする（368条2項）。

少額訴訟を利用できるのは，**訴額60万円以下の金銭の支払を求める事件に限られる**（同条1項本文）。もっとも，訴額が60万円以下であるからといって少額訴訟によらなければならないわけではなく，簡易裁判所での通常の訴訟手続によることもできる。また，原告が少額訴訟を提起しても，被告が通常の訴訟手続で訴訟を行うよう申し立てた場合，訴訟は簡易裁判所の通常の訴訟手続に移行する（373条1項・2項）。

少額訴訟は，同一の原告につき同じ簡易裁判所で**年10回**を超えて提起することはできない（368条1項但書，規223条）。クレジット会社など訴訟を普段から利用している者のためではなく，一般市民にとって訴訟を使いやすくするように発案されたものだからである。また，手続の簡略化のため，反訴（⇒**第8章**）の提起は禁じられている（369条）。

188　第**1**編　民事訴訟法　第**11**章　迅速な特別手続

3 審　理

　少額訴訟の審理も，通常の訴訟事件と同様，口頭弁論により行われる。もっとも，手続の迅速化のため，原則として最初に弁論がされる口頭弁論の期日で審理を終えなければならず（370条1項），当事者はその期日の前またはその期日中にすべての主張および証拠を提出しなければならない（同条2項本文）。これを**一期日審理の原則**という。また，少額訴訟では，証拠調べは即時に取り調べることができるものに限ってすることができ（371条），証拠調べの手続もより簡略なものとなっている（372条等）。

　なお，少額訴訟では，手続の円滑な進行のため，裁判官から当事者に対して口頭弁論の期日の呼出しに際して手続の内容が説明される（規222条）。

4 判決および執行

| 判決の内容 |

　通常の訴訟手続と同様，当事者双方による主張立証が（簡易な手続を通じてではあるが）尽くされ，事件についての判断ができるようになったとき，裁判所は口頭弁論を終結させて終局判決を言い渡す。ただし，通常の訴訟手続と違い，判決の言渡しは原則として口頭弁論が終結した後ただちに行われる（374条1項。**即日判決の原則**）。

　少額訴訟判決に不服がある当事者は，その判決をした裁判所に異議を申し立てることができ（378条1項），適法な異議があれば事件は通常の訴訟手続で審理判決がされる（379条1項）。しかし，この判決に対する控訴はできない（380条1項）。つまり，少額訴訟は一審限りの手続となっている。少額訴訟で請求を認容する判決を出す

場合，特に必要があると認められるときは，判決の言渡しから 3 年を超えない範囲内で，支払期限を定めたり，分割払いの定めをしたりすることで，支払を猶予することができるとされている（375条 1 項）。このような判決を**支払猶予判決**といい，被告の自主的な履行を促し，原告の強制執行の負担を減らすことを目的としている。

執行の内容

請求を認容する判決が出た場合，通常の訴訟手続と同様，強制執行手続へと続くこととなる。少額訴訟では，迅速な執行を可能とするため，請求認容判決では職権で仮執行宣言が付され（376条 1 項），強制執行では執行文（⇒**第 *16* 章 3 ■**）は原則として不要とされる（民執25条但書）。また，少額訴訟で成立した債務名義により強制執行をする場合，少額訴訟が行われた簡易裁判所の裁判所書記官が執行機関となりうるなど，執行手続についても簡略化が図られている（**少額訴訟債権執行**。民執167条の 2 以下⇒**第 *16* 章 2**）

2 法定審理期間訴訟手続

2022年民事訴訟法改正により，より迅速な裁判を可能とする**法定審理期間訴訟手続**が新たに規定された。この制度は，当事者双方および裁判所の協議に基づき，所定の期間内に計画的に審理を終わらせて判決に至ることを可能とするものであり，当事者の裁判期間の予測可能性を高め，訴訟利用を活性化することを目的としている。

この手続は，当事者双方がこの手続による審理および裁判を求める旨の申出をするか，当事者の一方がこの手続によることを申し出て相手方がこれに同意したことが要件となる（381条の 2 第 1 項，た

だし，両当事者間の力関係が類型的に不平等であると考えられる，消費者
契約に関する訴えおよび個別労働関係に関する訴えについてはこの手続を
利用することができない。同項但書）。この申立てないし同意があった
場合，裁判所は，この手続により審理および裁判をすることが当事
者間の衡平を害し，または適正な審理の実現を妨げると認めるとき
を除き，この手続により審理および裁判をする旨の決定をしなけれ
ばならない（381条の2第2項）。

　裁判所がこの決定をした場合，その日から2週間以内の間に口頭
弁論または弁論準備手続の期日が裁判長により指定される（381条の
3第1項）。この期日において，裁判長は当該期日から6か月以内の
間で当該事件に係る口頭弁論を終結する期日を指定するとともに，
口頭弁論を終結する日から1か月以内の間で判決言渡しをする期日
を指定しなければならない（同条2項）。

　同条1項に基づき指定された期日から5か月以内に当事者は攻撃
防御方法を提出しなければならず（同条3項），また証拠調べは同期
日から6か月以内にしなければならない（同条5項）。攻撃防御方法
提出期限内に，裁判所と当事者双方との間で，争点および証拠の整
理の結果に基づき，判決において判断すべき事項が確認される（同
条4項）。

　本手続に基づく判決がされる場合，上記確認事項についての判断
がされる。この判決に対しては原則として控訴をすることができず
（381条の6），その判決をした裁判所に異議を申し立てる方法による
（381条の7第1項）。適法な異議があった場合は，訴訟は口頭弁論終
結前の程度に復し，通常の手続により審理および裁判がされる
（381条の8第1項）。また，期間中に新たな証拠が発見されたなどの
理由で法定審理期間内に十分な審理を行うことができないおそれが

2　法定審理期間訴訟手続　　191

生じた場合を想定して，判決の前の段階においても，当事者の申出または裁判所の職権による通常手続への移行が認められる（381条の4第1項）。

3 督促手続

| 督促手続とは |

　民事訴訟手続と比べ，より早く，より簡易に債務名義（強制執行に必要な文書⇒第*16*章3**❶**）を作り出し，効率的に権利を実現するために，民事訴訟法では裁判所書記官が支払督促を発する**督促手続**という制度が用意されている（382条以下）。

　この手続は，債権者の言い分のみによって債務名義を作成できることが最大の特色であり，債務者がその請求権の存在を争わないと予想される場合に利用することが想定されている。少額訴訟と違い支払を求める額がいくらであっても利用でき，回数制限もないことから，実務上も，クレジット会社などが債権を効率よく回収するために多用されている。もっとも，次の「**督促手続の流れ**」でみる通り，債務者が異議を述べる機会も保障されている。

　なお，支払督促は，オンライン・システムにより，インターネットを通じて東京簡易裁判所の裁判所書記官に申し立てることも可能である（397条〜402条）。現在では，支払督促のうち約3割がオンライン・システムにより申し立てられている。また，2022年改正法施行後は，電子支払督促の作成（387条）および送達（388条）が行われる。

督促手続の流れ

督促手続の流れについては，次頁の図（⇒**図表11‑1**）をみてほしい。

ポイントは次の3点である。

> ① 債権者の申立てのみで支払督促が発せられること
> ② 債務者が異議を述べるチャンスは2回であること
> ③ 支払督促は，手続終了までは仮執行宣言付支払督促（民執22条4号）として債務名義となり，終了後は確定判決と同一の効力をもつもの（396条）として債務名義となること（民執22条7号）

また，適法な督促異議があった場合，督促異議がされた請求については支払督促の申立てがされた時に訴えの提起があったものとみなされる（395条）。訴額が140万円を超える場合には地方裁判所で，140万円以下の場合には簡易裁判所で通常の訴訟が行われる。

3 督促手続　193

| 図表11-1 | 督促手続の流れ |

債権者による支払督促の申立て

→申立ての却下

裁判所書記官による支払督促の発付

支払督促の送達
　債務者が送達を受けた日から2週間以内に異議申立て
　（**仮執行宣言前異議**）があった場合

└─→支払督促の失効，訴訟手続へ

債権者による仮執行宣言の申立て・裁判所書記官による仮執行宣言の発付

仮執行宣言付支払督促の送達
　債務者が送達を受けた日から2週間以内に異議申立て
　（**仮執行宣言後異議**）があった場合

└─→支払督促の失効，訴訟手続へ

督促手続の終了，支払督促に確定判決と同一の効力発生

第 *12* 章　民事紛争の解決手続の諸相
—— ADR，和解・調停・仲裁，非訟

現在の日本の裁判所が，訴訟手続による以外にも様々な手続によって民事紛争を解決していることはすでに述べたが（⇒第 *1* 章 **1**），本章では，そのような多様な手続を含めて，訴訟以外の紛争解決手続を概観したい。本書で概観する民事手続には，裁判所の内外の紛争解決手続が含まれているが，以下では，裁判所外の紛争解決手続や，裁判所内における訴訟以外の紛争解決手続についてとりあげたい。その中の多くの手続は，当事者間の合意による紛争解決を目指した手続（合意型）であるが，そうではなく，判断という形式で紛争解決を目指す，仲裁など（裁断型）もある。

1　ADR ——裁判外紛争解決手続

ADR とは

　民事紛争の当事者が法的な救済を得るための手続として，現実には，民事訴訟以外の多くの手続がある。紛争が生じた場合に，当事者が，その解決のために，ただちに訴訟を利用するわけではない。紛争当事者は，まず相手方と交渉を行い，自らの力で紛争処理を試みる。それでうまく行かない場合にはじめて，第三者の力を借りることになる。

本章では，裁判外紛争解決手続を概観したい。これが，ADR（Alternative Dispute Resolution）であり，代替的紛争解決手続ともよばれる。訴訟手続によらずに民事上の紛争を解決しようとする当事者のために，公正な第三者が関与して，その解決を図る手続である（裁判外紛争解決手続の利用の促進に関する法律1条括弧書参照）。ADRは，裁判所内にも存在する（例：民事調停，家事調停）。

| ADR には

ADR には様々なものがある。たとえば，苦情処理，あっせん（斡旋），和解，調停および仲裁などである。

ADR の機関としては，たとえば，民間団体（例：交通事故紛争処理センター，弁護士会の紛争解決センター，日本商事仲裁協会，京都国際調停センターなど），行政機関（例：労働委員会，公害等調整委員会等），および，裁判所（例：簡易裁判所，家庭裁判所等）などをあげることができる。これらの機関で行われる ADR は，それぞれ，「民間型ADR」，「行政型 ADR」および「司法型 ADR」とよばれる。事業者・消費者間の契約紛争，個別労働関係紛争および人事・家庭に関する紛争に関する和解は対象外である（ただし，養育費等に関する和解に基づく強制執行は可能である）。

（ケース3）で，石田清は，小早川実に対して，簡易裁判所の調停などを利用して，損害賠償請求をすることもできる。

コラム

民事訴訟と ADR

　まず，民事訴訟は，裁判所における口頭弁論（⇒第4章1②）という

公開審理の方式を備え，厳格な証拠調べの手続を有している。判決に対する控訴・上告（⇒第10章）といった不服申立手続もあり，最も公正で慎重な民事手続である。当事者の手続保障が最も充実している。

　これに対して，ADR は，訴訟と比べて手続が多様かつ柔軟である。紛争当事者は，より手軽に手続を利用でき，訴訟よりも，簡易，迅速かつ安価な紛争処理が可能となる。当事者間の合意がなければ手続は始まらず，救済内容も当事者の合意によって決まることがほとんどである。非公開の手続であるので，プライバシーや営業秘密も保護される。個別具体的な事案に即した妥当かつ将来志向的な救済の形成も可能となる。このように ADR は，紛争当事者の合意を基礎として自主的な救済を形成しようとする当事者を支える場を提供するのである。

2　和解・調停・仲裁

❶　和　　解

　和解とは，紛争当事者が互いに譲歩して紛争を止めることを約束する契約をいう（民695条）。紛争当事者間で和解に至っても，ただそれだけでは，単なる和解契約にすぎず，その契約に関する紛争が生じた場合には，何らかの民事手続を通じて，改めて権利義務が確定されなければならない（ただし，公正証書によって執行証書〔民執22条5号〕が作成されている場合は，すぐに強制執行をすることができる⇒第16章3❶）。

　ケース3で，石田清と小早川実が裁判外で和解をしても，小早川が和解内容を履行しなければ，石田は，改めて何らかの法的手続をとらなければならない。

2　和解・調停・仲裁　197

和解には，このような裁判外の和解（私法上の和解）と，裁判上の和解がある。裁判上の和解については，**第6章2❹**を参照。

2 調停（民事調停）

調停の種類

調停には，裁判所で行われるものと裁判所外の機関で行われるものがある。前者には，民事調停法による民事調停と，家事事件手続法による家事調停とがあり，後者には，労働委員会による調停（労働組合法20条，労働関係調整法17条以下）や公害等調整委員会などによる調停（公害紛争処理法31条以下等）などがある。

以下では，民事調停について述べる（家事調停や特定調停の制度については⇒**第13章**・**第20章1❷**）。

図表12-1　調停の種類

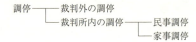

民事調停とは

民事調停は，民事の紛争について，紛争当事者が互いに譲り合うこと（互譲）により，条理にかない実情に即した紛争処理を図ることを目的とした手続である（民調1条）。調停は，仲裁（⇒**3**）のように第三者の判断が当事者を拘束するのではなく，調停委員会が調停案を示しても，それは単なる勧告にすぎず，当事者の合意が必要となる（民調16条）。

ケース1で，桂川和紙から，古都信に対して，債務を分割弁済しても
らうことを求めて，調停の申立てをすることも可能である。逆に，古都信
が申し立てた調停で，桂川和紙が分割払いを申し出て，両者が折り合うこ
ともできる。

　民事調停を行う**調停委員会**は，原則として，裁判官と2人以上の
民事調停委員によって構成される。民事調停委員は，弁護士となる
資格を有する者，民事紛争の解決に有用な専門的知識経験を有する
者，または社会生活の上で豊富な知識経験を有する者で，人格識見
の高い，原則として40歳以上70歳未満のものの中から，最高裁判所
によって任命される。民事調停における裁判官の役割（調停主任と
しての役割）は，弁護士から非常勤の公務員として任命される民事
調停官が担うこともある（民調23条の2以下）。

民事調停の手続

　調停の手続は，原則として非公開で行われる（民調22条，非訟30条
本文）。多くの場合，調停委員会が，当事者を別々に調停室に呼ん
で言い分を聴き，それを差し支えのない限り他方の当事者に伝えて
言い分を聴くという，交互面接の方式がとられている。

　調停が成立し合意内容が調書に記載されれば，その記載には，裁
判上の和解と同一の効力が認められる（民調16条）。裁判上の和解は，
確定判決と同一の効力が認められ（民訴267条），調停調書は債務名
義となる（民執22条7号⇒第 *16* 章 **3** **Ⅰ**）。

　近時，ウェブ会議の方式による民事調停手続も可能となった。

2　和解・調停・仲裁　199

| 調停に代わる決定 |

調停が成立する見込みがない場合でも，解決内容について当事者双方の意見が大筋で一致していながら合意ができなかった場合などのように，裁判所が，調停の経緯を踏まえて解決内容を裁判の形式で示せば，実情に即した解決が可能となることがある。その際に用いられるのが，**調停に代わる決定**（民調17条）である（「17条決定」ともよばれる）。この決定に対して異議の申立てがなければ，裁判上の和解と同一の効力が生じ（民調18条5項），その決定と同一内容で調停が成立したのと同様の結果になる。

❸ 仲　　裁

| 仲裁とは |

仲裁は，両当事者が，すでに生じた紛争または将来生じるおそれのある紛争（仲裁2条1項）について，第三者（仲裁人によって構成される仲裁廷）にその判断を委ねる合意（仲裁合意。仲裁13条・14条参照）をし，これに基づき仲裁廷が行う手続である。

仲裁という紛争解決の手続が認められたのは，当事者が本来自主的に解決できる争い（仲裁13条1項参照）については，国家もその解決を尊重し助力するのが望ましいことによる。それゆえ，仲裁は，民事訴訟による紛争解決を排除する効力をもつ。仲裁で解決することとされた事件について訴えが提起されても，被告が仲裁合意の抗弁（仲裁の抗弁）を提出すれば，その訴えは却下されることになる（仲裁14条1項⇒**第4章6**）。

仲裁の手続

仲裁は，国が当事者による創設を認めたいわば「私設裁判」であり，仲裁手続は，訴訟手続とは異なり，原則として当事者の合意で定めることができる（仲裁26条1項本文）。審理手続については，原則的に公開される訴訟（⇒第4章1**3**）とは異なり，仲裁は，非公開で行うことができる。したがって，営業秘密の保護も可能となる。仲裁判断は，確定判決と同一の効力を有し（仲裁45条1項本文），裁判所の執行決定を得れば，債務名義となる（民執22条6号の2）。

ただし，個別労働関係紛争を対象とする仲裁合意は無効であり（仲裁附則4条），事業者・消費者間で成立した仲裁合意については，消費者は解除することができる（同附則3条2項本文）。

仲裁と調停

調停が，合意型の紛争解決手続であったのに対して，仲裁は，その手続が当事者間の合意で始まるものの，訴訟と同様に裁断型の手続である。日本では和解や調停と比べて，かなり件数は少ないが，たとえば国際商取引紛争の処理の分野などではよく利用されている。

コラム

ODR

近時，民事手続のIT化（デジタル化，ICT化）がめざましい（⇒序**1**）。民事訴訟等のIT化も加速化しつつあるが，ADRのデジタル化も進みつつある。スマートフォンが1台あれば，いつでもどこでも誰でも紛争解決のための効果的な支援を受けることができる社会を実現するために，ODR（Online Dispute Resolution. オンライン紛争解決）が議論されており，具体化されつつある。これには，たとえばデジタル技術を活用して

2 和解・調停・仲裁　201

ADR をオンライン上で実施する試みなどがあり，すでに弁護士会が設けている ADR などでは，ウェブ会議型 ODR が導入されている（いわば，o-ADR である）。ODR 論は，相談や交渉等を含め ADR 関係を中心とした議論であるが，民事訴訟等を中核とする民事手続全般のオンライン上での実現を視野に入れれば，全紛争解決手続に通底する利便性の高いデジタル基盤の構築に関する議論でもあると考えられる。

3 訴訟と非訟

非訟とは

民事紛争のすべてが，訴訟手続で解決されるものではないことはすでに述べた。裁判所が，訴訟手続よりも簡易かつ柔軟に紛争を解決したり予防したりする手続として，非訟手続が存在する。

非訟手続には，次に述べるように様々なものがある。

非訟には

たとえば，①非訟事件手続法に定められたものとして，民事非訟事件（例：供託関係事件等）や公示催告事件などがあり，また，②家事事件手続法別表第一（例：成年後見に関する事件等）および別表第二（例：遺産分割に関する事件等）に規定されたもの，および，③借地借家法に定められた借地非訟事件（例：借地条件の変更，増改築の許可に関する事件等），さらに，④調停事件，民事執行事件，破産事件などがあげられる。また，⑤労働審判法による個別労働関係紛争事件や，⑥犯罪被害者等の損害賠償請求に関する裁判手続（損害賠償命令手続）による損害賠償請求事件も，非訟事件である。

これらの事件の処理については，個別の法律の中で，非訟事件手続法の総則規定が準用されているものもある（例：民調22条，借地借家42条１項，労働審判法29条１項等）。

次の図（⇒図表12-2）に示すように，訴訟手続と非訟手続には，大きな違いがある。

図表12-2　訴訟と非訟の手続比較

	訴訟手続	非訟手続
手続の基本的な構造（手続の性格）	事実認定・法適用による判断手続（判決手続）	裁量的な要素の強い手続（決定手続）
手続主体の基本構造	二当事者対立構造（⇒第**2**章**3**）	その構造をとらない場合もある
事実・証拠の収集	弁論主義（⇒第**4**章**3**）	職権探知主義（⇒第**4**章**3** **1**・第**14**章1）
審理の方式	口頭弁論（公開審理）（⇒第**4**章1**3**）	審尋（非公開審理）
裁判の形式	判決（⇒第**6**章**3** **1**）	決定（⇒第**6**章**3** **1**）
不服申立て：回数と方法	２回，控訴・上告（⇒第**10**章**2**・**3**）	１回，抗告（⇒第**10**章**4**）

「訴訟の非訟化」とその限界

現在では非訟事件とされているものの中には，かつて訴訟事件であったものもある。たとえば，遺産分割などの事件である。このようないわゆる「訴訟の非訟化（訴訟事件の非訟事件化）」がどこまで許されるかが問題となる。これは，当事者に憲法上の権利（憲82条等）が保障されるか否かに関わる。ある事件が非訟事件とされれば，その保障を享受できなくなる可能性が生じるからである。

この問題について，最高裁判所は，一連の判例を通じて，次のよ

3　訴訟と非訟　　203

うな準則を定立した。すなわち，憲法82条の趣旨は，法律上の実体的権利義務自体に争いがあるような「純然たる訴訟事件」の手続は公開法廷における対審（口頭弁論）および判決によるべきであり，非訟事件として処理するのは違憲であるとするものである。このような実体的権利義務自体を確定することが，固有の司法権の作用であるのに対して，実体的権利義務（例：夫婦同居審判事件における同居義務〔民752条〕）があることを前提に，その具体的内容（例：同事件における同居の時期，場所および態様等）を形成するための事件は，非訟事件であり，その事件の前提問題として権利義務が判断されても，それには既判力（⇒**第7章3**）が生じず，再度訴訟手続で争うことができるので，違憲ではないというものである（例：最大決昭和40・6・30民集19巻4号1089頁〔夫婦同居審判事件〕［百選1］等）。

　このような判例の立場によれば，たとえば金銭請求事件を非訟事件化して訴訟の利用を一切許さないとするような法律が制定されたとすると，それは違憲となる。

第2編　家事紛争に関する手続

京都家庭裁判所

　下鴨神社の南，糺の森にある。庁舎の横には，母子像があり，台座には，家庭裁判所の創設当時の標語である「家庭に光を，少年に愛を」と刻まれている。その後，「家庭に平和を，少年に希望を」という標語も創られており，いずれも，家庭裁判所の役割を象徴的に表している。家庭裁判所は，戦後の司法改革で創設された裁判所であり，簡易裁判所とともに，市民にとって身近な裁判所として，現代の日本社会に根付いている。

　2024年4月から放映されているNHK連続テレビ小説「虎に翼」の主人公のモデルとなった三淵嘉子氏も家庭裁判所の創設に関わっており，創設直後の時期に「愛の裁判所」という文章を法律雑誌に寄せている（和田嘉子「愛の裁判所」法律のひろば2巻4号〔1949年4月〕14～15頁）。

　本編は，家事調停，家事審判および人事訴訟を扱う。これらは，家庭に関する事件を対象とする手続で，家庭裁判所で実施される。

第 *13* 章　家事調停

家事調停は，裁判官と調停委員が当事者間の話合いを仲介し，合意による解決を目指す手続である。家庭に関する事件が広く対象になる。離婚のような人事訴訟事件は，まず話合いの機会をもつことが大切であるとの考え方に基づき，訴えを提起する前に家事調停の申立てをすることが原則として必要である。家事調停と次の章の家事審判の手続は，家事事件手続法が定めている。

ケース5　で，花子は，太郎が他の女性と不貞行為に及んでいることを知った。そのため，太郎と一緒に暮らすことが耐えられなくなり，また，このままでは子らにも悪い影響を及ぼすと考えた。そこで，花子は，離婚することを決意し，太郎に離婚をもちかけた。しかし，太郎は，「自分は不貞行為などしていないし，良い夫であり父である。子らにも夫婦が一緒にいる方が良いに決まっている」と言って，離婚に応じない。そこで，花子は，家庭裁判所に，太郎を相手方として，子らの親権者を花子として太郎と離婚し，離婚にともなう財産分与と離婚後の子らの養育費や慰謝料の支払を受けることについて，家事調停の申立てをした。

ケース6　で，市子，茶々子，初子，江美の間で遺産分割について話合いがつかないため，茶々子は，家庭裁判所に，市子，初子，江美

を相手方として，家事調停の申立てをした。

1 家事調停の意義と手続

家事調停とは

　家事調停は，家庭に関する事件について，家庭裁判所で，**裁判官**と**家事調停委員**から成る**調停委員会**が当事者の話合いの手伝いをし，当事者間の合意によって解決を図ろうとする手続である（家庭裁判所については⇒**第1章1**，調停については⇒**第12章2②**）。家事調停の対象となる**家庭に関する事件**（家事244条）としては，上のような夫婦関係や相続関係の事件のほか，親子関係，内縁関係等の事件がある。ケース5で不貞行為についての慰謝料を対象とすることも可能である。もっとも，調停の対象とするには話合いになじむ性質の事件でなければならないので，成年後見に関する事件や遺言執行者の選任に関する事件等，当事者間の合意によって決めることができない性質の事件（家事事件手続法別表第一に載っているもの）は家事調停の対象とならない。

　家事調停で仲介者の役割を果たす調停委員会は，原則として，裁判官と2人以上の家事調停委員によって組織される。家事調停委員は，弁護士となる資格を有する者，家事の紛争の解決に有用な専門的知識経験を有する者，または社会生活の上で豊富な知識経験を有する者で，人格識見の高い，原則として40歳以上70歳未満のものの中から最高裁判所によって任命される（民事調停委員及び家事調停委員規則1条）。裁判官の役割を弁護士の中から非常勤の公務員として

1 家事調停の意義と手続　　**207**

任命される**家事調停官**が担うこともある（家事250条・251条）。

なお，本編で取り上げる家事調停，家事審判，人事訴訟の手続では，家庭裁判所の常勤職員である**家庭裁判所調査官**（裁61条の2）が子どもの様子の調査などの重要な役割を果たすことがある（⇒**第15章コラム**〔222頁〕）。

| 家事調停の手続 |

このような調停委員会が，当事者から事情や言い分を聴き，資料の提出を受けたり，家庭裁判所調査官が調査をしたりするなどして事実関係を把握し，当事者に話合いを勧め，必要に応じて解決案を示すなどして，当事者が合意によって紛争を合理的に解決できるように仲介するのが家事調停の手続である。

まず，家事調停を求める申立人は，申立書を家庭裁判所に提出する。申立書の写しは，原則として相手方に送付される。家事調停の期日には，調停委員会と当事者とで色々なやりとりがされる。当事者が手続代理人（原則として弁護士）を選任することもできる。手続は非公開である。

期日では，両当事者が同席して手続が進められることもあるが，実務的には，調停委員会が各当事者から別々に（交互に面接する方式で）事情や言い分を聴き，その内容を他方当事者に伝えて反応を聴くという方法を繰り返す事例が多い。その方が冷静かつ率直に話をしやすいという当事者が多く，また，当事者によっては他方の当事者に対して感情を露わにしたり，ひどいときには暴言・暴力に及んだりすることもあるといった理由によるが，適宜，交互面接方式と同席方式とを組み合わせることもある。

当事者間で合意が成立すれば，調停調書が作成される（内容・効

力について⇒本章**3**)。話合いがつかず，当事者間に合意が成立する
見込みがない場合には，調停不成立となり，調停の手続は終了する
（その後の手続について⇒本章**2**）。

　家事調停や家事審判の事件記録については，非公開手続であるこ
とや関係者のプライバシー等を考慮して，当事者と利害関係人のみ
が家庭裁判所の許可を得ることによって閲覧することができるとさ
れている（家事47条1項・254条1項）。当事者であっても，記録の閲
覧に裁判官の許可を得る必要があるということである。家事審判の
当事者の記録閲覧は，手続追行の機会を保障するために原則として
許可されるが，許可されない一定の場合がある（家事47条3項・4項。
2023年改正法施行後の家事47条の2第5項も参照）。

2　人事訴訟・家事審判との関係

人事訴訟と家事調停

　ケース5 のような場合に，離婚の訴え（第**15**章で取り上げる人事
訴訟の一種である）を提起しようとする者は，その前に，まず家事調
停の申立てをしなければならない（家事257条1項）。これを**調停前置
主義**という。離婚等の人事訴訟になりうる事件は，合意による解決
が望ましいので，まずは調停手続を経るべきであるという考え方に
基づいている。話合いがつかなければ手続が終了し（⇒本章**1**），当
事者が家庭裁判所に訴えを起こすかどうかを考えることになる。調
停事件の終了の通知を受けた日から2週間以内に訴えを提起した場
合は，家事調停の申立ての時にその訴えの提起があったものとみな
される（家事272条3項。これは，慰謝料請求のように時効消滅の可能性

がある場合等に意味がある。訴え提起による時効の完成猶予について⇒第**3**章**4 1**）。なお，人事訴訟が係属した後でも，その裁判所は，自ら訴訟上の和解（⇒第**6**章**2 4**）を試みることがあるし，話合いのために事件を家事調停に付することもできる（家事274条1項）。

| 家事審判と家事調停 |

ケース6 のような遺産分割事件について，裁判で決着をつけるための手続は，訴訟ではなく家事審判（⇒第**14**章）である。このような家事審判事件について家事調停が申し立てられた場合に，調停が成立せずに手続が終了したときは，家事調停の申立ての時に家事審判の申立てがあったものとみなされる（家事272条4項）。すなわち，当事者による改めての申立てがされることなく，手続は当然に家事審判の手続に移っていくのである。

ところで，家事審判の対象となる事件については，人事訴訟のような調停前置主義がとられていないので，当事者は家事調停を経ずに家事審判の申立てをすることも可能である。しかし，実務的には，**ケース6** のように調停の対象となりうる事件について家事審判の申立てを受けた裁判所は，話合いによる解決を図るために，事件を家事調停に付すること（家事274条1項）が多い。

以上のように，家庭に関する事件については，できるだけ家事調停によって解決が図られるようにするというのが，現在の仕組みや運用といえる。

3 調停調書

家事調停手続において，当事者間に合意が成立すれば，合意の内

容を記載した調停調書が作成される。合意の内容の例として，ケース5で，「花子と太郎は子らの親権者を花子として離婚する。太郎は花子に養育費，財産分与，慰謝料としてそれぞれ一定額を支払う。花子は太郎が子らと一定の方法で面会交流をすることを認める」といったものがありうる。ケース6では，相続人4名の間で，次郎の遺産として，一定の不動産，銀行預金，株式などがあることを確認し，これらについて，誰が何をどれだけ取得するかを具体的に合意し，物の引渡しなどの必要な行為を取り決める内容となる。

調停調書の記載は，訴訟の確定判決（⇒第**7**章）または家事審判の確定審判（⇒第**14**章**2**）と同じ効力を有する（家事268条1項）。金銭の支払，物の引渡し，登記手続等の一定の行為をすることを決めた場合には，これが債務名義となり，強制執行もできる（家事75条参照⇒第**14**章**2**・第**16**章**3**❶）。また，家庭裁判所は，家事審判について第**14**章**2**で述べるのと同様に，義務の履行状況の調査と履行勧告（家事289条7項〔2023年改正法施行後は家事289条の5〕）や履行命令の審判（家事290条3項）をすることができる。

4 調停手続の中でされる審判

合意に相当する審判

家事調停において，人事に関する訴え（人訴2条⇒第**15**章）の対象となる事項は，離婚と離縁を除いて，当事者の判断のみで自由に取り決めることができないものとされている。具体的には，認知，実親子関係の存否確認等である。これらは，家事調停の対象にはなるが，親子関係等に関する真実に反しないようにする必要があるの

4 調停手続の中でされる審判　　211

で，当事者の合意のみで調停を成立させることができない。そこで，家庭裁判所は，当事者に合意が成立し，かつ，必要な事実を調査した結果（たとえば，親子関係に関する DNA 鑑定の結果），その合意を正当と認める場合には，家事調停委員の意見を聴いて，**合意に相当する審判**をすることができる（家事277条 1 項・ 3 項）。この審判は一種の裁判であるが，当事者の合意を基礎とするものであり（審判後も一定の期間は異議申立てができる。家事279条），人事訴訟の対象事項を決定手続で簡易に判断するものといえる。

| 調停に代わる審判

　家事調停の対象となる事項（上記の合意に相当する審判の対象事項を除く）について，当事者と調停委員会が合意の成立に向けて努力を重ねたが，あと一歩のところで合意に至らず調停が成立しないという場合がある。そのような場合に，家庭裁判所は，相当と認めるときには，当事者双方のために衡平に考慮し，一切の事情を考慮し，事件の解決のために必要な審判（**調停に代わる審判**）をすることができる（家事284条 1 項）。

　調停に代わる審判の内容に不服があれば，当事者は一定の期間内に異議の申立てができる（家事286条）。逆にいうと，異議を申し立てなければ，その内容に納得したことになるので，調停調書と同じく，訴訟の確定判決または家事審判の確定審判と同じ効力を有する（家事287条）。このようなことから，調停に代わる審判は，当事者が積極的な合意には至らないが，裁判所が決定をすれば異議までは申し立てないだろうという，いわば消極的な同意を見込んで発せられることが多いとみられる。

第 *14* 章　家事審判

家事審判は，家庭裁判所が「審判」という裁判をする手続である。家事審判の対象となる事項は，民法等の法律の規定を根拠として家事事件手続法に定められており，当事者間の権利義務の具体的内容の決定や，財産の管理に関する事項など様々なものがある。

ケース6 で，遺産分割について，家事調停の手続において，合意ができず調停が不成立となったので，家事審判の手続が進められることになった。

1　家事審判の意義と手続

家事審判とは

　家事審判とは，家事事件手続法が定める事項について家庭裁判所がする裁判のことである。民法等の法律は，家庭裁判所が一定の審判をするという趣旨のことを定めている（たとえば，民法7条の後見開始，民法766条2項の離婚後の子の監護に関する事項，民法907条2項の遺産分割，民法1010条の遺言執行者の選任，戸籍法107条1項・107条の2

1　家事審判の意義と手続　　**213**

の氏または名の変更の許可)。そして，家事事件手続法は，これらの法律上の根拠に基づいて別表第一および別表第二で家事審判の対象となる事項を列挙しているほか，保全処分を命じる審判等を独自に定めている。

別表第一の事項は，後見開始，遺言執行者の選任，氏または名の変更の許可等であり，当事者間の紛争がそもそも存在しないか，紛争が存在しても話合いによる解決になじまないことから，家事調停（⇒**第13章**）の対象とならないものである。別表第二の事項は，家事調停の対象となるものであり，夫婦間の婚姻費用の分担，離婚後の子の監護に関する事項（面会交流，養育費等），離婚にともなう財産分与，遺産分割等である。

| 家事審判の手続 |

家事審判の手続は，申立てによって始まる（家事49条）。家事事件手続法別表第二の事項に関する事件は，家事調停の対象となるので，家事調停の申立てが先行している場合が多く，調停が成立せずに手続が終了したときに，家事調停の申立ての時に家事審判の申立てがあったものとみなされる（⇒**第13章2**）。手続は非公開で行われる（家事33条）。

家庭裁判所は，1人または3人の裁判官で事件を取り扱う（裁31条の4）。一般国民から「徳望良識のある者」（参与員規則1条）であるとして選ばれた参与員が関与することがある。

家事事件手続法は，家事審判やその手続に利害関係のある者として，「当事者」のほか，「審判を受ける者となるべき者」（たとえば，成年後見開始の審判についての本人），「審判の結果により直接の影響を受ける者」（たとえば，親権の喪失等の審判についての子）等の類型

214　**第2編**　家事紛争に関する手続　**第14章**　家事審判

を定めている。そして，これらの者は手続に参加できることとされている（家事41条・42条）。また，別表第二の事項の審判事件については，手続保障のための一般的な規定（家事66条～72条）が定められている。別表第一の事項の審判事件については，各事件の性質に応じて，利害関係者に一定の手続上の地位が認められている。

　家事事件手続における**手続行為能力**は，民事訴訟における訴訟能力（⇒**第2章6**）と基本的に同じである（家事17条1項，民訴28条・31条）。ただし，これによって手続行為能力が制限される者も，家事事件では，意思能力がある限り，その意思を手続に反映できるようにするのが適切な場合がある。そこで，法定代理人によらずに，自ら手続行為ができる審判事件が個別に定められている（家事118条と同条を準用する各規定）。

　家事審判の手続は，職権探知主義（必要な場合には，裁判所が資料収集をしなければならないという考え方⇒**第4章3■**）がとられ，家庭裁判所が職権で事実の調査をし，また，申立てまたは職権で，必要な証拠調べをする（家事56条1項）。当事者は，適切かつ迅速な審理および審判の実現のため，事実の調査および証拠調べに協力するものとされている（同条2項）。事実の調査は，子の意思・心情や監護状況等について，家庭裁判所調査官によって行われることも多い。

　家事審判の手続には一定の期間を要することがあるので，審判の対象となりうる財産が散逸してしまったり，夫婦間の協力扶助がされず一方が生活に困窮したりするなどの結果が生じてしまうことがある。このようなことを避けるため，本案の家事審判事件が係属する家庭裁判所は，必要な保全処分を命じる審判をすることができる（家事105条1項）。これを**審判前の保全処分**という。

1　家事審判の意義と手続　　215

2 審 判

審判の内容・告知・不服申立て

　家庭裁判所は，手続を進めた結果，裁判をするのに熟したとき（裁判官の心証が固まった状態をいう⇒**第6章3 2**）は，審判をする。審判というのは，裁判の一種で，その性質は「決定」である（⇒**第6章3 1**）。たとえば，（ケース6）で，次郎の遺産である不動産，銀行預金，株式について，相続人のうち誰が何をどれだけ取得するかの具体的な分割の定めをし，必要に応じて，物の引渡しや登記手続などの必要な行為を命じることになる。また，後見開始の審判事件では，後見を開始して成年後見人を選任する審判や，後見開始原因がないとの理由で後見開始申立てを却下する審判がされうる。

　審判は，当事者，手続に参加した者（利害関係参加人），それ以外の審判を受ける者に告知される。

　家庭裁判所の審判に対しては，特別の定めがある場合に限り，高等裁判所に即時抗告をすることができる。家事事件手続法には，各種の審判について即時抗告ができる者が個別に定められている。

義務の履行をさせる方法

　金銭の支払，物の引渡し，登記義務の履行その他の給付を命じる審判は，それが効力を生じれば，執行力のある債務名義と同一の効力を有する（家事75条）。これは，審判で命じられたにもかかわらず給付義務の履行をしない相手方に対しては，審判書に基づいて強制執行ができるということである（⇒**第16章3 1**）。

　ただし，強制執行をするには費用と時間がかかるので，養育費等

216　**第2編**　家事紛争に関する手続　**第14章**　家事審判

の比較的少額の金銭の支払を求めるためには，より簡易迅速な方法をとることが望ましい。そこで，家庭裁判所は，権利者の申出があるときは，義務の履行状況の調査と義務者に対する**履行勧告**をすることができる（家事289条1項）。さらに，**履行命令**の審判という制度もある（家事290条1項）。

なお，養育費等の請求権に関しては，法定養育費，一般の先取特権（担保権実行の方法により，すなわち，債務名義がなくても，債務者の財産から他の一般債権者に先立って支払を受けられるようになる。⇒第*16*章**4**）等により実効性を向上させる民法等の改正が2024年にされた（令和6年法33号）。

コラム

高齢化社会と成年後見

　日本社会で高齢化が進展していることなどから，家事審判の中でも成年後見関係の審判事件が多くなっている。家庭裁判所は，民法および家事事件手続法に基づき，家族等の申立てに基づいて，精神上の障害によって物事の道理を理解する能力を常に欠くと認められる者について，成年後見を開始し，成年後見人を選任する審判をする。成年後見開始の審判を受けた者は成年被後見人とよばれ，成年後見人が財産を管理し，法定代理人となる。訴訟でも成年後見人が成年被後見人の法定代理人となる（⇒第*2*章**7 1**）。成年後見人には，弁護士，司法書士等の専門家がなる場合もあるが，そのためには報酬の支払を要することなどから，家族や第三者（市民後見人とよばれる。報酬はないか，あっても専門家に比べると低額であることが多い）がなる場合もある。家庭裁判所は，財産管理等に問題が生じないように，成年後見人を監督している。ただ，報道にも表れるように，時に，成年後見人が成年被後見人の財産を不当に消費したりすることもある。逆に，かなり大きな資産が適切に運用されずに事実上凍結されているといった問題も指摘されている。

第 *15* 章　人事訴訟

人事訴訟は，家庭に関する事件のうち，法律上の基本的な身分関係の形成または存否確認を対象とするもので，当事者間の実体的権利義務の存否に関わる訴訟である。人事訴訟にも基本的に民事訴訟法が適用されるが，人事訴訟法という特別法が必要な特則を定めている。

> (ケース5) で，花子と太郎の間の家事調停は不成立に終わった。そこで，花子は，家庭裁判所に，太郎を被告として，子らの親権者を花子として花子と太郎を離婚することおよび慰謝料の支払を請求するとともに，財産分与と子らの養育費の支払を申し立てて，訴えを提起した。

人事訴訟とは

人事訴訟とは，人事訴訟法2条に定められた人事に関する訴えに係る訴訟のことである。同条が具体的にあげている訴えは，次の3類型である。

① 婚姻の無効および取消しの訴え，離婚の訴え等，婚姻関係に関する訴え

② 嫡出否認の訴え，認知の訴え，実親子関係の存否の確認の訴え等，実親子関係に関する訴え
③ 養子縁組の無効および取消しの訴え，離縁の訴え等，養親子関係に関する訴え

また，同条は，これらに加えて「その他の身分関係の形成又は存否の確認を目的とする訴え」をあげている。姻族関係の終了（民728条2項）の有無が問題となる場合などが含まれる。

これらの訴えに係る訴訟は，家庭に関する事件のうちでも，法律上の基本的な身分関係の形成または存否確認が対象となっており，当事者間の実体的権利義務の存否に関わるものであるので，家事審判の対象となる非訟事件ではなく，訴訟事件として位置づけられている（訴訟と非訟の違いについて⇒第 **12** 章 **3**）。

また，人事訴訟法という民事訴訟法の特別法（人訴1条参照）が定められているのは，これらの基本的な身分関係については，社会における公益との関係で重大な意味があり，後に述べるように判決に第三者に対する効力（対世効）があるので，真実に従った裁判をすべき要請が強く働くからである。

人事訴訟は，家庭裁判所がその管轄権を有する（人訴4条）。家庭に関する事件であり，家事調停との連続性（調停前置主義について⇒第 **13** 章 **2**）や家庭裁判所調査官（⇒コラム〔222頁〕）が活躍すべき場面があることなどが考慮されている。

| 人事訴訟の手続と判決 |

人事訴訟も民事訴訟の一種であるので，その手続には基本的には民事訴訟法（⇒第 **1** 章〜第 **10** 章）の適用がある。しかし，人事訴訟

法はその特例等を定めるものであり，人事訴訟の手続には，次のように民事訴訟と異なるいくつかの特色がある。

人事訴訟の手続においては，未成年者や成年被後見人であっても，意思能力がある限り，本人の意思の重要性を考慮し，訴訟能力（⇒**第2章6**）が認められている（人訴13条1項）。

人事訴訟は，前に述べたように，その対象に公益性があり，真実発見の要請が強く働くので，弁論主義（⇒**第4章3**）が適用されない。具体的には，裁判上の自白に関する規定が適用されず（人訴19条1項），必要な場合には裁判所が資料を収集しなければならないという職権探知主義がとられる（人訴20条）。同様の観点から，人事訴訟における当事者の処分権主義（⇒**序1**）が制限され，訴訟上の和解（⇒**第6章2❹**）もできないのが原則であるが（人訴19条2項），人事訴訟のうちで実際上多くを占める離婚や離縁の訴訟では，協議離婚や協議離縁が可能であることを考慮し，訴訟上の和解も可能とされている（人訴37条1項・46条）。

その他，当事者本人や証人の尋問について，プライバシーを保護するため，一定の場合に公開停止が可能とされている（人訴22条）。憲法82条2項本文の場合にあたる（⇒**第4章1❸**）。

そして，人事訴訟の確定判決は，第三者に対しても効力を有する（人訴24条1項。これを**対世効**という⇒**第7章6❸**）。夫婦，親子といった基本的な身分関係について，別の当事者による後の訴訟で異なる内容の判決が出ると，関係者に混乱を招く。そこで，当事者でなかった者も含めて，誰もが画一的に確定判決の既判力（⇒**第7章3**）を受けるものとされるのである。

なお，離婚請求を認容する「原告と被告とを離婚する」との判決は，形成判決の一種である（⇒**第3章2❹**）。つまり，(ケース5)で，

このような請求認容判決が出て確定すると，その判決の効力（形成力⇒**第7章2**）として利根川花子（原告）と利根川太郎（被告）との婚姻関係が解消される。

人事訴訟における民事訴訟事項の併合・附帯処分

ケース5 に基づく本章冒頭の訴えにおいて，原告花子は，離婚のほか，慰謝料を請求し，また，財産分与や子らの養育費の支払についての申立てをしている。

これらのうち，慰謝料は，不法行為に基づく損害の賠償であるので，民事訴訟によって判断されるべき事項であり，同種の手続でなければ併合できないとする民事訴訟法136条（⇒**第8章**）によると，上記のように手続が異なる人事訴訟で併合審理をすることはできなくなる。また，財産分与や子の養育費は，それだけを取り出せば，家事審判（⇒**第14章**）で判断される事項である（家事事件手続法別表第二に定められている）。しかし，これらは，離婚に際して定めることができる事項であり，また，離婚原因の存否や内容に応じて判断されるべき事項である。そのため，これらについても，離婚訴訟と同一の手続で裁判所が判断できるようにするのが，手続の効率や判断の統一の観点から適切である。

そこで，人事訴訟法17条は，人事訴訟に係る請求とその請求の原因である事実によって生じた損害の賠償に関する請求とは，併合して1つの訴えですることができると定めている。また，同法32条1項は，裁判所は，離婚請求を容認する判決において，申立てにより，子の監護に関する処分，財産分与に関する処分等の**附帯処分**についての裁判をしなければならないと規定している。なお，未成年者の親権者の指定は，離婚請求を容認する判決において裁判所がしなけ

221

ればならない（民819条2項）。

　裁判所は，これらの附帯処分や親権者の指定についての裁判をするにあたっては，家庭裁判所調査官に命じるなどして，事実の調査をすることができる（人訴33条・34条）。

コラム

家庭裁判所調査官

　家庭裁判所調査官は，各家庭裁判所と各高等裁判所に勤める裁判所職員である。家庭裁判所が取り扱う夫婦間の紛争や遺産分割等の家庭関係事件（家事調停，家事審判，人事訴訟）と少年非行に関する少年事件で，様々な調査を行い，重要な役割を果たす。

　家庭裁判所では，たとえば，離婚に際しての子の親権者の決定，別居する親と子との面会交流の方法等について，問題の背後にある人間関係や生活環境等を具体的に考慮し，子の福祉に十分配慮するなどして解決することが望ましい。そこで，心理学，社会学，教育学等の専門性を身につけた家庭裁判所調査官が，そういった事柄について調査をし，それが事件のより良い解決に役立つことになる。

　家庭裁判所調査官になるためには，家庭裁判所調査官補として採用された後，裁判所職員総合研修所や裁判所で約2年間の研修を受ける。大学で上記のような専門分野を学んだ人のほか，法学を専攻した人も家庭裁判所調査官になっている。

第3編　民事執行法・民事保全法，倒産法

5月の企業倒産1000件超　小規模目立つ

東京商工リサーチは10日，5月の全国倒産件数（負債額1000万円以上）は前年同月比43％増の1009件となったと発表した。約11年ぶりの1000件台で，原材料費の値上げなどに伴う収益の悪化などが主因だ。

倒産が目立つのは収益力や価格転嫁力が乏しい小規模企業で，全体の9割を従業員10人未満の企業が占めた。収益力を迎えるため，今後も収益力の乏しい企業を中心に淘汰が進む可能性がある。

倒産件数は26カ月連続で前年同月を上回った。地域別では2倍の64件となった東北をはじめ，9地区全てで前年同月を上回った。

産業別では10産業全てで倒産が増えた。資材価格の高騰がつづく建設業が46％増の193件，人手不足が深刻な運輸業が2倍の54件と増勢が強まっている。

新型コロナウイルス関連の資金繰り支援策は一部を除いて6月に終わり，負債総額は51％減の1

367億円となった。負債額別では1億円未満が75％を占めた。負債100億円以上の倒産は4カ月ぶりにゼロ件となった。

東京商工リサーチの坂田芳博情報部課長は「物価高と人手不足が資金繰り支援策で生き延びてきた企業を直撃している。収益力を高め，支援依存から脱せられるかが問われる転換期を迎えている」と指摘する。

日本経済新聞　2024年6月11日　朝刊　3面
すべて内容は日本の著作権並びに国際条約により保護されています。

近時の企業倒産件数の推移

　2020年より猛威を振るったコロナウイルスは，社会に甚大な被害を及ぼし，経済活動の多くも停止したが，企業倒産件数は予想に反して2022年前半まではむしろ減少傾向にあった。これは無利子・無担保のいわゆる「ゼロゼロ融資」による企業への経済支援が背景にある。しかし2022年後半以降は，記事にもある通り，ゼロゼロ融資の弁済期を迎えたほか，物価高や人手不足も原因として，企業の倒産件数は増加傾向にある。

第 *16* 章　民事執行

本章では，民事執行について説明する。民事執行のうち強制執行は，判決等で認められた権利を権利者の申立てに基づいて強制的に実現するための裁判所の手続である。また，民法が定める抵当権等の担保権を実行するための手続も民事執行の一種である。

1　民事執行制度の趣旨・目的

　これまで説明した民事訴訟や人事訴訟の判決には，裁判所が原告の権利を認めることにより，被告に対して，金銭の支払，物の引渡し，登記手続等をするように命じるものがある（このような判決を給付判決という⇒**第 *3* 章 2 2**・**第 *7* 章 2**）。また，家事審判にも同様のものがある（⇒**第 *14* 章 2**）。調停や裁判上の和解において，当事者間で金銭の支払等の一定の行為をすることを合意すれば，そのことを記載した裁判所の調書が作成される（⇒**第 *6* 章 2**・**第 *12* 章 2 2**・**第 *13* 章 3** 等）。これらの結果，権利者にとっては，義務者が義務を履行すべきことが裁判所の公式の文書で認められたわけであるから，一安心ではある。しかし，義務者がこれらに従って義務を履行しない場合には，権利者はどうすればよいであろうか。そのような場合に備えて，権利を強制的に実現するための法律上の方法がなければ

224　**第 *3* 編**　民事執行法・民事保全法，倒産法　**第 *16* 章**　民事執行

ならない。そうでなければ，判決や和解調書は「絵に描いた餅」になってしまう。そのような方法として，民事執行の一種である**強制執行**がある。

また，民法は抵当権（民369条以下）等の担保権について定めており，金融機関がお金を貸し付ける場合などに，借主等の財産について担保権を設定してもらうことがある。約束通り返済してもらえなかった場合に，その財産をお金に換えて貸金の回収を得られるようにするためである。そのために担保権を実際に行使することを**担保権の実行**という。担保権の実行のための法定の手続も，民事執行の一種である。

以上について，具体例でみてみよう。

> ケース3 で，石田は，小早川に対して150万円の損害賠償を請求する訴えを提起して，第一審で請求を全部認容する「被告（小早川）は原告（石田）に対して150万円を支払え。この判決は仮に執行することができる」という仮執行宣言付判決を得た。しかし，小早川は，控訴をし，その支払をしようとしない。

> このような場合，石田は，仮執行宣言付判決に基づいて裁判所に強制執行を申し立て，小早川の所有物（不動産，動産）や給料・銀行預金といった債権を差し押さえてもらい，これを競売または取立てによって金銭に換えることにより，債権を回収することができる。

これが強制執行という仕組みである。このように強制執行の根拠となる文書を**債務名義**といい，確定判決のほかに，仮執行宣言付判決，裁判上の和解調書等がある（⇒本章3**1**）。

1 民事執行制度の趣旨・目的 　225

ケース1 で，古都信は，800万円を貸し付けるのと同時に，その
貸金債権を被担保債権として，桂川和紙から，その所有する土地につ
いて抵当権の設定を受けていた。期限が来ても桂川和紙が返済しない
ので，古都信はその抵当権を実行したい。

　債権者が抵当権等の担保権の実行をしたいと考える場合にも，裁
判所に申立てをすることにより，対象財産を競売にかけるなどして
お金に換え，それによって債権を回収することができる。金融機関
が数百万円の事業資金を貸し付ける際には，担保権の設定を受ける
のが通常である。強制執行は判決等の債務名義を得る手続を経なけ
ればできないのに対して，抵当権の実行は，抵当権の設定登記がさ
れていることを示す証明書を裁判所に提出すれば，判決等の債務名
義がなくてもできる（⇒本章 **4**）。

　そこで，ケース1 のような場合，金融機関は，まず担保権の実行によ
る回収を試みるのが通常であり，それによって十分に回収できない場合
（抵当権を設定した不動産の価値が下落していたり，別の債権者の先順位の抵当権が
設定されていたりする場合）に強制執行の手続を考えることになる。

　ケース2 で，織田は，徳川に対する建物収去土地明渡請求訴訟で
請求を全部認容する「被告（徳川）は原告（織田）にこのログハウスを
収去してこの土地を明け渡せ」という旨の判決を得て，この判決が確
定した。ところが，徳川がこの判決に従おうとしないので，織田は，
強制執行の手続をとることにより，建物が取り壊されて更地になった
土地を取り戻したい。

226　　第**3**編　民事執行法・民事保全法，倒産法　　第**16**章　民事執行

このように，金銭の支払以外の請求についても，確定判決等に基づく強制執行が可能である。

> この例で，徳川が土地を明け渡さない場合には，織田は，民事執行法の定める手続に従って，徳川に費用を負担させて建物を取り壊し（これを「収去する」という），土地を明け渡させる強制執行の手続を申し立てることができる。

2 民事執行の意義と種類

民事執行の意義・執行機関・執行当事者

民事執行とは，国家機関である裁判所が私法上の請求権を強制的に実現する法的手続である。民事執行は，**民事執行法**，**民事執行規則**等の法令に基づいて進められる。

国家の執行権を行使する権限を有する国家機関を**執行機関**といい，民事執行法上の執行機関は，裁判所および執行官である（民執2条。ただし，裁判所書記官が執行機関となる少額訴訟債権執行という手続もある⇒**第11章1④**）。**執行官**は，各地方裁判所に勤める国家公務員であり，法律の定めるところにより，裁判の執行，文書の送達等を行う（裁62条1項・3項）。

民事執行の種類に応じて，執行機関が裁判所か執行官かが分かれている。裁判所が執行機関となるのは，権利関係に関する法的判断をすることがしばしば必要となる性質の手続であり，執行官が執行機関となるのは，執行現場での事実的行為が中心となる性質の手続である。各種の手続の執行機関が裁判所か執行官かについては，次

の本章3 **2** と **3** で掲げる表（⇒図表16‐4・16‐5）の中に示す。裁判所は，執行官が執行機関となる場合でも，一定の法的判断を示すことがあり，裁判所が執行機関となる場合を含め，民事執行の手続で権限を行使する裁判所のことを「**執行裁判所**」という（民執3条）。

民事執行手続の当事者を**執行当事者**といい，そのうち執行を求めるのが**債権者**，その相手方が**債務者**である。

また，強制執行によって実現されるべき債権者の債務者に対する請求権を**執行債権**という。

民事執行手続の登場人物や相互関係を簡単に図示すると次の図（⇒図表16‐1）のようになる。

図表16－1　民事執行手続の登場人物や相互関係

民事執行の種類

民事執行の種類について，順にみていこう（図表16‐2から16‐5までにおいて条文は民事執行法。「債務名義」については，次の本章3 **1** で述べる）。

民事執行は，手続の趣旨・目的によって大きく分けると，次の表（⇒図表16‐2）のように4つに分かれる。

図表16−2	民事執行手続の趣旨・目的
① 強制執行（22条〜177条）	債務名義に基づいて，私法上の請求権（執行債権）を強制的に実現する手続
② 担保権の実行としての競売等（180条〜194条）	担保権に基づいて目的財産を競売したり賃貸したりして，被担保債権への弁済を実現する手続
③ 形式的競売（195条）	留置権による競売，民法・商法その他の法律の規定による換価のための競売
④ 債務者の財産状況の調査（196条〜211条）	強制執行の対象財産を債務者に開示させる手続（財産開示手続）および債務者の財産に関する情報を第三者から取得する手続（第三者からの情報取得手続）

　これらのうち①の強制執行は，債務名義に係る請求権の種類により金銭執行と非金銭執行の２つに分かれる。

図表16−3	強制執行の分類
金銭執行	金銭の支払を目的とする債権についての強制執行（43条〜167条の16）
非金銭執行	金銭の支払を目的としない請求権についての強制執行（168条〜177条）

　金銭執行と非金銭執行にもそれぞれいくつかの種類がある。次の本章3❷と❸で説明する。

3　強制執行

❶　債務名義と執行文に基づく強制執行の申立て

| 債務名義とは |

　強制執行等の民事執行の手続は，債権者の申立てに基づいて開始する（民執2条）。そして，債権者が強制執行を申し立てるためには，**債務名義**が必要である（民執22条）。債務名義とは，強制執行によっ

3　強制執行　　229

て実現されるべき請求権（執行債権）の存在と内容を示す公の文書であり，法律上，一定の文書がこれにあたると定められている。具体的には，確定判決（⇒第**7**章**2**），仮執行宣言付判決（民訴259条），仮執行宣言付支払督促（⇒第**11**章**3**），確定判決と同一の効力を有すると法定されている文書（裁判上の和解調書，調停調書，労働審判書等⇒第**6**章**2**⑤・第**11**章**3**・第**12**章**2**②・第**13**章**3**），家事審判書（⇒第**14**章**2**）等である。これらはいずれも裁判所で作成されるが，そのほかに，執行証書（公証人が作成した公正証書で，一定額の金銭の支払等を目的とする請求について，債務者がただちに強制執行に服するとの陳述が記載されているもの）等も債務名義となる。

　これらの債務名義は，強制執行の基礎となる効力を有することが法律によって認められているものである。たとえていえば，強制執行手続という乗り物に乗るための切符のようなものである。本書で取り上げる各 ケース では，お金の支払，物の引渡し，登記手続等の給付を求める権利を有すると主張する者が，本書第**1**編〜第**3**編で説明した民事訴訟等の手続を用いる。その目的としては，この債務名義を得ることによって権利を強制的に実現できることが大きい。権利を主張する者は，確定判決等の債務名義を受け取る段階とそれに基づく強制執行を求める段階との二段階の手続をふむことになる（手続を担う国の役割という面からは，権利を判断して債務名義を作成する役割と執行手続を実施する役割とが分かれているということになる）。その相手方は，債務名義ができてしまえば，覚悟して任意に履行することも多い。

執行文とは

　このように強制執行ができるという債務名義の効力のことを執行

力という（⇒**第7章2**）。その債務名義の執行力が現時点で債権者と債務者との間に存在することを裁判所書記官等が証明する記載が**執行文**である（執行文は，上記の二段階の機関のうち前の方の債務名義作成機関が債務名義の執行力を証明するという意味をもつ）。強制執行の開始のためには，原則として，債務名義に執行文を付した文書（**執行力のある債務名義の正本**または**執行正本**という）を債権者が申立書に添付して提出しなければならない（民執25条本文，民執規21条参照。現行法上は紙媒体を執行機関に提出する。IT化〔⇒本章**コラム**（244頁）〕後は，債権者が事件を特定するのに必要な情報を示せば足りるという仕組みも設けられる）。

執行文の付与ができるかどうかが実際に問題となるのは，主に次の2つの場合である。

1つは，債務名義が示す請求権が停止条件付きであるなど，条件成就等を債権者が証明しなければならない場合である（民執27条1項）。その場合の執行文を**補充執行文，条件成就執行文**等という。

もう1つは，債務名義に表示された当事者とは別の者を債権者または債務者として強制執行をする場合である（同条2項）。

（ケース2）で，建物収去土地明渡しを命じる確定判決を受けた徳川が，その後に明智満に建物を売却して土地の占有を移した場合，債権者である織田は，そのままの確定判決を債務名義として，明智を債務者とする執行文を裁判所書記官に作成してもらうことにより，明智に対して強制執行をすることができる。

このような執行文を**承継執行文**という。正確には，判決の場合，口頭弁論終結時（⇒**第6章3 2・第7章4**）の後に権利義務等を承継した人が対象となる（民執23条1項3号）。

3 強制執行 231

ケース3 で，勝訴した石田が亡くなってしまい，その相続人（たとえば両親）が小早川に対して強制執行をしようとする場合にも，相続人を債権者とする承継執行文が付与される。

　執行文を付与してもらえるはずであるのに付与してもらえなかったと債権者が主張する場合や，執行文が付与されるはずがないのに付与されてしまったと債務者が主張する場合には，これらに対する異議の申立てまたは異議の訴えによって不服を申し立てることができる（民執32条～34条）。

2　金銭執行の種類と手続

金銭執行の種類

　ケース3 のような場合の金銭執行は，前に述べた（⇒本章 **2**）ように，金銭債権を回収するための強制執行である。執行の対象（目的物）の種類（不動産，動産，債権等）によって次頁の図表16‐4のように分かれ，その手続について次にあげる民事執行法の規定が置かれている。図表16‐4では，執行機関（⇒本章 **2**）が裁判所であるか執行官であるかを示す。

　なお，これらの規定の多くは，担保権の実行としての競売等についても準用されるので，担保権の実行手続の進め方は，担保目的物の種類（不動産，動産，債権等）に応じて，金銭執行と多くの部分で共通する。

金銭執行の手続の流れ

　金銭債権を回収するための強制執行である**金銭執行**の手続は，お

232　第3編　民事執行法・民事保全法，倒産法　　第16章　民事執行

図表16 - 4	金銭執行の種類	

執行の対象（目的物）の種類	執行機関	備考
不動産執行（43条〜111条）	裁判所	不動産執行は，換価・配当の方法によって，強制競売（45条〜92条）と強制管理（93条〜111条）に分かれる。
船舶執行（112条〜121条）	裁判所	運輸関係の法規や民事執行規則に規定が置かれているものとして，航空機執行，自動車執行等もある。
動産執行（122条〜142条）	執行官	
債権執行およびその他の財産権に対する執行（143条〜167条）	裁判所	少額訴訟債権執行（167条の2〜14）では，裁判所書記官が執行機関となる。

おおまかにいうと，

債権者による申立て ⇒ 差押え ⇒ 換価 ⇒ 満足

という各段階を経て進む。債務者の財産を債務者が処分できないようにして（差押え），それをお金に換え（換価），債権者に支払う（満足）ということである。

差押えとは

差押えは，執行機関（裁判所または執行官）が，強制執行の目的物である特定の財産を支配下に拘束することであり，その効果として，債務者はその財産を処分することが禁止される。金銭執行の手続は，差押えによって開始される。

ただし，給料債権のうち一定の部分や債務者の生活に欠くことができない動産など，法律上，差押えが禁止される財産（差押禁止財産）がある。

ケース3 で，仮に小早川に勤務先があるとして，石田の申立て

3 強制執行 233

に基づいて，その会社に対する小早川の給料債権について裁判所が差し押さえる決定をする場合，原則として4分の1の範囲でしか差押えができない（例外は，給料が多額である場合である）。なお，この場合の勤務先会社のように差し押さえられる債権の債務者は**第三債務者**とよばれる。第三債務者は，差押えによって，債務者（この場合の小早川）に支払うことを禁じられる。

換価とは

換価は，執行機関が差し押さえた債務者の財産をお金に換える手続である。不動産執行であれば，不動産を競売によって売却するのが通常の手続であり，これを**強制競売**という。そのほかに，不動産を第三者に賃貸して賃料を受け取るといった方法で，不動産から収益を得る方法もあり，これを**強制管理**という。不動産の強制競売か強制管理かは債権者が申立時に選択することになり，1つの不動産についてこれらの両方を用いることもできる。執行官が動産を差し押さえる動産執行では，執行官が差し押さえた動産を売却してお金に換える。

　債務者の有する債権が差押えの対象となる債権執行では，債権者が，第三債務者から直接債権を取り立てることができる。

コラム

3点セットとBITシステム

　強制執行や担保権実行のために実施される不動産競売は，広く一般の人々や企業から買受けの希望者を募り，最も高い金額で買うと申し出た者に不動産を売却する制度である。そのため，対象物件についての情報をできるだけ広く開示し，多くの人に申出をしてもらう方が，迅速に高額で売却ができ，債権の満足のためにも良い。そのために，物件に関す

234　第3編　民事執行法・民事保全法，倒産法　第16章　民事執行

る情報を表すものとして，①形状や占有状況等の現況の調査結果（民執57条。現況調査報告書），②不動産鑑定士等の評価人による価格の評価（民執58条。評価書），③他人の賃借権等を記載した物件明細書（民執62条）が作成される。これらは不動産競売に関する「3点セット」といわれ，裁判所で閲覧できる。そして，これらの情報へのアクセスをより良くするために，インターネット上での不動産競売物件情報サイト（通称「BIT システム」。https://www.bit.courts.go.jp/）が運営されており，実際の3点セットもダウンロードできる。なお，物件の所有者名は明らかにならないようになっている。

満足とは

強制執行における債権の満足は，不動産執行や動産執行ではそれらの売却金等から債権者が支払を受けることによって実現し，債権執行では債権者が第三債務者から支払を受ける方法等によって実現する。

執行対象財産の特定とそのための制度

ところで，以上のような手続は，債権者が，強制執行の申立時に差し押さえるべき財産を示すことが前提になっている。ところが，債権者は，特に，（ケース3）のような不法行為の被害者のような場合，加害者である債務者がどのような財産を有しているかを知らないのが普通である。また，債権者が金融機関や事業者であっても，債務者の財産を全部知っているわけではない。そこで，債権者は，債務者の財産について調査をして強制執行の申立てをすべきことになるが，その方法にも限界があるので，債務者の財産状況を調査するための方法が民事執行法に定められている。

3 強制執行　235

まず，債権者が申立てをして，債務者に対して財産を開示するよう執行裁判所に命じてもらう手続（**財産開示手続**）がある。

　また，債権者の申立てにより，裁判所が，登記所（法務局）に対して債務者の不動産に関する陳述を命じたり，金融機関に対して預貯金に関する陳述を命じたりするなどの制度も設けられている。債権者がこれらの第三者から債務者の財産についての情報を得られるようにするものである。

❸　非金銭執行の種類と手続

非金銭執行の種類

　金銭債権以外の請求権（非金銭債権）に基づく強制執行である**非金銭執行**は，請求権の種類に応じ，次頁の表（⇒**図表16 - 5**）のような各種の方法による（民執168条〜177条）。作為債権が代替的か不代替的かというのは，債務者以外の第三者が同じことをすれば債権の目的が達せられる性質の債権は「代替的」，債務者以外の者がしても意味がない性質の債権は「不代替的」という意味である。

直接強制とは

　図表16 - 5に記載した手続のうち，**直接強制**は，文字通り直接的な方法であり，執行官が，実際に現場に出向き，対象物について，債務者の占有を解いて，債権者にその占有を取得させる（債務者から取り上げて，債権者に引き渡す）方法によって行う。ただ，債務者が居住していた建物の明渡しなどでは，債務者にとって苛酷なことにならないように，執行官が明渡しの催告をして，1か月の猶予をするという方法をとることができる。

236　　第3編　民事執行法・民事保全法，倒産法　　第16章　民事執行

図表16-5	非金銭執行の種類	

請求権の種類	執行の方法	執行機関
1 物の引渡・明渡請求権	**直接強制**（168条～170条）または**間接強制**（173条）	直接強制は原則として執行官，目的物を第三者が占有する場合は裁判所。間接強制は裁判所
2 作為・不作為の請求権		
①代替的作為債権	**代替執行**（171条1項1号）または**間接強制**（173条）	裁判所
②不代替的作為債権	**間接強制**（172条）	裁判所
③子の引渡しを求める権利	間接強制または直接的な強制執行（174条～176条）	裁判所
④不作為債権	不作為自体の強制執行は，**間接強制**（172条）。義務違反によって発生した結果の除去等は，①の代替的作為債務と同じ（171条1項2号・173条）。	裁判所
⑤意思表示を求める債権（不代替的作為債権の一種。例：登記手続請求権）	**意思表示の擬制**（177条）	（判決の確定等によって当然に執行されるので，執行機関は必要ない）

※なお，作為・不作為請求権の中には，性質上，強制執行ができない義務を目的とするものもあり（夫婦同居義務，自由な創造力を要する芸術的行為を目的とする義務等），不履行に対する救済は，損害賠償によるしかないこととなる。

なお，直接強制，間接強制，代替執行という区別（民414条1項にこの3つがあげられている）との関係では，前に述べた**2**の金銭執行はすべて直接強制に含まれる。

| 間接強制とは

次に，**間接強制**は，執行裁判所が，債務者に対して，遅延の期間等に応じた一定の金額の金銭を債権者に支払うよう命じる方法によ

3 強制執行　237

って行う強制執行である。履行をしなければお金を払わなければならないものとして債務者に心理的なプレッシャーをかけ，債務の履行をさせようとするものである。

代替執行とは

代替執行には，作為債権に基づくものと不作為債権に基づくものとがある。作為債権に基づく代替執行は，債務者に費用を負担させて，第三者にその行為をさせる方法によって行う。これは，第三者がしても債権の目的が達せられる代替的作為債権について用いられる。不作為債権に基づくものは，債務者が不作為義務の違反によって発生させた結果を債務者の費用で除去させるなどの方法によって行う。これらは，執行裁判所が授権決定という裁判によって命じることになる。

（ケース2）について必要となる建物収去土地明渡しの強制執行は，土地明渡しについての直接強制の方法で実施される。ただし，そのために建物収去が必要となるところから，その部分は代替執行として実施される（債務者である徳川がすべき建物収去行為について，裁判所が第三者に権限を授与して実施させることになる。実務上，執行官が権限を授与されることが多く，執行官は，その権限に基づいて民間業者に建物の取壊しを請け負わせることになる）。

子の引渡しの強制執行とは

（ケース5）で太郎と花子が離婚した後に，子らを監護する花子の元から太郎が子であるみらいを連れ去って戻さないという事件が起こった。

このような場合，花子の申立てにより，太郎を相手方として，花子にみらいを引き渡すように命じる家事審判がされることがある。太郎がこの審判に従わない場合は，花子の申立てにより，子の引渡しの強制執行がされる。

子の引渡しの強制執行については，2019年の民事執行法の改正（2020年4月施行）で規定が整備され，間接強制による方法または直接的な強制執行の方法（執行裁判所が執行官に子の引渡しを実施させる決定をする方法）によって実施されるようになった。直接的な強制執行の手続においては，子の年齢，発達の程度等の事情を踏まえ，できる限り，その強制執行が子の心身に有害な影響を及ぼさないように配慮しなければならないとされている。

意思表示の擬制

ケース4 で問題となる登記手続を求める請求権は，債務者（このケースでは松平）に対して，登記申請という登記所（法務局等）への意思表示をするよう求める請求権である。このような請求権に基づく強制執行は，意思表示をすることを債務者に命じる判決が確定した時に，債務者が意思表示をしたものとみなされる（**意思表示の擬制**）。したがって，この時点で強制執行は終了する。ただし，実際に登記の手続をするためには，債権者（このケースでは木村）が執行力のある判決書の正本を登記所に提出する必要がある。

3 強制執行 239

4　担保権の実行手続

（ケース1）で古都信が，貸付金債権の担保として，桂川和紙の不動産について抵当権の設定を受けていた場合，桂川和紙が期限までに返済をしなければ，抵当権の実行をして，その売却代金から債権の回収をすることができる。

　その手続は，担保権の実行としての不動産の競売（これを**担保不動産競売**という）であれば，不動産執行のうちの強制競売（⇒本章**3 2**）と同じく，不動産を差し押さえて，競売により換価し，その代金から満足を受けるという具合に進められる。このように，担保権の実行手続は，強制執行と多くの部分で共通する（民執188条・189条・192条〜194条）。

　しかし，担保権の実行手続が強制執行と大きく違うのは，強制執行では不可欠な債務名義（⇒本章**3 1**）が不要であるところである。たとえば，抵当権の実行であれば，抵当権者は，その抵当権が登記されていることを示す不動産の登記事項証明書（民執181条1項3号）を裁判所に提出して，手続の開始を申し立てればよい。金融機関が多額の金銭を貸し付ける場合に担保権の設定を受けるのは，実体法的に優先的な地位を確保することができるほか，債権回収手続を迅速に進められるというメリットがあるからである。

240　第*3*編　民事執行法・民事保全法，倒産法　第*16*章　民事執行

| 5 | 民事執行をめぐる不服申立ての方法 |

❶ 違法執行と不当執行の違い

違法執行とは

　民事執行の手続は，執行機関が，民事執行法，民事執行規則等の手続法規に従って進めなければならない。たとえば，債務名義が通常訴訟の確定判決であって，これには執行文が付されていなければ強制執行が開始できない（民執25条本文）にもかかわらず，執行文が付されていない通常訴訟の確定判決に基づいて物の差押えをした場合，このような差押えは違法である。このように，執行機関等の行為が手続法規に違反していることを**違法執行**という。

　執行機関等の行為によって不利益を被る者（債権者のことも債務者のこともある）が，違法執行を理由として不服申立てをする方法には，執行抗告と執行異議がある。

　執行抗告は，民事執行法等に特別の定めがある場合に限ってできるもので（民執10条1項），一種の上訴（⇒第*10*章4❶）である（たとえば，地方裁判所の行為の違法を主張する場合，高等裁判所に執行抗告をすることになる）。**執行異議**は，執行抗告ができない執行機関等の行為について不服申立てをするもので（民執11条1項），地方裁判所の行為であれば地方裁判所という具合に同一審級の裁判所が判断することになる。たとえば，不動産執行に関し，強制競売開始決定に対して執行抗告ができるという規定はないので，債務者は執行異議を申し立てることになる。これとは異なり，強制競売の申立てを却下した裁判に対しては，債権者が執行抗告をすることができる（民執45条3項）。

不当執行とは

これに対し，債務名義や執行文は執行機関にきちんと提出されているので手続的な違法はないものの，実際には，債務名義に記載されている債務はすでに弁済がされているので執行債権（⇒本章**2**）が不存在であるといった場合もある。

> **ケース3** で，判決で損害賠償金の支払を命じられた小早川は，石田にその全額を支払った。ところが，石田が強制執行の申立てをした。このような場合，小早川はどうすればよいだろうか。

執行機関は，債務名義や執行文の形式が整っていれば執行手続を進めなければならない義務を負っている（言い換えると，形式が整っているのに手続を進めないならば，それが違法執行となる）。その債務名義の中身となる債務が本当にあるかどうかは，執行機関の審査権限の外であり，手続としても，強制執行手続とは別個独立の（いわば外側の）訴訟等を通じて判断される。こういった事柄は，債務名義の内容が実体法的に不当であるという意味で，**不当執行**の問題として扱われる。不当執行が問題となる場合のうち，執行文の付与の要件に関わることは，前の本章**3 1**で触れた（執行文付与に対する異議の申立てまたは異議の訴えによる）。

不当執行に対する救済方法のうち，債権者の権利がないにもかかわらず強制執行がされていると主張する債務者がとりうる方法が請求異議の訴えであり，次の**2**で述べる。

上にあげた事例では，小早川は，請求異議の訴えを提起することになる。

　また，第三者が，他人の債務に基づく強制執行で財産を差し押さえられたと主張する場合にとりうる方法として，第三者異議の訴えがあり，これについて**❸**で述べる。

❷　請求異議の訴え

　請求異議の訴えとは，ある債務名義に記載された請求権の存在や内容が実際とは違うこと，または，裁判以外の債務名義について成立過程に問題があることを主張して，債務者が，債権者を被告として，その債務名義に基づく強制執行を許さない旨の判決を求める訴えである（民執35条1項）。

　敗訴判決を受けてお金を支払うよう命じられた被告（債務者）が原告（債権者）に債務を全部弁済したにもかかわらず，強制執行の申立てをされた場合を考えると，このような債務者を救済する手段がないといけない。それが請求異議の訴えである。債権者と債務者との間の実体的な権利義務関係について判断する手続であるので，訴えに基づく訴訟手続によることになる（非訟と訴訟に関する**第12章3**を参照）。

　この訴訟手続の間に強制執行手続が進められてしまうと，債務者が損害を被ることになるので，債務者は，強制執行を一時停止する決定を裁判所に求めることができる（民執36条1項・39条1項7号）。また，請求異議訴訟で債務者の請求を認容する判決（強制執行を許さないとの判決）が確定すると，強制執行手続が取り消されることになる（民執39条1項1号）。

　なお，強制執行ではなく担保権実行手続に関しては，担保権が消

滅しているのにその実行がされていると主張する債務者は，請求異議の訴えではなく，執行抗告または執行異議の手続によって不服申立てをすることになる（民執182条等）。

❸　第三者異議の訴え

　民事執行の手続において差し押さえられるべき財産は，債務者や担保権設定者の財産である。ところが，そのような財産にあたらないのに，債務者等の財産であるものとして差押えがされてしまった場合，本当の所有者であると主張する者は，**第三者異議の訴え**（民執38条1項）という方法によって，そのような強制執行等を許さないとの判決を求めることができる。

コラム

民事執行，民事保全等の各種の手続の IT 化

　2023年改正法により，民事執行，民事保全，倒産処理，家事調停，家事審判等の裁判所での各種の民事手続においても，裁判所に対する申立て等について，民事訴訟での訴えの提起（⇒第*3*章**4❶**）等と同様に，すべての裁判所に対し，一般的に，インターネットを用いてオンラインですることができるようになる。この改正は，原則として，2023年改正法の公布日（2023年6月14日）から起算して5年以内（2028年6月13日まで）に施行される。委任を受けた代理人である弁護士等は，申立て等をオンラインで行わなければならなくなる。

　裁判所で作成される事件記録も電子化され，裁判書は，民事訴訟の電子判決書（⇒第*6*章**3❷**）と同様に電子裁判書となり，物件明細書（⇒コラム〔234頁〕）も電子物件明細書となる。

　また，強制執行の申立てに際しては，債務名義が民事訴訟の電子判決書である場合，債権者がその訴訟の事件を特定するのに必要な情報を示せば，執行機関が，裁判所間のデータのやりとりによって，債務名義で

ある電子判決書の存在を確認する仕組みができる（なお，この仕組みを作る改正は，判決書の電子化に合わせて，2026年3月までに施行される見込みである）。

　さらに，不動産担保権の実行の申立てにおいて登記事項証明書の提出（⇒本章**1 4**）は不要となり，申立人（債権者）が裁判所に不動産と登記の内容を特定して示せば，裁判所が登記所（法務局，地方法務局等）との間でのやりとりにより，登記記録の存在を確認するという仕組みができることになる（2023年改正法施行後の民執181条1項）。不動産に対する強制執行の申立てにおける登記事項の特定に関しても，最高裁判所規則で同様の仕組みが定められると想定される。

第 *17* 章　民事保全

本章では，民事保全について説明する。民事保全には，①仮差押え，②係争物に関する仮処分，③仮の地位を定める仮処分の３種類がある。これらのうち，①と②は，第 *16* 章で説明した民事執行の一種である強制執行がうまくいくように，あらかじめ債務者の財産を確保しておくことを目的とする。また，③は，債権者が著しい損害や急迫の危険を被らないように，訴訟の判決に先立ち，権利が認められたのと同様の地位を仮に認めようとするものである。

1　民事保全制度の概要

■　民事保全とは

　民事保全について定めた法律である民事保全法の１条は，「民事訴訟の本案の権利の実現を保全するための仮差押え及び係争物に関する仮処分並びに民事訴訟の本案の権利関係につき仮の地位を定めるための仮処分」を「民事保全」と総称している。「民事保全とは何か」という問いに対する答えとしては，次の図（⇒図表17－1）にある３つのものを合わせたよび方であるということになる。

図表17－1　民事保全の分類

```
┌─民事訴訟の本案の権利の実現を保全するための ┌─仮差押え ‥‥‥‥‥‥‥‥‥‥①
│                                            └─係争物に関する仮処分 ‥‥‥‥②
└─民事訴訟の本案の権利関係につき仮の地位を定めるための仮処分 ‥‥‥‥‥‥‥③
```

そこで，民事保全の種類は，この3種類であるということになる。

❷　民事保全制度の趣旨・目的

それでは，「民事保全の制度は何のためにあるのか」，「民事保全は何のために用いられるのか」という問いに対する答えはどうなるだろうか。実は，その答えも，❶の図表17-1の中にある。①仮差押えと②係争物に関する仮処分は，民事訴訟の本案の権利の実現を保全するためのものであり，③仮の地位を定める仮処分は，民事訴訟の本案の権利関係につき仮の地位を定めるためである。

しかし，その答えでは分かりにくいので，①②③のそれぞれについて，具体例に基づいてみていこう。それぞれの例で，民事保全の利用者である債権者は民事訴訟の原告であることを前提に，そのニーズを頭に置いて読んでほしい。

| 仮差押えは何のために用いられるのか |

> ケース1 で，古都信は，期限が来ても返済をしない桂川和紙から800万円を返済してもらいたいが，桂川和紙は，ほかにも負債を抱えており経営が苦しそうで，その返済がないのも，資金がないからではないかと疑われる。古都信は桂川和紙からある土地について抵当権の設定を受けていたが，その土地の価値が下がり，先順位抵当権との関係で，抵当権実行によっては回収が見込めそうにない。

(1)　仮差押えの目的

このような場合，古都信は，桂川和紙を被告として訴えを起こし，請求認容判決を得て強制執行（⇒第**16**章**3**）をすることができる。

1　民事保全制度の概要　**247**

ところで，強制執行は，第*16*章3**■**でみたように，債務名義を取得してからでないと申し立てることができず，債務名義を得るためには民事訴訟等の手続が必要となる。しかし，債務者は，経済的に苦しい状況にある場合，債権者が民事訴訟の手続をとっている間に，事業資金に充てるとか別の債権者に弁済するとかの目的で，所有物を処分してしまったり，預金を引き出してしまったりして，財産を減少させ，ひどい場合にはほとんど失ってしまうおそれがある。そうなってしまうと，債権者は，債務名義を得ても，強制執行の対象とすべき債務者の財産がないので債権が回収できないという状況が生じる。このような状況が生じないようにするために用いることができるのが，民事保全の1つである**仮差押え**である。

(2) 仮差押えの効果

　仮差押えは，金銭債権を行使したい債権者が，民事訴訟等の手続をしている間に債務者の財産が失われて強制執行ができなくなってしまうことを防止するために，申立てをすることにより，裁判所が，あらかじめ，「債務者の財産を仮に差し押さえておく」という制度である。仮差押えをしておくと（正確には，仮差押えの執行として，たとえば不動産に仮差押えの登記をしておくと），その後に債務者がその財産を処分したとしても，債権者は，その財産に対して，債務者の財産であるかのように強制執行をすることができる。最初に述べた「民事訴訟の本案の権利の実現を保全するため」に仮差押えが用いられるというのはそういう意味である。「民事訴訟の本案の権利」というのは，民事訴訟で内容が判断されるべき権利のことであり（「本案」という言葉については⇒第*4*章6・第*6*章3**■**），このような権利を，判決に先立って，仮差押えというかたちで，強制執行による権利の実現まで対象財産を確保しておく，つまり「保全する」と

248　第*3*編　民事保全法・民事執行法，倒産法　第*17*章　民事保全

いうことである。

係争物に関する仮処分は何のために用いられるのか

> ケース2 で，織田は，徳川に対して建物収去土地明渡請求の訴え
> を提起したいと考えているが，徳川が訴訟中に誰かに建物を売って，
> 土地の占有を移してしまうと，徳川に勝訴しても，またその新しい占
> 有者を相手に訴訟をしなければならなくなってしまう。

このような土地所有者（織田）の権利を保全するために用いられ
るのが，係争物に関する仮処分である。訴訟の被告となる徳川が，訴
訟の途中で建物（ログハウス）を誰か（たとえば明智満）に売却した
りすると，徳川に対して勝訴判決を得ても土地の明渡しを得られな
い。織田の土地を占有しているのは，徳川ではなく，明智だからで
ある。このような場合，訴訟の途中で建物の買主を被告とするため
の訴訟引受けという制度はあるが（⇒第9章4），徳川が誰かに建物
を売ってしまわないか見張っているのは織田にとって負担であるし，
訴訟引受けの手続をとらなければならないこと自体面倒である。

そこで，訴訟に先立ち（あるいは，訴え提起後でも），織田が徳川を
債務者として，「係争物に関する仮処分」の一種である「建物収去
土地明渡請求権を保全するための建物の処分禁止の仮処分」を申し
立てることが考えられる。裁判所がこの申立てを認めて，建物につ
いて仮処分の登記がされれば，その後，建物が明智に売却されても，
織田は，徳川に対して勝訴の確定判決を得ることにより，明智を相
手に建物収去土地明渡しの強制執行をすることができる。仮処分の
債権者であった織田は，処分禁止の仮処分に違反した売買の効果を

1 民事保全制度の概要　249

否定して，その建物が徳川の物であり，徳川が土地を占有しているかのように，建物収去土地明渡しの強制執行ができるのである。このような意味で，係争物に関する仮処分も，民事訴訟の本案の権利の実現を保全するためにあるといえる。仮差押えと異なるのは，仮差押えが金銭債権の実現を保全するためのものであるのに対し，係争物に関する仮処分は非金銭債権の実現を保全するためにあるところである。

仮の地位を定める仮処分は何のために用いられるのか

仮の地位を定める仮処分は，「民事訴訟の本案の権利関係につき仮の地位を定める」ことが目的であり，①と②が将来の強制執行による権利の実現を保全するためのものであるのとは異なる。「仮の地位を定める」とは，民事訴訟で勝訴した場合と同様の利益や権利保護の状態を，勝訴判決に先立って，仮にではあるが，生み出してしまおうということである。これが仮の地位を定める仮処分の目的である。

たとえば，次のようなケースがあるとする。

> 桂川和紙の従業員天竜五郎は，ある日突然解雇された。しかし，天竜は，解雇されるような理由がないので，それが解雇権の濫用であって不当であると主張して，従業員の地位を有することの確認を求める訴えを提起したい。天竜は，会社から給料をもらうことで生活をしていたが，会社は解雇したと主張しているので，働くことができず，給料ももらえない。

これでは，天竜は，生活をしていけなくなってしまう。このような場合に，裁判所に，会社に給料の仮払を命じる仮処分を出しても

らうことができれば，訴訟の間も会社から給料の支払を受けられ，これまでと同様に生活をしていくことが可能となる。このような「賃金仮払仮処分」は「仮の地位を定める仮処分」の1つの例である。仮の地位を定める仮処分は，法律上の地位を仮に実現しておくことに目的があり，強制執行ができなくなってしまうことへの対処を直接の目的にはしていない。このように，同じ「仮処分」という名前がついていても，係争物に関する仮処分とは性質がずいぶん異なる。

2 民事保全の手続

■ 手続の概要

　民事保全の当事者は，**債権者**と**債務者**である。また，民事保全の手続は，民事保全の命令（**保全命令**）の手続（民保9条～42条）と，この命令を執行するための民事保全の執行（**保全執行**）の手続（民保43条～57条）という二段階の構造をもつ。本書でこれまで説明してきた訴訟手続と執行手続という二段階の手続のミニ版，暫定版ともいえる。保全命令は，債権者の申立てにより裁判所が行い（民保2条1項），保全執行は，債権者の申立てにより，裁判所または執行官が行う（同条2項）。仮差押えや係争物に関する仮処分の効果（⇒本章**3・4**）は，保全執行がされたことによって生じる。

　このように，民事保全の手続は債権者の申立てを受けて開始するものであり，処分権主義（⇒**序1**）がとられている。民事訴訟や強制執行とは独立した手続であり，申立てや裁判（保全命令等）は，民事訴訟や強制執行の手続とは別にされる。保全執行の手続には，民事保全法46条等により強制執行に関する規定が準用されており，

2 民事保全の手続　251

第*16*章で述べた強制執行の手続に類似する。そこで，本章の解説は，主に保全命令の手続を対象とする。

保全命令における裁判は，すべて決定である（裁判の種類について⇒第*6*章3❶）。すなわち，判決とは異なり，口頭弁論を経る必要がない（民保3条）。これは，簡易で迅速な手続を実現するためである。

❷ 保全命令の要件と審理手続

| 保全命令の要件 |

裁判所が保全命令を発するための要件は，以下の2つである（民保13条1項）。

(ア) **被保全権利**（保全すべき権利または法律関係）の存在

(イ) **保全の必要性**

(ア)被保全権利は，本章 **1** であげたケースの展開例（⇒247，249，250頁）でみると，次の表（⇒図表17 - 2）の通りである。

図表17 - 2　　被保全権利の例

①仮差押え	古都信の桂川和紙に対する貸金返還請求権
②係争物に関する仮処分	織田の徳川に対する建物収去土地明渡請求権
③仮の地位を定める仮処分	天竜の桂川和紙に対する給料請求権

次に(イ)保全の必要性は，民事訴訟で判決を得る前の段階で，権利を保全したり，法的地位を仮に定めたりする必要性である。強制執行は，本章 **1** で触れたように債務名義がないとできないのである

が，債務者が経済的に困窮しており，財産を処分するおそれがあるので，訴訟手続の間に処分をされて債権者の権利の行使が難しくなるとか，債権者が著しい損害を受けるといった必要性を意味する。

被保全権利の内容と，その被保全権利との関係での保全の必要性の内容については，保全命令の種類ごとに，仮差押命令では民事保全法20条1項，係争物に関する仮処分命令では同法23条1項，仮の地位を定める仮処分命令では同条2項にそれぞれ規定が置かれている。これらについては，それぞれ後の本章**3〜5**で述べる。

保全命令の審理手続

(1) 疎　　明

これらの(ア)と(イ)の要件の存在については，**疎明**をすることが必要である（民保13条2項。疎明とは，裁判官に一応の確からしいとの心証をもたせることである⇒第**5**章1**2**)。民事訴訟では証明（⇒第**5**章1**2**）という，より程度の高い心証が求められるのに対し，保全命令では疎明で足りるのは，その命令が民事訴訟の本案判決が出るまでの暫定的なものであること，命令を発するのに迅速性が要請されることといった理由による。実際には，債権者が提出する文書（契約書，登記事項証明書，債権者または関係者の陳述書等）が疎明のための証拠方法となり，また，写真やビデオ撮影データ等が活用されることもある。

(2) 密　行　性

ところで，仮差押命令および係争物に関する仮処分命令を発するかどうかの審理の過程では，債権者のみが資料を提出し，債務者は，申立書の送付や呼出しを受けず，審理に関与する機会を与えられないのが通例である（これを密行性という）。これは，債権者が申立てをしたことを債務者に知らせると，債務者が不動産をほかに処分し

たり，預金を引き出したりする場合があり，保全命令を発する意味がなくなってしまうおそれがあるからである。まず，保全命令とこれに基づく保全執行により債務者の財産を押さえておいてから，債務者に知らせるのである。債務者は，債権者の言い分が事実に反するなど，不服を抱く場合には，後に述べる**4**の通り保全異議という手続で保全命令を取り消すよう裁判所に求めることができる。

(3) 密行性の要請が働かない場合

これに対し，仮の地位を定める仮処分では，原則として，口頭弁論または債務者が立ち会うことができる審尋の期日を経なければ発することができない（民保23条4項本文。例外について同項但書）。実務上は，口頭弁論ではなく，審尋の期日が指定されるのが通例であり，これを必要的審尋とよぶ。仮の地位を定める仮処分は，本案の権利関係を暫定的に実現するという意味をもち，債務者の自由な行動を制約する面が強い。また，保全命令の段階で申立てがあったことを債務者に知らせたからといって，財産の処分により権利の実現が困難となるといったおそれは小さい（密行性の要請が働かない）。そこで，原則として債務者の審尋を経ることになっているのである。

3　保全命令の担保の提供

保全命令と保全執行は，債務者が関与するとは限らない簡易迅速な手続で，被保全権利と保全の必要性の疎明に基づき，債務者の財産や行動に制約を加えるものである。そのため，一般に，命令の基礎となった事実が真実に反する可能性は，民事訴訟での判決に比べて高い。そこで，保全命令が発せられて保全執行もされたが，訴訟の結果，権利があったと認められなかった場合などに，債務者が財産や行動に制約を受けたことによる損害の賠償を債権者に対して求

めることが考えられる。そのような損害賠償請求権を担保するため，保全命令の段階で，債権者が**担保**を提供することが必要とされることが多い。

　法律上，保全命令は，担保を立てさせて，もしくは一定の期間内に担保を立てることを保全執行の条件として，または担保を立てさせないですることができるとされており（民保14条１項。担保を立てる方法について民保４条），実務上は，「担保を立てさせて」保全命令を発することが多い。ただし，債務者に合理的な言い分がほとんどないとみられる場合（たとえば，迷惑行為の差止めの仮処分命令が債務者を審尋した上で発せられる場合）や債権者に担保を提供させることが保全命令の趣旨にそぐわない場合（たとえば，本章**1 2**であげた賃金仮払仮処分命令）には，担保を立てさせないで保全命令が発せられる。

④　保全命令の申立てについての裁判に対する不服申立ての方法

　ここで，保全命令の申立てについての各種の裁判とそれに対する不服申立ての方法を説明する。

　保全命令（債権者の申立てを認容して発せられる）に対して，債務者がその不当を主張して申し立てるのが**保全異議**（民保26条）である。保全異議の申立てについては，保全命令を発した裁判所（官署としての裁判所）が同一審級で再審理することになる。前の**2**の「密行性」によって債務者が関与せずに発せられた保全命令に対しては，債務者が言い分を述べる最初の機会となる。裁判所は，保全命令の要件の有無について，口頭弁論または審尋期日を開いて審理し，保全命令の認可，変更または取消しの決定をする。

　保全取消しは，保全命令自体の不当ではなく，保全命令発令後の

2　民事保全の手続　**255**

事情を理由として,保全命令を取り消す手続である。債権者が本案の訴えを提起せず,裁判所の起訴命令にも応じなかった場合（民保37条),本案の訴訟で被保全権利が否定された場合のように事情が変更した場合（民保38条）等に保全取消しがされる。

以上は,保全命令と同一審級での不服申立てであったが,上級審への抗告として,次のようなものがある。まず,保全命令の申立てを却下する裁判に対しては,債権者が**即時抗告**をすることができる（民保19条1項)。また,保全異議または保全取消しの申立てについての裁判に対する上訴は**保全抗告**である（民保41条・42条)。

以上述べたような,不服申立てを含む保全命令の手続の流れを図示すると,次の図（⇒図表17-3）の通りである。

図表17-3　不服申立てを含む手続の流れ

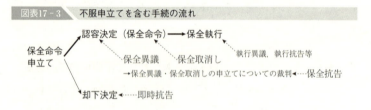

3　仮差押え

仮差押えの意義と要件

仮差押えは,本案の権利である金銭債権の実現（強制執行）を保全するため,債務者の財産について,その処分を制限する措置を講じる処分である。

仮差押命令の要件のうち(ア)被保全権利は金銭の支払を目的とする

債権であり，(イ)保全の必要性は，その債権について，強制執行ができなくなるおそれ，または強制執行に著しく困難を生じるおそれがあることである（民保20条1項）。

前の本章1**2**の（ケース1）の例でみたように，債務者（桂川和紙）が事業規模や収入との対比で過大な債務を負っており，経営や生活に困難を来している事情が疎明されれば保全の必要性が認められる。

命令の内容とその執行の効果

仮差押命令では，債務者所有の特定の不動産，債務者が有する特定の債権，債務者所有の動産等を仮に差し押さえる旨の決定がされる。

そして，仮差押えの執行により，債務者は，目的財産についての処分を禁止される。債務者が，これに違反して，所有権の移転や担保物権・用益物権の設定等をしても，仮差押債権者に対抗できず，その被保全権利に基づいて確定判決等の債務名義が成立し，強制執行がされると，換価は，仮差押えの執行後の第三者の権利取得を無視して行われる。

また，債権の仮差押命令の執行では，第三債務者（仮差押えの対象となった債権の債務者のことである。たとえば，銀行預金債権であれば銀行，給料であれば使用者〔⇒**第16章3**2〕）は，仮差押えの債務者にその弁済をしてはならないとの命令がされ（民保50条1項），これに従って弁済が禁じられる。これを債権仮差押えの執行による弁済禁止効という。弁済がされると債権が消滅してしまうからである。他方，仮差押えの段階では，債権者も第三債務者から支払を受けることはできない。まだ債務名義ができておらず，債権者が強制執行

3 仮差押え　257

できる段階に至っていないからである。第三債務者は，供託（法務局等の供託所に預けること）をすることにより，債務を免れることができる（民保50条5項，民執156条1項）。

4 係争物に関する仮処分

1 係争物に関する仮処分の意義と要件

係争物に関する仮処分は，金銭債権以外の物（係争物）に関する本案の権利，すなわち，物についての引渡し・明渡し・登記手続等の給付を求める請求権の実現（強制執行）を保全するため，その物の現状を維持する（処分を制限することを含む）措置を講じる処分である。

係争物に関する仮処分命令の要件のうち，(ア)被保全権利は，係争物（金銭以外の物または権利〔債権・知的財産権等〕）に関する給付請求権である。(イ)保全の必要性はその現状の変更により，債権者が権利を実行することができなくなるおそれ，または権利を実行するのに著しい困難を生じるおそれがある場合に認められる（民保23条1項）。

2 命令の内容・類型とその執行の効果

係争物に関する仮処分命令の代表例として，次のようなものがある。

| 不動産所有権の移転登記請求権を保全するための処分禁止の仮処分等

不動産の所有権の移転登記請求権を保全するための処分禁止の仮処分は，債務者に，その所有する不動産について，譲渡，抵当権等の設定その他一切の処分をしてはならない旨を命じるものであり，保全執行

として処分禁止の登記がされる（民保53条1項）。また，本章1**2**の
（ケース2）の例であげた，建物収去土地明渡請求権を保全するための建物
の処分禁止仮処分も，建物に処分禁止の登記をすることによって執
行される（民保55条1項）。

占有移転禁止の仮処分

占有移転禁止の仮処分は，物の引渡しや明渡しの請求権を保全する
ために，債務者に対して，占有移転禁止，執行官への引渡し等を命
じるものである（その内容について，民保25条の2第1項参照。なお，
債務者がその物を使用することは許される）。建物の賃貸借契約が解除
によって終了したにもかかわらず借主が建物から退去しないため，
家主が債権者として，その明渡しを請求する訴訟が本案の訴訟の典
型例である。

係争物に関する仮処分の効果

係争物に関する仮処分の効果として，仮処分に違反する債務者の
処分行為は，仮処分が強制執行に移行した場合に，被保全権利との
関係で，無効とされる（不動産の登記請求権を保全するための処分禁止
の仮処分の効力につき，民保58条1項）。

本章1**2**でも例示したように，このような仮処分を得ておけば，
債権者は，訴訟係属中に被告（債務者）が権利や占有を第三者に移
転しても，訴訟引受け申立て等の訴訟承継の手続（⇒**第9章4**）を
要さずに，原告（債権者）は勝訴判決に基づき，（承継執行文を得て）
当該第三者に対して強制執行をすることができる（占有移転禁止仮処
分の効力につき，民保62条・63条）。これは，本案訴訟との関係で当事
者を固定したことになるという意味で，「**当事者恒定効がある**」とい

われる。

5 仮の地位を定める仮処分

仮の地位を定める仮処分は，本章1 2でも例示したように，本案の権利関係につき判決の確定まで仮の状態を定める処分である。強制執行の保全とは直接の関係がないが，本案の権利関係を先取りして暫定的に実現する意味をもつことが多い。

要件（民保23条2項）のうち㋑被保全権利は，争いのある権利関係であればよく，内容に特段の限定はない。㋑保全の必要性は，債権者に生じる著しい損害または急迫の危険を避けるためにこのような仮処分を必要とするときに認められる。

仮処分の方法について，裁判所は，申立ての目的を達するため，債務者に対し一定の行為を命じることなどができる（民保24条）。仮の地位を定める仮処分の内容には，本章1 2であげた賃金仮払いの仮処分のほか，出版物による名誉毀損を理由とする出版物発行差止めの仮処分，建設工事による騒音や日照権侵害を理由とする建設工事差止めの仮処分，建物の不法占拠に対する建物明渡断行（「断行」は，反対を押し切って実現してしまうことという意味である）の仮処分などがある。

第 *18*章　倒産処理手続の基礎

第 *16*章・第 *17*章で扱った民事執行手続および民事保全手続は，いずれも債権者がその債権を実現するための手続である。しかし，債権が複数あり，債務者がそれらを返せないとき，それぞれの債権者が個別に権利を実現しようとすると不都合な場合も少なくない。そこで，関係者全員の利害を調整し，債務者の経済状況を考慮して，債務者の財産を公平に清算したり，債務者に再出発の機会を与えるための手続が倒産処理手続である。一口に倒産処理手続といっても，その目的，あるいは法律に基づく手続か等に応じてさらに細かく分けられるが，本章ではまず倒産処理手続とは何かについてみていこう。

　ケース1 において，桂川和紙は，古都信に対する800万円のほかにも以下の金額を支払わなければならないが，支払のめどは立っていない。

　㋐　祇園信用金庫（祇園信）から借りた500万円の貸金債権
　㋑　主要な取引先である近江木材から購入した木材の代金200万円
　㋒　従業員天竜五郎に対する未払賃金計100万円（月25万円×4か月）
　ケース3 において，小早川は，石田に対する損害賠償債務のほか，クレジットカードを利用して高額な自転車を分割払いで購入しており，100万円が未払いであった。さらに，小早川は，鴨川金融からの借入れ500万円についても未払いであった。これらいずれの債務についても支払のめどは立っていない。小早川は，借金から解放されたいと考えている一方，購入したばかりの自転車を手放したくないとも考えて

いる。なお，小早川は，現在定職にはついていない。

1 倒産処理手続の意義

■ 倒産とは

倒産とは，債務者が，負っている債務を弁済することができず，これ以上の経済活動が困難となった状態にあることをいい，**倒産処理手続**とは，このような債務者に関する権利および義務を調整する手続をいう。

倒産，あるいは後に述べる破産などの言葉は，ニュースでも目にすることが多い。たとえば，企業（法人）の経営不振，あるいは個人（自然人）であれば住宅ローンの返済困難の場合のほか，最近は奨学金の返済不能による破産も社会問題化している。いずれにせよ，倒産や破産という文言にネガティブなイメージをもつ人がほとんどだろう。

■ 倒産処理手続がなぜ必要か

それではなぜ，倒産処理手続が必要となるのか。倒産処理手続の意義を簡潔に述べれば，債権者の個別の権利行使を制限することで，①債権者間で平等，かつ債務者にも過酷ではない債権の満足を実現し，②債務者財産を最大化し，そして③債務者の経済的再建を促進する，というものである。これらにつき，ケース1・ケース3を用いてより具体的にみていこう。

262 **第3編** 民事保全法・民事執行法，倒産法 **第18章** 倒産処理手続の基礎

倒産処理手続の必要性①——債権者間の平等の確保と過度の圧力防止

　まず①についてみていこう。仮に個々の債権者がそれぞれ自由に権利行使できるとすれば，権利行使の早さや債務者に対する影響力などに応じて弁済を受けられるか否かが変わりうるため，債権者の間で不平等が生じる可能性がある。

> 　たとえば ケース1 において，桂川和紙の資金繰りが怪しくなったことを聞きつけた各債権者は，限られた桂川和紙の財産から支払を受けるため，いち早く弁済を迫るだろう。もし古都信が桂川和紙に対しとりわけ大きな影響力を有しているならば，他の債権者以上に早期に，かつ強く桂川和紙に弁済を迫ることができるかもしれない。

　この状況を債務者の目からみれば，熾烈な奪い合いを通じ，過度の圧力にさらされているということになる。このような債務者への過度の圧力や債権者の間での不平等を防ぐことが，倒産処理手続の第一の意義である。

倒産処理手続の必要性②——債務者財産の最大化

　次に②についてみていく。桂川和紙のような法人であれば，1つ1つの財産を切り離して売却するよりも，法人を一体として売却する方がその価格が高額となり，それに応じて債権者に支払うことのできる額が増加することも多い。極端な例をあげれば，鉄道会社を売却するとして，車両1両ずつ・線路の枕木1つずつを売却するよりも，路線を1つのまとまりとして売却した方が高額となることは明らかだろう。ところが，各債権者が個別に権利を行使できるとすれば，債務者の財産が別々に処分されるという非効率な結果を招く

1　倒産処理手続の意義　**263**

かもしれない。

　また，桂川和紙の事業を廃止するよりも事業を継続し収益をあげる方が債権者により多くの弁済ができる場合でも，債権者が，債務者の事業に欠かすことのできない財産に強制執行をかけることができるとすれば，事業を続けていくことは困難となる。そこで，各債権者による権利の行使を制限して債務者の財産を最大化し，それによってより多くの債務の弁済につなげることが，倒産処理手続の第2の意義となる。

倒産処理手続の必要性③──債務者の経済的再建

　最後に③について説明する。必要性②でも述べたが，債権者による権利行使を制限することで，債務者の事業が継続される可能性が高くなる。これは債務者自身の利益になるだけでなく，ケース1(ウ)の天竜のような労働者の雇用も失われずに済むという意義がある。

　また，ケース1のような企業（法人）は清算型手続終結により消滅する一方，ケース3のような個人（自然人）については，後に述べる（⇒本章2）再建型手続だけでなく清算型手続が終結した後も，経済活動が続いていくこととなる。しかし，それまでの債務が倒産手続後も残り，新たに得た収入が債務の弁済に充てられるとすれば，債務者の経済生活の再出発（フレッシュ・スタートといわれる）が難しくなってしまう。そこで，各種の手続を通じて個人債務者を債務から解放しこのような再出発を支援することも，倒産処理手続の重要な意義となる。

2 倒産処理手続の種類

■ 法的整理と倒産 ADR と私的整理，清算型手続と再建型手続

一口に「倒産処理手続」といっても，そこには様々な種類の手続が存在する。大まかには，法律の規定に従い裁判所において行われる**法的整理**と，中立の第三者が債権者と債務者の間に立って交渉を仲介する**倒産 ADR**，そして，そのような第三者の存在しない，金融機関などの当事者が主導する**私的整理**に分類される。

法的整理には破産手続や民事再生手続などがある（⇒**3**）。また，倒産 ADR には，裁判所が交渉を仲介する**特定調停**（⇒**第20章1 2**の消費者向けの倒産 ADR など）や，法人である債務者の再建のために民間の機関が債権者と債務者間の調整を行う**事業再生 ADR**などがある。

倒産処理手続の別の分類として，債務者の総財産を売却・処分し，そこから得られた金銭を債権者の間で分配する**清算型手続**と，債務者の現在の経済活動を維持しつつも債務の弁済を目指す**再建型手続**に分類することができる。

各手続の関係および具体例を簡単に示せば，下の表（⇒**図表18 - 1**）のようになる。

図表18 - 1　各手続の関係および具体例

	裁判上の倒産処理手続（法的整理）	裁判外の倒産処理手続	
		私的整理	倒産 ADR
清算型手続	破産，特別清算	清算型私的整理	特定調停
再建型手続	民事再生，会社更生	再建型私的整理	事業再生 ADR

❷ 各倒産処理手続の意義

│ 法的整理によらない倒産処理手続の意義 │

(1) 法的整理によらない倒産処理手続とは

❶で述べた倒産処理手続の目的を達成するためには，債務者の経済状態が悪くなっても各債権者が個別に権利を行使しないことが必要となる。そして，権利の行使をしないことが当事者間の自主的な合意により達成されれば望ましいことも多い。

> たとえば ケース１ で，桂川和紙と債権者との間で，桂川和紙の債務を減免するという合意ができれば，裁判所を利用する時間的・金銭的コストが節約できる。また，「古都信および祇園信の債権のみ50％免除し，近江木材の債権については，桂川和紙と近江木材との今後の取引に悪影響を及ぼさないため全額を分割で弁済する」のように，柔軟な債務の整理も可能となる。

❶の通り，裁判外の倒産処理手続には，第三者が介在せず，債権者と債務者の合意によって債権債務関係を調整するもの（私的整理）と，第三者が介在するもの（倒産 ADR）がある。

(2) 法的整理によらない倒産処理手続のメリット・デメリット

法的整理によらない倒産処理手続，すなわち倒産 ADR ないし私的整理は，法的整理と比べ，迅速かつ柔軟というメリットがある。反面，これらの手続はあくまで債務者と各債権者との合意に基礎を置く手続である以上，たとえ一部の債権者であっても弁済額が少ないなどの理由で整理案に合意しない場合，手続を進めることができないというデメリットがある。

私的整理をはじめとする，法的整理によらない倒産処理手続は，

266　第*3*編　民事保全法・民事執行法，倒産法　第*18*章　倒産処理手続の基礎

以前は手続の進め方が不明確であるというデメリットもあった。しかし近時は，法規等の制定により手続の明確化が進んでおり，それにともない法的整理によらない倒産処理手続の件数も増加しつつある。

法的整理の意義

　倒産 ADR ないし私的整理と対比されるのが，法律に基づき，裁判所が関与しながら進められる法的整理である。この手続は，倒産 ADR や私的整理に比べ迅速性や柔軟性に欠ける反面，法律に基づき債権者の権利をより広く制限することができ，また少なくともすべての債権者の同意を得なくとも手続を進めることができるというメリットがある。

　2022年民事訴訟法改正を受けて，2023年に各種倒産法についても手続の IT 化のための法改正が行われ，2028年までに施行される予定である（⇒第**16**章コラム〔244頁〕）。たとえば破産法では，各種申立ておよび送達のオンライン化（破13条による民訴132条の10などの準用），債権者表の電子化（破115条）のほか，オンラインによる債権調査期日（破121条の２など）や債権者集会の開催（破136条の２）が可能となる。

❸　法的整理の種類

　法的整理は，①破産，②特別清算，③民事再生，そして④会社更生に分けられる。基本的に，①②が清算型手続，③④が再建型手続に分類される（⇒図表18－1）。

清算型手続の種類

　①と②は，清算型手続に属する点では共通しているが，①破産は，

2　倒産処理手続の種類　267

自然人・法人問わず利用できる一方で，裁判所によって選任された破産管財人という機関（⇒第*19*章1**2**）が債務者の財産を管理・処分することを予定しており，財産を分配する手続（配当という）や分配額（配当額）が法律によって定められるなど，厳格な手続となっている。

　これに対して②特別清算は，株式会社のみが利用でき，清算人（会社523条。清算人は従前の取締役が就任するのが通常である。会社478条1項1号）が裁判所の監督の下で債務者の財産を管理・処分し，配当額も債権者の多数決によって定めることができる（会社563条・565条・567条）など，より柔軟な手続となっている。

| 再建型手続の種類 |

　③と④は，同じ再建型手続であるが，③民事再生は，法人だけでなく自然人も利用できる，法人の再生手続では手続開始後も法人の経営陣がそのまま経営を続けることができるなど，より利用しやすい手続となっている。これに対して④会社更生は，担保権者をはじめより多くの債権者の権利を変更できる等，法人を再建するための強力な手続といえる一方で，株式会社しか利用できず，旧経営陣は原則として経営権を失うことになり，さらに時間的・金銭的コストがより大きくなるなど，限界もある。

　以下，第*19*章では法人の倒産処理手続，第*20*章では自然人の倒産処理手続に焦点をあてて，これらの手続のうち特に実務上多く用いられる①破産と③民事再生について説明していく。

第 *19* 章　法人の倒産

国内には，大小様々な法人が存在しており，その中には様々な理由から経営が立ち行かなくなってしまうものも出てくる。法人が経営難に陥れば，取引先や従業員など，個人の倒産と比べて多くの者の権利や義務に影響が及ぶことも多い。このような権利や義務は破産法や民事再生法などの法律により調整される。これらの法律をまとめて倒産法ともいう。この章では，倒産法が，どのようにしてこれらの権利や義務を調整し，また場合によってはどのようにして法人の再建を図るのかについてみていこう。あわせて，個人の倒産を含む，法的倒産手続一般に適用される規定についても説明していく。

ケース1 において，桂川和紙は，古都信に対する800万円のほかに，祇園信から借りた500万円，取引先である近江木材から購入した木材の代金200万円，従業員天竜に対する賃金4か月分計100万円が未払いであり，支払のめどが立っていない。次の(ア)(イ)それぞれの場合につき，桂川和紙は，どのような倒産処理手続を選択することとなるか。

(ア)　国内での和紙の需要が減少したため，桂川和紙の事業を再建することが困難となっている場合。

(イ)　古都信らに対して負っている債務の一部を免除してもらい，また不採算部門を閉鎖すれば事業の再建のめどが立つ場合。

この章では,法人の倒産に焦点を当てて法的整理を説明する。法的整理は清算型手続と再建型手続に分かれる(⇒第 *18* 章 2 **3**)。

> 大まかにいえば,前頁の ケース1 (ｱ)のような場合には桂川和紙は清算型手続を選択し,(ｲ)のような場合には再建型手続を選択することとなる。

1 法人の破産

1 破産手続の流れ

下の図は破産手続のごく大まかな流れを示したものである。手続の各部分についての詳しい説明は **3** 以下で扱うが,まずは図および ケース1 をもとに,破産手続の流れについて紹介しよう。

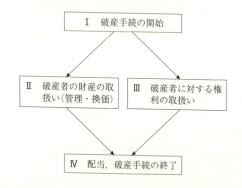

まず,債務者である桂川和紙またはその債権者により破産手続開始の申立てがされる。裁判所が破産手続開始の原因があると判断すれば,破産手続が開始される(上記図のⅠ⇒ **3**)。

次に,破産手続として,債務者の財産の処分によって得られた金銭を債権者に分配する手続が行われる。破産法では,このような分

配を配当という。そのため，たとえば ケース1 では，この分配の前提として，Ⅱ桂川和紙の財産（⇒**4**）およびⅢ桂川和紙に対する権利（⇒**5**）の双方について，管理・確定される必要がある。

こうしてⅡで確定された桂川和紙の財産を処分することで得られた金銭を，Ⅲで確定された債権者に，債権額に応じて配当し，破産手続の終結を目指すのである（Ⅳ⇒**6**）。

2 破産手続の機関

破産手続には，破産した債務者やその債権者のほか，手続で一定の役割をはたす個人または組織（**機関**）がある。以下では，その中でも特に重要なものを紹介する。

破産裁判所とは

破産事件を担当する裁判所を**破産裁判所**という。もっとも，破産裁判所が破産事件を担当するといっても，実際には次に述べる破産管財人が手続を主に進め，破産裁判所はその監督をする立場にとどまる（破75条）。

破産管財人とは

苦境にある債務者は自身の財産の管理につき関心を失っていることも多く，そのまま債務者に財産を管理させるとその財産を不当に安く売ってしまうかもしれない。また，それぞれの債権者に権利の行使を任せると，債務者に過度に強く返済を迫るかもしれない。そこで，**破産管財人**という機関が中心となって破産手続が進められることとなる。

破産管財人は，裁判所により破産手続開始決定と同時に選任され

1 法人の破産　**271**

る（破31条1項・74条1項）。弁護士から選任されることが通常である。破産管財人は，債務者の財産（破産財団⇒**4**）を管理・処分し，また場合によっては否認権の行使（⇒**4**）や双方未履行双務契約の処理（⇒**4**）を通じて，破産財団をできるだけ増やすように努力する。債権届出（⇒**5**）では，存在しない債権が届け出られていないかなどをチェックする。

　また，破産管財人は，別除権や取戻権などの行使に対応したり（⇒**5**），債務者が当事者となっていた訴訟を受継する場合もある（破44条1項・2項）。破産管財人は，職務を行うにあたり，債権者その他利害関係人の利益に配慮し，十分な注意を払って職務を行う義務を負う（破85条1項）。これを**善管注意義務**という。

債権者集会とは

　破産法では，主に配当を受けることとなる破産債権者に対する情報提供を目的として，**債権者集会**という機関が組織される。具体的には，破産者の財産状況の報告（破31条1項2号・158条），破産管財人の任務終了時の計算報告（破88条3項）などを目的として債権者集会が招集される。

　2023年改正法施行後は，オンラインでの債権者集会期日を開催することも可能となる（改正破136条の2⇒第*18*章**3**）。

3 破産手続の開始

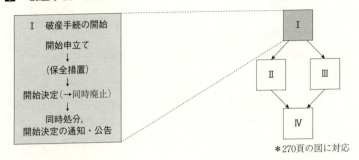

*270頁の図に対応

破産手続開始申立てとは

破産手続の出発点は、当事者、つまり債権者または債務者による破産手続開始の申立てである（破18条1項）。

破産手続開始申立てから次の破産手続開始決定までには、通常1週間ほどかかる。この間、債権者による権利行使や債務者による財産の処分を禁止するための保全措置がとられることがある（破24条〜28条）。

破産手続開始決定とは

破産手続開始申立てがされると、裁判所は、破産手続を開始するか否かを裁判する。この裁判は、迅速性が要求されることから、決定手続（⇒第**6**章3**1**）によるものとされている。したがって、公開の法廷での口頭弁論（⇒第**4**章**1**）は必要とされないことになるが、そのような手続でも憲法上の裁判を受ける権利（憲32条）や公開主義（憲82条）に反しない（最大決昭和45・6・24民集24巻6号610頁[倒産判例百選1①]）。

1 法人の破産

| 破産手続開始原因とは |

(1) 主な開始原因

裁判所は，破産手続開始の原因となる事実があると認めるときは，原則として破産手続開始の決定をする（破30条1項）。破産手続開始の原因の1つに**支払不能**がある（破15条1項）。支払不能とは，債務者が，支払能力を欠くために，その債務のうち弁済期にあるものにつき，一般的かつ継続的に弁済することができない状態をいう（破2条11項）。

したがって，たとえば（ケース1）の桂川和紙が，現在はそれぞれの債務の弁済をするだけの資金はないものの，月末に多額の売掛金を得ることが見込まれ，それによって弁済ができるときは，「継続的に」弁済することができない状態ではないので支払不能とはいえない。同じく桂川和紙が，古都信への債務のみ弁済できない状態でも，「一般的に」弁済をすることができない状態ではないので，やはり支払不能ではない。

また，桂川和紙のような法人であれば，債務の額が財産の額を上回っている状態（**債務超過**という）も，破産手続開始原因となる（破16条1項）。

(2) どのようにして支払不能と判断されるか

債務者が支払不能であるか否かは，債務者の財産，債務，信用などを考慮して判断される。しかし，債務者が支払不能であることの証明は，特に外部の債権者にとっては難しいことも多い。そこで破産法は，債務者が支払を停止したとき（**支払停止**）は，支払不能にあるものと推定している（破15条2項）。支払停止とは，弁済期にある債務全体を長期間にわたり弁済できないことを表示する債務者の行為であり，具体的には債務が払えないので営業をやめるという趣

274　第3編　民事保全法・民事執行法，倒産法　第19章　法人の倒産

旨の張り紙を店頭に貼ることなどがこれにあたる。

破産手続開始時の手続

> ケース1 では，桂川和紙は債務を弁済するめどが立たないことから，支払不能が認められて破産手続が開始され，破産管財人として寺町耕平が選任された。

破産手続開始決定がされると，債務者は破産者とよばれることとなる（破2条4項）。そして，破産手続開始決定と同時に破産管財人が選任されるとともに，破産債権を届け出る期間（⇒**5**）などが定められる（同時処分。破31条1項）。

破産手続開始決定の効果

> ケース1 において，桂川和紙の破産手続開始決定後に，桂川和紙は，破産手続開始前から有していた在庫を売却することができるか。

破産手続開始決定により，破産者はその財産を管理・処分する権利（管理処分権）を失い，管理処分権は破産手続開始時に選任された破産管財人に与えられる（破78条1項）。

そのため ケース1 でも，破産手続開始決定後は，桂川和紙は自分の財産であるはずの在庫を売却することができなくなる。

また，破産手続開始決定があると，債権者は破産財団（⇒**4**）に属する財産に対する強制執行や仮差押え等の手続をとることができない。つまり，破産手続開始により，債権者が債権を回収するため

1 法人の破産　275

の行動もできなくなるのである。

4 破産者の財産の取扱い

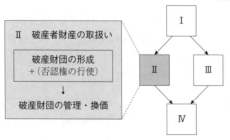

*270頁の図に対応

| 破産財団とは |

(1) 破産財団の意義と種類

破産手続は，債務者の財産を管理・処分することによって得た金銭を配当する手続である。破産管財人によって管理・処分され，配当の元手となる破産者の財産を**破産財団**という（破2条14項）。

基本的に，破産財団は，破産手続が開始された時に債務者が管理していた財産から構成される（破34条1項）。しかし，一方では，破産手続が開始された時には債務者は管理していないが，配当に供されるべき財産がある。民法上の詐害行為取消権（民424条）が行使される場合と同様，債務者がその財産を安価で売却した場合などであり，この場合には管財人は次項で説明する否認権を通じて破産財団に復帰させ，配当ができるようにしていく。他方，手続開始時には債務者が管理しているが，配当に供されるべきではない財産が存在する場合もある。たとえば第三者が，債務者が管理していた物に対して所有権や担保権を有していた場合などであり，この場合，その

第三者は，取戻権・別除権などの権利（⇒**5**）を主張して，その財産が破産手続で処分されないよう求めることができる。

(2) 破産財団の管理・換価

破産管財人は，選任されればただちに破産財団に属する財産を管理し，評価する（破153条以下）。管理とは，財産の物理的な保管だけでなく，否認権を行使することや，取戻権行使に対応することも含む。

最終的に，破産管財人は，このように管理・評価した財産を**換価**する。具体的には，財産を個別に売却したり，事業を一括して譲渡したりして金銭にかえる。

| 否認権とは |

(1) 否認権の概要

ケース1 で，破産手続が開始される前の，桂川和紙による以下の(ア)(イ)の行為について，破産管財人寺町はどのように対応すべきか。

(ア) 桂川和紙は，工場の入り口に「債務が払えないので営業をやめる」旨の張り紙をした。その後桂川和紙は，この張り紙を見た知人に，時価800万円相当の製紙用の機械を200万円で売却してしまった。

(イ) 古都信は，桂川和紙が以上のような張り紙をする前に，債務の弁済ができないことを聞きつけ，桂川和紙に債務の弁済を強く迫ったため，桂川和紙は古都信に債務800万円を弁済した。

破産手続が開始された後は，破産管財人が破産者の財産を管理・処分し，破産者はその財産に対する管理処分権を失う（⇒**3**）。逆に，破産手続が開始される前は，原則として債務者は自分の財産を自由に処分できる。しかし，資金繰りが厳しくなった債務者は，少

1 法人の破産 277

しでも現金を得ようと自分の財産を非常に安く売るかもしれないし，あるいは弁済を強く迫ってきた一部の債権者にのみ弁済をしてしまうかもしれない。このような事態は，債権者間の平等かつ最大の満足，債務者への不当な圧力の防止という倒産処理手続の目的（⇒第*18*章1**2**）に反しているといえる。

そこで，破産法では，破産手続が開始される前でも，債務者が支払不能（⇒**3**）となった後にされた債権者を害する行為や，支払停止（⇒**3**）の後にされた一部の債権者のみに債務を弁済する行為など，一定の行為について破産財団との関係で無効とし，行為の対象となった財産を破産財団に回復するための制度を用意している。それが**否認権**であり（破160条以下），これによって各債権者への弁済額を増やし，すべての債権者の平等を実現するのである。否認の対象となる行為，つまり無効とされる行為は，**詐害行為**と**偏頗行為**に分類することができる。

　結論として，（ケース1）の(ア)(イ)いずれの桂川和紙の行為も否認の対象となりうる。否認が認められれば，(ア)の製紙用機械や(イ)の弁済金は破産財団に戻り，すべての債権者への弁済のために用いられることとなる。

(2)　詐害行為

（ケース1）(ア)では，製紙用機械の売却により，それが桂川和紙の唯一の財産であれば，その財産が800万円から200万円に減っており，桂川和紙が負っていた債務が合計1600万円なので，財産と債務の差額が800万円から1400万円に悪化している。その結果，本来機械を売却して得た800万円が各債権者に配当されるはずが，(ア)の場合，そのままでは200万円しか配当されないこととなってしまう。

（ケース1）(ア)のように，破産者がその財産を不当に安い価格で売

278　第*3*編　民事保全法・民事執行法，倒産法　第*19*章　法人の倒産

却するなど，破産者の財産を減少させる行為を**詐害行為（財産減少行為）**という。破産法は，このような詐害行為を否認の対象とすることで，破産財団の回復を図っている。

(3) 偏頗行為

> **ケース1** (イ)の場合，債務者の800万円の金銭を800万円の債務の弁済に充てているため，財産が減少したのと同じ額の債務が減っている。そうすると，債務者の債務と財産の差額は以前のままかわらない。この点は(ア)とは異なっている。しかし，(イ)の場合，このままでは古都信は債権を全額回収できる一方，ほかの債権者にとっては，債務者の財産が800万円減少し，そこから全く弁済を受けられないことになるのであるから，不平等である。

ケース1 (イ)のように，一部の債権者にとって利益となる行為を**偏頗行為**という。破産法は，偏頗行為も否認の対象とすることで，債権者の間での平等を確保している。

| 双方未履行双務契約とは |

> **ケース1** において，桂川和紙の破産手続開始時，桂川和紙による近江木材への代金支払も，近江木材による桂川和紙への木材の引渡しもされていなかった。破産管財人寺町は，この契約をどのように処理することとなるか。

破産手続が開始される時，破産者が破産債権者に対して負う債務，破産債権者が破産者に対して負う債務ともに履行がされていない場合も少なくない。このような，双方ともに履行されていない双務契約（**双方未履行双務契約**）には，財団にとって利益となるものもあれ

1 法人の破産 279

ば，逆に不利益となるものもある。そこで，破産法は，これらの契約をどのように処理するかを破産管財人の選択にゆだねている。すなわち，破産管財人は，このような契約を解除するか，またはそのままお互いの債務を履行するかを選択することができる（破53条1項）。

> ケース1 で代金支払も木材の引渡しもされていないならば，たとえば木材の価格が下がっているなど，契約を履行することが破産財団にとって不利となる場合には，破産管財人寺町は契約を解除することとなる。逆に，木材の価格が高騰しているなど，履行が破産財団にとって有利であれば，契約の履行が選択される。履行が選択された場合，相手方（近江木材）の請求権は財団債権となり（破148条1項7号），優先的に弁済される（⇒**5**）。

5　破産者に対する権利の取扱い

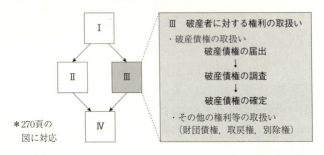

*270頁の図に対応

破産債権とは

(1) 破産債権の概要

繰り返し述べている通り，破産手続では，破産財団が破産管財人により管理・処分され，それによって得た金銭が各債権者に配当される。このように，破産手続を通じて破産財団から支払を受ける債

図表19 - 1	破産債権の種類とその内容
債権の種類	説明・例
①優先的破産債権 （破98条1項）	一般の先取特権（民306条）など優先権がある債権。労働債権のうち財団債権（次頁）とされなかった部分など。
②一般の破産債権	①・③・④以外の債権。
③劣後的破産債権 （破99条1項）	②の債権をもつ債権者を害してまで配当すべきでない債権。手続開始後に生じる利息など（破99条1項1号・97条1号）。
④約定劣後的破産債権 （破99条2項）	破産債権者と破産者との間で，破産手続前に，配当の順位を③に劣後させる合意がされた債権。

権を**破産債権**といい（破2条5項），破産債権をもつ者を**破産債権者**（同条6項）という。「破産手続を通じて」とは，(2)の届出以下の手続を経て，配当手続を通じて満足を受けることをいう。

　破産債権はさらに上記の図（⇒図表19 - 1）のように分類され，②が原則となり，①はそれに優先する。そして，③→④の順で劣後していくこととなる。優先する債権が全額の弁済を受けられる場合にはじめてそれに劣後する種類の破産債権の弁済がされる。したがって，まず①に弁済がされ，全額の弁済がされてなお財団に財産があれば②に配当される。実際には，③④に配当が渡ることはめったにない。ただし，これらよりもさらに，次の項目で述べる財団債権や別除権など，破産手続外で行使できる権利が優先することとなる。

　また，同順位の債権の間では，破産債権は額の割合に応じて平等に配当される（破194条2項）。

(2)　破産債権の届出・調査・確定

　破産手続には多数の破産債権者が参加する場合もあるが，それぞれの債権の存否や額を裁判で確定しなければならないとすると手続が長期化しかねない。そこで破産法では，破産債権者が手続に参加

1　法人の破産　　281

する方法について以下のように規定することで，争いのない債権については早期に確定させている。

　まず破産手続では，破産債権者は，自身の債権の額および種類（⇒(1)）を裁判所に届け出なければならない。届出がされると，その内容の真偽について調査がされる。

　調査において，届出がされた債権の存在を破産管財人が認め，他の破産債権者から異議が出なければ破産債権は確定する。他方，破産管財人が認めず，または他の破産債権者から異議が出た債権については，その債権者は裁判所に債権の額などについての査定の申立てをすることができ，裁判所はこの申立てについて査定する決定（**破産債権査定決定**）を行う（破125条）。さらに，この決定に不服がある者は，異議の訴え（**破産債権査定異議の訴え**）を提起することができ，最終的に訴訟手続で債権額を確定することができるようになっている（破126条）。

　裁判所書記官は，届出があった破産債権について破産債権者表を作成し（破115条），以上の手続を経て確定した債権は破産債権者表に記録される（破124条2項・130条）。2023年改正法施行後は，電子的記録により債権者表が作成される（改正破115条⇒第*18*章**3**）。

| 財団債権とは |

(1)　財団債権の概要

　破産債権だけでなく，破産管財人の報酬や財産の管理，換価のための費用など，手続を進めるために必要となり，破産者全員が共同で負担すべき費用も破産財団から支払われる。そして，このように手続遂行に必要な費用まで破産手続を通じてわずかな弁済しか受けられないとすれば，たとえば換価のために必要な契約を締結できな

いなどの理由から手続がスムーズに進まないかもしれない。そのため，このような費用は最優先で支払われる必要がある。それ以外にも，一定の理由により，最優先で支払われるべき債権がありうる。そこで，一部の債権については，**財団債権**として優先的な地位が認められている。

「優先的な地位が認められる」とは，財団債権が，優先的破産債権を含む破産債権よりも優先して弁済される（破151条）という意味だけではない。財団債権は，通常の破産債権と異なり，**破産手続によらないで**（破2条7項），つまり，破産債権の届出以下の手続をとらずにいつでも弁済を受けることができる。

(2) 財団債権となる請求権

財団債権には，まず，すべての債権者のために支出された費用に関わる債権が含まれる（破148条1項1号・2号等）。具体的には，破産管財人の報酬，双方未履行双務契約（⇒**4**）につき破産管財人が履行を選択した場合の相手方の債権などである。

このほか，一定の債権が財団債権とされることがある。具体的には，税収入の確保のために租税債権の一部が財団債権とされる（破148条1項3号）。財団債権の他の例として，破産手続が開始される前3か月の給料債権（破149条1項）がある。

> （ケース1）では，破産管財人寺町への報酬のほか，天竜への未払いの給料のうち3か月分は財団債権として扱われる。残る1か月分の給料は，民306条2号・308条および破98条1項により優先的破産債権（⇒280頁の(1)）となるにとどまる。

1 法人の破産　283

取戻権・別除権・相殺権とは

(1) 取 戻 権

> ケース1 において，桂川和紙は破産手続が開始された時に裁断機
> を占有・管理していたが，この裁断機は実際には河原工業株式会社の
> 所有物であり，桂川和紙はこれを借りているにすぎなかった。河原工
> 業は裁断機を返してもらうことはできるか。

　このケースにおいて，河原工業としては，桂川和紙の破産手続の
中で，自分の財産が処分されてしまうことを黙ってみているわけに
はいかない。そこで破産法は，このように所有権などに基づき破産
管財人に対して返還請求権を有する第三者が，破産手続によらずに，
その権利を行使することを認めている。この第三者の権利を**取戻権**
といい（破62条），取戻権をもつ者を**取戻権者**という。

> このケースでも，河原工業は取戻権を行使して，裁断機を返してもらう
> ことができる。

(2) 別 除 権

> ケース1 において，桂川和紙は破産手続が開始された時に不動産
> を所有していたが，この不動産には古都信の債権を被担保債権とする
> 抵当権が設定されていた。桂川和紙の破産手続において，この抵当権
> はどのように扱われるか。

　破産手続では，抵当権（民369条以下）をはじめとする担保物権の

扱いも重要となる。担保物権は，債務者が債務の弁済ができない場合に効力を発揮するものである。しかし，仮に債務者の破産時，すなわち債務者が最も困窮しているときに担保物権が無効になるとすれば，担保の意味はほとんどなくなってしまう。そこで，破産法は，抵当権をはじめとする多くの担保物権を**別除権**（破2条9項）として扱い，破産手続中であってもその効力を認めている。このような別除権をもつ者を**別除権者**（同条10項）という。

　別除権者は，破産手続によらず別除権を行使でき，それによって優先して弁済を受けることができる。すなわち，破産手続が開始されていない場合と同様，担保権者は担保権を実行できるのである。

> このケースでは，古都信は別除権を行使して，担保権が設定されていた不動産から優先的に債権を回収することができる。

(3) 相 殺 権

> ケース1 において，次の場合に，祇園信は自身の500万円の貸金債権と桂川和紙が有している預金債権（祇園信が桂川和紙に対して負っている債務）とを相殺することはできるか。
>
> 　(ア) 桂川和紙が支払不能となる前から桂川和紙が祇園信に500万円の預金債権を有していた場合。
>
> 　(イ) 桂川和紙の支払停止後に，桂川和紙が，その支払停止を知りつつ祇園信に対して預金債権500万円を取得した場合。

　民法では，2人が互いに債権と債務を負担する場合は，各債務者は相殺によってその債務を免れることができるとされている（民505条1項）。相殺にはいくつかの機能があるが，倒産法との関係では相殺の担保的機能が重要となる。担保的機能とは，仮に債務者が

1　法人の破産　　285

無資力になっても，債権者自身も債務者に債務を負っていれば，お互いの同額の債権債務を相殺により消滅させることで，債権者が優先的に弁済を受けたことと同じ効果を得られることをいう。このような相殺の担保的機能は，別除権と同じく破産時でも認められている。すなわち，破産債権者は，破産手続が開始される時に破産者に対して債務を負担する場合，破産手続によらないで相殺をすることができる（**相殺権**。破67条1項）。

ただし，破産者の破産手続が開始された後，あるいはその支払不能，支払停止などの後に破産債権者が破産者に対して債権を取得しまたは債務を負担した場合，相殺が禁止されることがある（**相殺禁止**。破71・72条）。このような場合にまで相殺を許せば，不当な破産財団の減少や破産債権者間の不平等をもたらすためである。相殺禁止の趣旨は，否認権の趣旨と基本的に同じである（⇒**4**）。

前頁の（**ケース1**）(ア)祇園信が行使するのが相殺権であり，自身の債権と桂川和紙の有する預金債権とを相殺することで，自身の債権について預金債権に相当する額の弁済をうけたことと同じ結果となる。一方，(イ)では，祇園信は桂川和紙の支払停止後に，その事実を知りつつ債務を負担しているため，相殺は禁じられることとなる。

6 配当,破産手続の終了

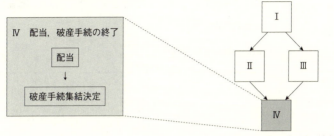

*270頁の図に対応

配当とは

破産管財人は,管理・換価した債務者の財産を,財団債権に支払う分を差し引いた上で,破産債権者に対して,その債権の優劣(⇒5)および額に従い分配することとなる。このような分配の手続を**配当**という。配当は,破産債権の届出・調査・確定手続を経て作成された破産債権者表に基づいて行われる。

配当の種類としては,破産財団の財産をすべて換価した後に行われる最後配当(破195条)のほか,全財産を換価する前に行われる配当である中間配当(破209条)などがある。

破産手続の終了

配当が終了すると,破産管財人は,一連の手続が終了したことを裁判所および債権者に報告する(**計算報告**。破88条)。この報告がされると,裁判所は破産手続を終結させる決定をする(**破産手続終結決定**。破220条)。これにより破産手続は終了し,法人の場合は消滅することとなる。

破産手続が終了するのは破産手続終結決定がされた場合だけでは

ない。破産手続が途中で終了する場合があり，これを廃止（破産廃止）という。破産手続が廃止される場合として次の表（⇒図表19-2）のようなものがある。

図表19-2　破産手続が廃止される場合

債務者が破産手続の費用（破22条）を支払うことができない場合	破産手続開始決定時に支払うことができないと認められた場合	同時廃止（破216条）
	破産手続開始決定後に支払うことができないと認められた場合	異時廃止（破217条）
各債権者の同意の上で破産手続が廃止される場合		同意廃止（破218条）

※個人の破産（⇒**第20章**）では，約6割の破産手続が同時廃止で終結する。

2　法人の再生

■　再建型手続の概要

|　再建型手続の意義と種類　|

> **ケース1** において，桂川和紙は，古都信に対する800万円のほかに，祇園信から借りた500万円，取引先である近江木材から購入した木材の代金200万円，従業員天竜に対する賃金4か月分計100万円が未払いであり，支払のめどが立っていない。古都信らに対して負っている債務の一部を免除してもらい，また不採算部門を閉鎖すれば事業の再建のめどが立つ場合，桂川和紙はどのような倒産処理手続を選択することになるか。

次に，本章の冒頭でも掲げた **ケース1** のうち，桂川和紙に再建の見込みがある場合をみてみよう。このような場合に，債権者と債

務者との間で利害を調整する場を与え，債務者の再建を目指すための倒産処理手続が再建型手続である。

第*18*章**2❸**でも述べた通り，再建型の法的整理はさらに民事再生手続と会社更生手続に分けられる。以下では，再建型の法的整理の中心となる，民事再生法に基づく再生手続についてみていこう。

なお，再生手続では，破産法で紹介した用語が一部置きかえられている。おおむね，それぞれの手続で用いられる用語は以下の表（⇒**図表19-3**）のように対応している。

図表19-3　破産手続と民事再生手続の用語の対応

破産	民事再生
破産者	再生債務者
破産債権	再生債権
破産債権者	再生債権者
破産裁判所	再生裁判所
財団債権	共益債権

否認権・取戻権・別除権・相殺権のそれぞれの内容については，破産法とほぼ同じである。

再生手続の流れ

次頁の図は，再生手続の大まかな流れである。

2 法人の再生　　289

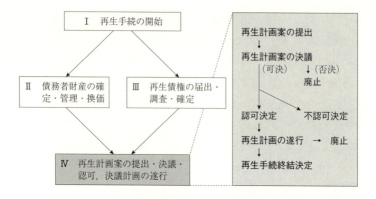

　これらのうち、Ⅱ再生債務者がもつ財産の調査・確保、Ⅲ再生債務者に対して有する債権の取扱いについて、破産手続でこれらに対応する部分（⇒本章❶❹・❺）とは一定の違いがある。たとえば、ケース1 の天竜の労働債権は、破産手続では財団債権（⇒本章❶❺）となるものを除くと、優先的破産債権として破産手続で弁済される。しかし、再生手続との関係では労働債権の全額が**一般優先債権**となり、再生手続の制約を受けずに弁済を受けることができる（民再122条1項・2項）。

　ただし、多くの規定は破産手続と共通するため、本章❶の破産手続に説明を譲る。これらに対して、Ⅰ再生手続の開始については、破産手続と異なる点も多いため、❷でふれる。また、Ⅳ再生計画は、破産における配当にかわる手続であり、❸で扱うこととする。

❷　再生手続の開始

申立て

　再生手続は申立てにより開始される。申立てができるのは、債務

290　第*3*編　民事保全法・民事執行法、倒産法　　第*19*章　法人の倒産

者および債権者である（民再21条）。申立要件は債務者に破産手続開
始の原因となる事実が生じるおそれがあることであり（同条1項），
破産手続（⇒本章**1** **3**）と比べ早くから申立てができるようになっ
ている。これは，より早期，つまり，いわば傷の浅いうちに手続の
申立てをさせる方が再建の可能性が高くなるためである。

| 開始決定 |

　民事再生法21条1項の要件を満たす申立てがあった場合，裁判所
は，再生手続開始の決定をする（民再33条1項）。

　再生手続の大きな特色であり，破産手続と大きく異なる点である
が，開始決定がされても，原則として再生債務者はその財産を管
理・処分することができ（民再38条1項），その取締役も引き続き業
務を行うことができる。

　財産の管理処分権を有する再生債務者を DIP（Debtor in Posses-
sion, 占有を継続する債務者という意味である）とよび，再生手続はこ
のように再生債務者が財産を管理・処分することができるために
DIP 型手続とよばれる。

　もっとも，再生債務者は，債権者に不利益が生じないよう，公平
かつ誠実に手続を進めなければならないとされている（**公平誠実義
務**。民再38条2項）。また，法人に対するほとんどの再生手続におい
て，裁判所により，再生債務者による財産の管理・処分が適切かを
監督するために**監督委員**が選任される（民再54条1項）。さらに，再
生債務者に任せていたのでは財産の管理・処分が適切にできないと
見込まれるときは，裁判所は管財人による管理を命じる処分を発す
ることができる（**管理命令**。民再64条）。

2　法人の再生　291

3 再生計画

再生計画案の提出

> ケース1 において，桂川和紙は，古都信に対して800万円，祇園信に対して500万円，近江木材に対して200万円の債務を負っていた（いずれについても担保権等は設定されておらず，また従業員天竜に対する未払いの給料はない）。桂川和紙は，「再生債権のうち，利息の全額および元本の50％について免除を受ける。残額について5年間で弁済する」という再生計画案を提出した。

再生手続が開始されると，Ⅱ再生債務者の財産が確定・管理・処分され，Ⅲ再生債権者の有する債権の額も確定される（⇒**1**）。この結果に基づき，再生債権者の権利を変更するための再生計画案が提出される（民再163条）。再生債権者も再生計画案を提出することができるが，通常は再生債務者により提出される。

再生計画では，上の ケース1 のように，各再生債権者の権利がどのように変更されるかなどの条項が定められることとなる（記載事項については民再154条1項各号・2項以下）。

再生計画案の決議

上の ケース1 のように，再生計画案での権利変更は，再生債権者に多かれ少なかれ犠牲を強いるものになる。そこで，再生計画案が提出されると，再生債権者の投票により，その再生計画案通りの権利の変更を認めるかが決められることとなる。

再生債権を届け出た再生債権者（議決権者）は，それぞれ確定し

292　第*3*編　民事保全法・民事執行法，倒産法　第*19*章　法人の倒産

た債権の額に応じて議決権を行使することができる。再生計画案が可決されるための要件は，①議決権者の過半数が賛成し（頭数要件），かつ，②議決権の総額の2分の1以上の議決権を有する者の賛成（債権額要件）である（民再172条の3第1項）。

たとえば ケース1 では，仮に古都信（債権額800万円）が再生計画案に反対すれば，他の2者（500万円，200万円）が再生計画案に賛成したとしても，②債権額要件を満たさないため再生計画案は否決されることとなる。

再生計画の認可と効力

再生計画案が可決されても，それだけで再生計画が効力を生じるわけではない。裁判所が，可決された再生計画案が少数派を不当に害していないかなどをチェックし，問題がなければ再生計画を**認可**する（民再174条1項）。認可の決定が確定することで，再生計画は効力を生じる（民再176条）。

計画が認可されれば，再生計画の定めに従い再生債権者の権利が変更される（民再179条1項）。また再生債務者は，法律で認められたものを除き，再生計画で定められなかった債権については支払わなくてよいこととなる（民再178条1項）。

再生計画の遂行

(1) 認可後の流れ

認可されれば，再生債務者は再生計画を遂行，つまり再生債権者への弁済を行うこととなる（民再186条1項）。監督委員（⇒**2**）が選任されている場合，監督委員が再生計画の遂行を監督する（同条2項）。

2 法人の再生 293

再生計画が予定通り遂行されれば，裁判所は再生手続の終結を決定する（民再188条）。こうして企業は再建され，改めて経済活動を続けていくこととなるのである。

(2) 計画通りにいかないとき

再生計画の遂行は数年にわたることがほとんどであるが，その間に景気が急に悪くなったなどの理由から，当初の再生計画通りに弁済をすることが難しくなる場合がある。このような場合，裁判所は**再生計画の変更**をすることができる（民再187条1項）。また，再生債務者が再生計画を遂行しない，つまり弁済をしないような場合などでは，裁判所は**再生計画の取消し**の決定をすることができる（民再189条1項）。さらに，再生計画が遂行される見込みがないことが明らかになった場合，裁判所は，**再生手続の廃止**を決定しなければならない（民再194条）。

このように再生計画の取消しや再生手続の廃止がされ，かつ，再生債務者に破産手続開始原因となる事実があると認められる場合，裁判所は，破産手続開始決定をし，破産手続に移行することができる（民再250条1項）。そのため，債務者は，これから再生手続を利用するかどうかを考える段階では，うまくいかなければ破産手続に移行する可能性があることを考慮に入れて，再生手続を利用するか否か，あるいは，利用したとして履行できる再生計画を立てることができるかを，慎重に判断しなければならない。

第20章　個人の倒産

物を買ったりお金を借りるなどの経済活動は，法人だけでなく個人も行っている。そのため，法人と同じく，個人についても倒産処理手続が必要となる場合がある。しかし，個人は，仮に破産しても消滅せず，引き続き経済生活を営んでいく点で法人とは決定的に異なる。そこで本章では，個人の倒産について，特にどのようにして経済生活の再出発の機会が与えられるかを中心にみていこう。

1　個人の倒産手続の概要

1　個人の倒産手続の意義

ケース3において，小早川は，石田に対する損害賠償債務のほか，クレジットカードを利用して高額な自転車を分割払いで購入しており，100万円が未払いであった。さらに，小早川は，鴨川金融からの借入れ500万円についても未払いであった。これらいずれの債務についても支払のめどは立っていない。小早川は，借金から解放されたいと考えている一方，購入したばかりの自転車を手放したくないとも考えている。なお，小早川は，現在定職にはついていない。

ケース3 の小早川は，負っている債務が膨大となり，これ以上
の経済活動が難しくなっている。大まかにいえば個人の倒産処理手
続は，このような個人やその債権者の権利および義務を調整し，そ
の個人を救済するための手続である。法人の倒産処理手続と比べ，
個人の倒産処理手続は，特に個人の救済，つまり経済生活の再出発
に重きが置かれており，本章でもこの点を詳しく扱う。

❷　個人の倒産処理手続の種類

消費者破産とは

　個人の倒産処理手続の種類はいくつかあるが，その中でも中心と
なるのが破産手続であり，このような個人の債務者による破産手続
の申立てを**消費者破産**という。消費者破産では，債務者は，破産手
続開始時にもっている財産を処分して債務を弁済する一方で，免責
（⇒本章**3**）を得てこれまでの債務についての責任を免れさせること
により経済生活をやり直すことができるのである（ただし， ケース3
の小早川が免責を受けることができるかは問題がある⇒本章**3**❷）。

　消費者破産については後の本章**2・3**で詳しく扱うとして，以下
ではそれ以外の個人の倒産処理手続について簡単にみていく。

個人再生手続とは

　個人向けの法的整理としては，破産手続のほかに**個人再生手続**が
ある。個人再生手続とは，賃金など，債務者の将来の収入を債務の
弁済の原資として，弁済計画（再生計画）に従って債務を弁済する
手続である。破産手続と対比すると，個人再生手続では，手続開始
後もこれまでの債務は残り，債務者の将来の収入から債務の弁済が

目指される一方，債務者は手続開始時に有していた財産を手放さなくともよいというメリットがある。

民事再生法で規定された個人再生手続として，①小規模個人再生手続（民再221条〜238条）および②給与所得者等再生手続（民再239条〜245条）がある。①は，少額の債務を負う債務者を対象とした，通常の再生手続と比べ，債権の届出や確定などがより簡略化された再生手続である。②は，安定した収入を得る見込みのある個人債務者を対象とした，債権者の決議なしに，裁判所の認可のみで進めることができる手続である。

特定調停とは

消費者の倒産処理は，以上のような法的倒産処理に限らず，私的整理ないし倒産 ADR（⇒第*18*章2**1**）によって行われることもある。

法的倒産処理によらない消費者向けの倒産処理手続の方法は複数存在するが，その中でも重要なものとして**特定調停**がある（個人だけではなく，法人の債務整理も特定調停によることができ，近時の実務では法人の整理においても特定調停が用いられることが多い）。特定調停とは，民事調停（⇒第*12*章2**2**）のうち，債務者が負う債務の弁済方法（たとえば，債務の支払を分割払いに変更する）などについて，裁判官および法律などの専門的知識を有する調停委員によって構成される調停委員会の仲介の下で，個々の債権者と話し合うことを目的とする手続であり，特定の債権者に限った話合いもできる。

（ケース3）の小早川は，仮に個人再生手続あるいは特定調停手続を利用できれば，購入したばかりの自転車を手放すことなく債務を整理できたかもしれない。しかし，これらの手続は債務者の将来の収入を元手に債務の

1 個人の倒産手続の概要　**297**

弁済を図る手続である。そのため,定職がない小早川は,個人再生手続や特定調停は利用できず,債務整理のため破産手続を利用することになる。

2 個人の破産手続の概要

次の図は,個人の破産手続の大まかな流れである。

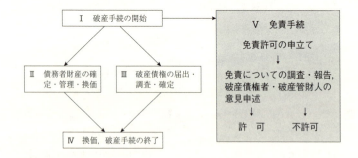

上記の図のうち,Ⅰ～Ⅳの部分については法人破産の流れ（⇒第*19*章1**1**）と共通している。その一方で,個人の破産に特徴的な点がⅤ免責である。これは,本章1の通り,個人の債務をなくす手続であり,詳しくは本章3で扱う。

法人は破産手続により解散し消滅する（⇒第*19*章1**6**）のに対し,自然人は破産があっても消滅せず,生活を続けていくこととなる。そのため,個人の破産手続では,手続が開始された後も自由に使える財産（**自由財産**）がどれくらいあるかが重要となる。自由財産としてあげられるものの1つに差押禁止財産がある（⇒第*16*章3**2**）。他の自由財産としては手続開始後の労働による収入があり,破産者としてはこれらの自由財産をもとに,破産法が目的とする

「経済生活の再生」（破1条）を図っていくのである。

3 免 責

■ 免責の意義

免責とは，破産手続で配当を受けることができなかった債権につき破産者の責任を免除する，つまりこれ以上の支払をしなくともよいとする制度である（破248条以下）。

本章 **2** の通り，自然人は，法人とは違い，破産手続が終了した後も生活を続けることとなる。しかし，破産手続を通じて支払うことができなかった債務をその自然人が引き続き支払わなければならないとすれば，破産者の経済生活の再生は図られないだろう。そこで破産法は，免責という制度を定めることで，破産者の再出発を促しているのである。

■ 免責の申立てと要件

申立手続

免責手続は，裁判所に免責許可を申し立てることによって開始される（破248条1項）。

債務者が破産手続開始を申し立てた（自己破産）場合，原則としてその申立てと同時に免責許可の申立てをしたものとみなされており（みなし申立て。同条4項），破産手続と免責手続の一体化が図られている。

免責の要件

> ケース3 において，小早川は鴨川金融から500万円を借り入れる
> 際，すでに元の勤務先を退職していたにもかかわらず，その事実を秘
> して自分は定職についており収入があると偽っていた。この場合，小
> 早川の免責は認められるか。

(1) 免責不許可事由

免責は破産者に救済を与えるものであるが，このような免責によ
る救済を破産者に与えることがふさわしくない場合がある。破産法
は，このように免責を認めるべきではない場合を列挙している（免
責不許可事由。破252条1項各号）。破産法は，原則として債務者に免
責を認めつつ，免責不許可事由に該当する場合には免責不許可とし
ている（同項柱書）。

免責不許可事由には，大まかには①破産債権者を害する行為に関
するもの，②破産者による破産手続の進行の妨害に関するもの，③
政策的理由から免責不許可事由とされているもの，がある。

> たとえば ケース3 では，小早川は収入などを偽って借入れを行ってい
> ることから，上記①の1つに相当する詐術を用いた信用取引による財産の
> 取得（破252条1項5号）にあたり，免責を受けることができない可能性が
> ある。

(2) 裁量免責および免責についての調査・報告

免責不許可事由があっても，裁判所は，破産に至るまでの経緯な
どを踏まえて免責を認めてもよいと判断した場合は，やはり免責許
可の決定をすることができる（破252条2項）。このような免責を**裁量**

300　第3編　民事保全法・民事執行法，倒産法　　第20章　個人の倒産

免責という（裁量免責を認めた例として，福岡高決平成9・8・22判時1619号83頁［倒産判例百選86②］など）。

　裁判所は，免責不許可事由の存否や裁量免責の判断のための事情を破産管財人に調査・報告させることができ（破250条1項），破産者もこの調査に協力する義務を負う（同条2項）。

❸　免責の効果

免責の効果と復権

　免責が認められると，破産者は，破産手続による配当がされた部分を除き，破産債権の責任を免れる（破253条1項本文）。つまり，破産者は，破産手続開始前に有していた財産を換価して債務を弁済し，弁済しきれなかった債務については支払わなくてよいこととなる。

　また，破産手続開始により，破産者は，弁護士や後見人など一定の職業や地位に就くことができなくなる場合がある（弁護士法7条4号，民847条3号など）。免責許可の決定を受けたときは，このような資格制限は解かれることとなる（破255条1項1号）。このような資格制限の解除を復権という。

非免責債権とは

> ケース3において，小早川の起こした事故は，その重大な不注意（重過失）によるものであった。小早川の免責が認められた場合，石田に対して負う損害賠償債務も支払わなくてよいこととなるのか。

　免責許可の決定が出れば，原則として破産者は弁済しきれなかっ

3　免　責　　301

たすべての債権について支払わなくてよいこととなる。しかし、その性質上、免責を認めるべきではない債権もある。破産法は、このような債権（**非免責債権**）を253条1項各号で列挙しており、税金（1号）や罰金（7号）、破産者が悪意または重過失で加えた生命身体を害する不法行為による損害賠償請求権（3号）、扶養・養育についての権利（4号）などが含まれる。

　したがって、（ケース3）では、小早川が事故につき重過失であれば石田の有する損害賠償請求権は非免責債権となり、逆に重過失とはいえない場合であれば免責の対象となる。

事項索引

●あ 行

ICT 化 → IT 化
IT 化……7, 80, 244
あっせん（幹旋）……196
遺産分割……206
異時廃止……288
意思表示の擬制……239
意思表示を求める債権……237
移 送……24
一期日審理の原則……189
一般優先債権……290
違法執行……241
訴 え……47, 53
　　──却下判決……28, 135
　　──の提起……70
　　──の取下げ……125
　　──の変更……156
　　──の利益……60
訴え提起前の和解……128
ADR ……9, 195
応訴管轄……23

●か 行

会社更生……268
回 避……21
確定判決……230
確認の訴え……56, 59
確認の利益……63
家事事件手続……12
家事審判……213
家事審判書……230
家事審判と家事調停……210
家事調停……207
家事調停委員……207
家事調停官……208
家庭裁判所……20

家庭裁判所調査官……208, 215, 222
家庭に関する事件……207
仮差押え……247, 256
仮執行宣言付支払督促……193, 230
仮執行宣言付判決……230
仮処分……249
仮の地位を定める──……247, 250, 254, 260
係争物に関する──……247, 249, 258
建設工事差止めの──……260
仮の地位を定める仮処分……247, 250, 254, 260
簡易裁判所……19
換 価……233, 234, 277
管 轄……21
換価のための競売……229
管財人……291
間接強制……237
間接事実……87
鑑 定……103, 116
監督委員……291
管理命令……291
起訴命令……256
規範的要件……92
既判力……131, 141
　　──の基準時……146
　　──の客体的範囲……147
　　──の客観的範囲……147
　　──の作用……142
　　──の主観的範囲……151
　　──の主体的範囲……151
忌 避……21
却下判決　→訴え却下判決,
　　　　　控訴却下判決
救 済……2
旧訴訟物理論……50

303

給付の訴え……55, 59
給付の利益……61
給付判決……55
給与所得者等再生手続……297
共益債権……289
強制管理……233, 234
強制競売……233, 234
強制執行……225, 229
共同訴訟……158, 159
共同訴訟参加……163, 166
共同訴訟人独立の原則……160
許可抗告……183
金銭執行……229, 232
苦情処理……196
計算報告……287
形式的競売……229
形式的証拠力……118
形成の訴え……58, 59
形成の利益……67
形成力……140
係争物に関する仮処分……247, 249, 258
決　定……133, 134
現況の調査結果……235
現在給付の利益……61
検　証……103, 122
顕著な事実……106
権利根拠規定……111
権利自白……96
権利障害規定……111
権利消滅規定……112
権利能力のない社団……32
権利変更……293
権利保護の形式……53
合意管轄……22
合意に相当する審判……211
公開主義……79
抗　告……172, 182
公示催告事件……202
公示送達……72
控　訴……170, 174

──却下判決……174
──の利益……174
控訴期間……174
控訴審……170
公知の事実……106
高等裁判所……20
口頭主義……80
口頭弁論……77
　　──一体の原則……78
口頭弁論終結後の承継人……153
公文書……117
公平誠実義務……291
抗弁事項……101
抗弁事実……89
個人再生手続……296
個人の破産手続……298
子の引渡しの強制執行……238
子の引渡しを求める権利……237
固有必要的共同訴訟……161

●さ 行

再建型手続……265, 268, 288
債権執行……233
債権者……228, 251
債権者集会……272
再抗告……183
最高裁判所……20
再抗弁事実……89
財産開示手続……229, 236
再　審……184
　　──の補充性……185
再審事由……185
再生計画……292
　　──の遂行……293
　　──の取消し……294
　　──の認可……293
　　──の変更……294
再生債権……289
再生債権者……289
再生裁判所……289

再生債務者……289, 291
再生手続……289
　——の廃止……294
再生手続開始決定……291
再訴禁止効……126
財団債権……282
裁　判……133
裁判外の和解……198
裁判外紛争解決手続……196
裁判所……17
裁判上の和解調書……230
裁判所拘束力……94, 97
債権者……228, 251
　——の財産状況の調査……229
債務超過……274
債務不存在確認の訴え……57
債務名義……225, 229
裁量免責……300
詐害行為……278
作為・不作為の請求権……237
差押え……233
差押禁止財産……233, 298
参加承継……168
三審制……170
３点セット……234
参与員……214
事業再生 ADR……265
自己拘束力……139
事実上の推定……107
事実審……170
　——の口頭弁論終結時……146
事実の調査……215, 222
死者名義訴訟……28
失権効……143
執行異議……241
執行官……227
執行機関……227
執行抗告……241
執行債権……228
執行裁判所……228

執行証書……197, 230
執行正本……231
執行当事者……228
執行文……231
執行力……55, 140, 230
　——のある債務名義の正本……231
実質的証拠力……119
実体法説……50
私的自治……5
私的自治説……86
私的整理……265, 266
自　白……4, 89, 90, 94, 106
自白原則……91, 94
支払停止……274
支払督促……192
支払不能……274
自　判……181
事物管轄……22
私文書……117
私法上の和解……198
司法へのアクセス……6, 24
借地非訟事件……202
釈明義務……98
釈明権……98
遮断効……143
自由財産……298
住所，氏名等の秘匿……69
自由心証主義……88, 106
17条決定……200
主張原則……91
主張資料……86
出版物発行差止めの仮処分……260
主要事実……87
純然たる訴訟事件……204
準備的口頭弁論……82, 83
少額訴訟……187
少額訴訟債権執行……190, 233
小規模個人再生手続……297
承継執行文……231
証言拒絶権……115

事項索引　　305

条件成就執行文……231

証　拠……102

　　——の採否……113

　　——の申出……113

上　告……170, 177

上告受理決定……179

上告受理の申立て……178

上告審……171

上告不受理決定……179

上告理由……177

証拠調べ……112, 113

証拠資料……86, 103, 104

証拠能力……104

証拠方法……103

証拠保全……99

証拠申出原則……91, 97

上　訴……170, 172

証人尋問……103, 114

消費者破産……296

証　明……104

　　——の必要……110

証明責任……96, 108

　　——の分配……110

証明不要効……94, 97

将来給付の利益……62

職務上顕著な事実……106

書　証……103, 117

除　斥……21

職権証拠調べの禁止……98

職権進行主義……82

職権探知主義……85, 215

職権調査事項……101

処分禁止の仮処分……258

処分権主義……6, 124

処分証書……117

書面による準備手続……82, 83

自力救済禁止の原則……3, 30

信義則による後訴の遮断……151

真偽不明……108

審級制度……171

親権者の指定……221

人事訴訟……12, 218

　　——と家事調停……209

　　——における民事訴訟事項の併合
　　　　……221

人事に関する訴え……218

審　尋……254

審　判……216

審判排除効……94, 97

審判前の保全処分……215

審　理……77

請　求……47

　　——の特定……51

　　——の認諾……126

　　——の併合……156

　　——の放棄……126

　　——の目的物の所持者……154

請求異議の訴え……243

請求原因事実……89

清算型手続……265, 267

正当な当事者……33

成年後見……207, 217

絶対的上告理由……178

善管注意義務……272

船舶執行……233

占有移転禁止の仮処分……259

相殺禁止……286

相殺権……286

相殺の抗弁……149

送　達……70

争点・証拠の整理手続……82

双方審尋主義……79

双方未履行双務契約……279

即時確定の利益……66

即時抗告……182, 216, 256

即日判決の原則……189

続審制……175

訴　状……68, 75

　　——の審査……70

　　——の送達……70

306

訴訟係属……72, 125
訴訟告知……166
訴訟参加……158, 163
訴訟事件の非訟事件化……203
訴訟承継……158, 167
訴訟上の救助……25
訴訟上の代理……42
訴訟上の和解……124, 127
訴訟上の和解と既判力……131
訴訟上の和解の効力……130
訴訟資料……86
訴訟代理人……44, 45
訴訟脱退……166
訴訟担当……35
訴訟追行権……33
訴訟能力……41
訴訟の終了……123
訴訟判決……29, 135, 174
訴訟費用貸付制度……25
訴訟物……48, 50
訴訟要件……100, 135
疎　明……105, 253

●た　行
第三債務者……234, 257
第三者異議の訴え……244
第三者からの情報取得手続……229
第三者の訴訟担当……35, 152
対象選択の適切性……65
対世効……154, 219
代替執行……238
代替的作為債権……236, 237
代替的紛争解決手続……196
多数当事者訴訟……158
建物明渡断行の仮処分……260
建物収去土地明渡請求権を保全するため
　の建物の処分禁止の仮処分
　……249, 259
担保権の実行手続……225, 240
担保権の実行としての競売等……229

担保の提供……254
担保不動産競売……240
地方裁判所……19
中間確認の訴え……157
仲　裁……200
仲裁合意……200
　――の抗弁……200
仲裁判断……201
調書判決……136
調　停……198
調停委員会……199, 207, 297
調停前置主義……209
調停調書……199, 208, 211, 230
調停に代わる決定……200
調停に代わる審判……212
重複訴訟の禁止……72
直接強制……236
直接主義……81
賃金仮払仮処分……251
沈　黙……89, 90
通常共同訴訟……159, 160
通常抗告……182
DIP ……291
提訴手数料……24
提訴前の証拠収集制度……100
デジタル化　→IT化
撤回制限効……94, 97
手続行為能力……215
手続法……4
手続保障……141, 185
同意廃止……288
登記事項証明書……240
倒　産……262
倒産 ADR ……265, 266
動産執行……233
倒産処理（手続）……11
倒産処理手続……262
当事者……26
　――の確定……27
　――の特定……27

事項索引　　307

当事者概念……26
当事者権……29
当事者恒定効……259
当事者照会……100
当事者尋問……103, 115
当事者適格……33
当事者能力……31
同時処分……275
同時審判申出共同訴訟……160
同時廃止……288
当然承継……167
督促異議……193
督促手続……192
特定調停……265, 297
特別抗告……184
特別上告……171
特別清算……268
独立当事者参加……163, 165
土地管轄……23
飛越上告……171
取戻権……284
取戻権者……284

●な 行
二当事者対立構造……31
任意代理人……44
任意的訴訟担当……38

●は 行
廃 止……288
配 当……287
破 産……267
破産管財人……271
破産債権……281
破産債権査定異議の訴え……282
破産債権査定決定……282
破産債権者……281
破産財団……276
破産裁判所……271
破産者……275

破産手続……270
破産手続開始決定……273
破産手続開始原因……274, 291
破産手続開始の申立て……273
破産手続終結決定……287
破産手続の機関……271
破産廃止……288
判 決……133, 134
　　——の確定……138
　　——の効力……139
　　——の成立……135
判決事項……52
判決書……136, 137
判決理由中の判断……149
反 訴……156
引受承継……168
非金銭執行……229, 236
BIT システム……234
必要的共同訴訟……159
必要的口頭弁論の原則……78, 134
必要的審尋……254
否 認……89
否認権……277
非保全権利……252
非免責債権……302
評価人による価格の評価……235
複数請求訴訟……155
不作為債権……237
附帯控訴……176
附帯処分……221
不代替的作為債権……236, 237
不 知……89
復 権……301
物件明細書……235
不動産競売物件サイト……235
不動産執行……233
不動産所有権の移転登記請求権を保全す
　　るための処分禁止の仮処分……258
不当執行……242

308

付郵便送達……72
不利益変更禁止の原則……176
文書提出義務……121
文書提出命令……100, 120
文書の成立の真正……118
別除権……285
別除権者……285
弁護士会照会……99, 100
弁護士代理の原則……44, 45
偏頗行為……278, 279
弁　論……78, 95
　　――の更新……81
弁論権……79
弁論主義……84
弁論準備手続……82, 83
報告文書……117
法人の再生……288
法人の破産……270
法定訴訟担当……36
法定代理人……43
法的審尋請求権……30
法定審理期間訴訟手続……190
法的整理……265, 267
法律審……170
法律扶助……25
法律要件分類説……111
補充執行文……231
補充送達……71
補助参加……163
補助事実……87
保全異議……255
保全抗告……256
保全執行……251
保全措置……273
保全取消し……255
保全の必要性……252
保全命令……251
　　――の要件……252
本案の権利……248

本案判決……29, 135

●ま　行
満　足……233, 235
密行性……253
みなし申立て……299
民事再生……268
民事裁判権……21
民事執行……10, 224, 227
民事執行規則……227
民事執行法……227
民事訴訟……10
民事調停……198
民事調停委員……199
民事調停官……199
民事手続……3
民事非訟事件……202
民事保全……10, 246
命　令……133, 134
免　責……299
　　――不許可事由……300
申立事項……52
物の引渡・明渡請求権……237

●や　行
養育費……206, 216

●ら　行
履行勧告……211, 217
履行命令……211, 217
離婚に伴う財産分与……206
離婚の訴え……209
理由中の判断……148
類似必要的共同訴訟……162

●わ　行
和　解……128, 197
和解調書……130, 225

事項索引　　309

判例索引

大判大正 4 年 9 月29日民録21輯1520頁〈百選53事件〉・・・・・・・・・・・・・・・・・・・・・・・・・・・97

大判昭和11年 3 月11日民集15巻977頁〈百選 5 事件〉・・・・・・・・・・・・・・・・・・・・・・・・・・29

最判昭和25年 7 月11日民集 4 巻 7 号316頁 ・・・・・・・・・・・・・・・・・・・・・・・・・・・・・・・・・・・97

最判昭和33年 7 月 8 日民集12巻11号1740頁〈百選43事件〉・・・・・・・・・・・・・・・・・92

最判昭和37年 8 月10日民集16巻 8 号1720頁 ・・・・・・・・・・・・・・・・・・・・・・・・・・・・・・・・51

最判昭和39年 5 月12日民集18巻 4 号597頁〈百選68事件〉・・・・・・・・・・・・・・・・・119

最大決昭和40年 6 月30日民集19巻 4 号1089頁〈百選 1 事件〉・・・・・・・・・・・・・204

最判昭和42年10月19日民集21巻 8 号2078頁〈百選 7 事件〉・・・・・・・・・・・・・・・32

最判昭和44年 6 月24日判時569号48頁〈百選79事件〉・・・・・・・・・・・・・・・・・・・・151

最大決昭和45年 6 月24日民集24巻 6 号610頁〈倒産判例百選 1 ①事件〉・・・273

最判昭和47年 2 月15日民集26巻 1 号30頁〈百選21事件〉・・・・・・・・・・・・・・・・・66

最判昭和50年10月24日民集29巻 9 号1417頁〈百選54事件〉・・・・・・・・・・・・・105

最判昭和51年 9 月30日民集30巻 8 号799頁〈百選74事件〉・・・・・・・・・・・・・・・151

最判昭和55年 2 月 7 日民集34巻 2 号123頁〈百選42事件〉・・・・・・・・・・・・・・・92

最大判昭和56年12月16日民集35巻10号1369頁〈百選20事件〉・・・・・・・・・・・63

最判平成 4 年 9 月10日民集46巻 6 号553頁〈百選111事件〉・・・・・・・・・・・・・185

福岡高決平成 9 年 8 月22日判時1619号83頁〈倒産判例百選86②事件〉・・・301

最判平成10年 6 月12日民集52巻 4 号1147頁〈百選75〉・・・・・・・・・・・・・・・・・・51

最判平成11年 6 月11日判時1685号36頁〈百選24事件〉・・・・・・・・・・・・・・・・・・67

最決平成11年11月12日民集53巻 8 号1787頁〈百選66事件〉・・・・・・・・・・・・・121

最決平成12年 3 月10日民集54巻 3 号1073頁〈百選 A20事件〉・・・・・・・・・・・121

最決平成12年 7 月 7 日民集54巻 6 号1767頁〈百選96事件〉・・・・・・・・・・・・・162

最決平成19年 3 月20日民集61巻 2 号586頁〈百選38事件〉・・・・・・・・・・・・・・185

最判平成20年 7 月17日民集62巻 7 号1994頁〈百選92事件〉・・・・・・・・・・・・・162

最判平成28年 3 月 1 日民集70巻 3 号681頁 ・・・・・・・・・・・・・・・・・・・・・・・・・・・・・180

〈凡例〉

大判	大審院判決
最大判（決）	最高裁判所大法廷判決（決定）
最判（決）	最高裁判所判決（決定）
福岡高決	福岡高等裁判所決定
民録	大審院民事判決録
民集	最高裁判所民事判例集または大審院民事判例集
判時	判例時報
百選	高田裕成・畑瑞穂・垣内秀介編『民事訴訟法判例百選〔第 6 版〕』（有斐閣，2023年）
倒産判例百選	松下淳一・菱田雄郷編『倒産法判例百選〔第 6 版〕』（有斐閣，2021年）

はじめての民事手続法〔第2版〕
First Steps in Civil Procedure, 2nd ed.

2020 年 4 月 10 日　初　版第 1 刷発行
2024 年 10 月 20 日　第 2 版第 1 刷発行

編　者　　川嶋四郎・笠井正俊
発行者　　江草貞治
発行所　　株式会社有斐閣
　　　　　〒101-0051 東京都千代田区神田神保町2-17
　　　　　https://www.yuhikaku.co.jp/
装　丁　　Siun
印　刷・製　本　　共同印刷工業株式会社

落丁・乱丁本はお取替えいたします。定価はカバーに表示してあります。
©2024, Shiro Kawashima, Masatoshi Kasai.
Printed in Japan ISBN 978-4-641-23336-2

本書のコピー，スキャン，デジタル化等の無断複製は著作権法上での例外を除き禁じられています。本書を代行業者等の第三者に依頼してスキャンやデジタル化することは，たとえ個人や家庭内の利用でも著作権法違反です。

JCOPY　本書の無断複写（コピー）は，著作権法上での例外を除き，禁じられています。複写される場合は，そのつど事前に，（一社）出版者著作権管理機構（電話03-5244-5088，FAX03-5244-5089，e-mail:info@jcopy.or.jp）の許諾を得てください。